大学生
毕业指导手册

姜运仓 / 编著

本手册服务于全体本科毕业生，对职业院校的毕业生、研究生毕业生也具有重要参考价值。

光明日报出版社

图书在版编目（CIP）数据

大学生毕业指导手册 / 姜运仓编著. -- 北京：光明日报出版社，2017. 11

ISBN 978-7-5194-3663-6

Ⅰ. ①大… Ⅱ. ①姜… Ⅲ. ①大学生—就业—手册 Ⅳ. ①G647. 38-62

中国版本图书馆 CIP 数据核字（2017）第 300751 号

大学生毕业指导手册

DAXUESHENG BIYE ZHIDAO SHOUCE

编　　著：姜运仓

责任编辑：曹美娜　朱　然　　　　责任校对：赵鸣鸣

封面设计：中联学林　　　　　　　责任印制：曹　净

出版发行：光明日报出版社

地　　址：北京市西城区永安路 106 号，100050

电　　话：010-67078251（咨询），67078870（发行），67019571（邮购）

传　　真：010-67078227，67078255

网　　址：http：//book. gmw. cn

E - mail：caomeina@ gmw. cn

法律顾问：北京德恒律师事务所龚柳方律师

印　　刷：三河市华东印刷有限公司

装　　订：三河市华东印刷有限公司

开　　本：710×1000　1/16

字　　数：288 千字　　　　　　印　张：16. 5

版　　次：2018 年 1 月第 1 版　　　印　次：2018 年 1 月第 1 次印刷

书　　号：ISBN 978-7-5194-3663-6

定　　价：56. 00 元

内容提要

本课题研究的目的是从操作层面来指导大学毕业生升学、出国深造、求职就业等方面的工作。本课题的主要特色是从大学生成长成材的发展规律、社会需求的变化规律、教育本身的内在规律以及行业运行的内在规律等方面来入手,意在编写出一本更具广泛性、科学性的大学生毕业指导手册。

从当前大学生毕业后的出路来看,60%左右的毕业生选择直接就业,在这一过程中,大多数学生在求职中的机遇把握能力较弱,许多好的职位因为毕业生对细节的重视不够而失之交臂。也有些毕业生就业后因人际交往等方面的问题而遭到淘汰。因此,求职的每一环节急需指导,而初次就业所应掌握的基本技巧也需要提前教育;大学生毕业后有20%~30%的学生选择继续求学深造,在这一过程中如何重新选择学校与专业,何时开始准备,各门功课准备的时间及精力如何分配,面试时需要哪些技巧、知识与能力,如何进行专业调剂等方面的问题也经常困扰正面临着毕业的大学生,急需全面的指导;此外,还有少部分大学毕业生选择出国深造或工作,如何才能实现这一梦想、需要做哪些准备工作、公费留学如何申请、如何选择中介、怎样选择国家与学校等也是令毕业生头疼的问题,需要专业人士给出建议;作为就业的一个重要方向,成为一名公务员、参加公务员考试也是不少同学的一种选择。在当前机关事业单位逢进必考的情况下,如何提高过关率也需要提前准备。所有这些方面就是本手册编写的主要内容。我们的目的是通过阅读本手册,可以使大学生毕业后的路子走得更顺,事半而功倍,提高成功率。

本手册从毕业生的毕业去向出发,提供全方位的指导,既有理论层面的解释,也有技术方面的指导,同时也有办事程序的列举。本手册的内容按毕业生的去向涵盖如下:总论部分主要介绍毕业生的主要出路及其利弊、毕业后相关手续的办理程序以及对毕业生的寄语等内容。升学篇主要介绍考研的原因、准备,研究生从报名、笔试、初试、复试、调剂到录取等主要环节的注意点,与此同时,我们在这一篇还介绍了研究生的分类、学校、专业及导师的选择等。公务员考试篇主要介绍公务员等公考的考试内容、考试准备、报考程序、面试技巧及其他公考类需要注意的重点等内容。留学篇主要按国别和地区分类，介绍了各区、各国学校基本情况，同时还介绍了到相关学校留学的准备、出国的流程办理、国家及学校的选择等内容。求职篇主要介绍简历的准备、职位的选择、面试技巧及参加招聘会需要注意的地方等内容。职场篇则主要针对步入职场的大学毕业生，介绍初入职场应注意的工作、生活、升迁、人际交往等问题。创业篇主要介绍了创业的重要性、创业的准备、项目的选择、团队的组建等内容。

本手册主要服务于全体本科毕业生，几乎涵盖了所有毕业生的毕业去向；虽然编者的地域范围在河南省，对河南省的毕业生更具针对性，但对全国各地的毕业生皆具有指导作用；本手册对职业院校的毕业生、研究生毕业生也具有重要参考价值。

目　录

CONTENTS

总　论

第一节　大学毕业生的主要出路及利弊

一、大学毕业生的主要出路

一般而言，大学毕业之后，出路有三，分别是：仕、商、学。

仕，顾名思义就是公务员。公务员看似是最稳定的一个选择，但稳定之前必有风险。刚刚走出中学大门的我们，对于公务员的报考比例可能不是非常了解，告诉大家一个数据：热门岗位报录比达数千比一，竞争的激烈程度可想而知。是四年大学时光去换取一个稳定的职位，还是选择其他出路，就需要大家在大一、大二期间好好思考人生了。也许在你思考的过程中，会有父母或者旁人的善意指导，但父母之命是他们的意愿，而我们要活出自己的姿态。

商，此指业也。大部分的同学会走上这条路。如果你无仕无术之追求，那请你从大一开始便做好职业生涯规划。无论是创业还是求职就业，建议大家都不拘泥于本专业，要多多发掘并追求自我内心需求，为未来职业发展找准方向，铺好道路。要在大学里努力去寻找锻炼自己相关能力的机会，提升自己判断、沟通、组织以及专业方面的各种技能。

学，则指的是考研究生和出国留学。考研是目前大多数同学的选择，但不提倡同学们人云亦云，“自己考研的原因只是因为别人也在考”类似的理由是不应该成立的。大学里要学着成长起独立的人格，有自己的判断。而出国留学又是另外一番计划和光景了，但不论是出国还是考研，建议大家提早动手准备，毕竟中国大多数的家庭还是一般家庭，希望大家靠自己的努力赢取奖学金，为父母减轻负担。

二、大学毕业生出路的利弊分析

前文我们把出路列为三个方面，在分析利弊时，我们对其进行了细化。

1. 考研

考研的利：延缓就业压力，推迟就业期的到来；有些城市，有些学校能给研究生解决户口的问题，提高自身学历，增强竞争力；国家出台了新的研究生扩招政策，考研相对容易，能够拿到更高的文凭；学术上有创见，可以沿着这个方向一直努力，毕业后获得稳定的工作。

考研的弊：研究生毕业后，毕业压力仍在，而且有了更为年轻的竞争者，压力越加沉重；读研期间，不一定能学到对自身职业有用处的知识，白白浪费了积累经验的时间；研究生会扩招，会出现和大学扩招相同的结果——研究生学历贬值，也许毕业后只有选择考博；研究生毕业或博士毕业后年龄偏大，失去年龄优势，特别是女生，要面临更多的年龄歧视；学术研究，层次越高，就业面越窄，毕业后，面对更加激烈的竞争，此时却已无法放弃本专业。

选择建议：如果对某个专业、某种学问有无法遏制的热爱和相应的研究能力，不要浪费自己的爱好和天才，继续深造，终有一天会有建树。但如果考研只是为了规避和缓解就业压力，建议不要考研，研究生毕业后压力只增不减，而且会丧失积累经验的机会。试想，两三年内，将与多少机会失之交臂。年龄有时候是一种优势，因为年轻，有犯错误的时候也会有改正错误的机会，一旦年纪大了才开始接触社会，这些机会就会相应减少。试想，一个二十几岁的大学生犯了错误，单位会念在他年纪小，给予原谅；但一个将近三十岁的人犯同样的错误，会让人诧异甚至认为不可原谅，善用年龄优势就是为自己留下余地。

2. 公务员

从事公务员工作的利：稳定的收入和生活，有良好的保障；公务员收入不是最高，但福利极好；有一定的社会地位及相应的权限；职业轨迹确定，工作没有太大的浮动性；国家机构员工，本身带有荣誉性质。

从事公务员工作的弊：工作枯燥，忙起来极忙，闲起来极闲；考试没完没了，升职总与考试、考核挂钩；有些机关人际关系复杂，钩心斗角；收入稳定，但没有大幅提高的可能，只能保持平均水准；坐在清水衙门、没有晋升可能的人，很没成就感。

选择建议：有志从政的人、有权力欲望的人、真心想改变国计民生的人、想要一个稳定工作的人都可以选择考公务员，公务员这个工作，如果心境淡泊，没有野心，不失为不错的选择，能够保证安定的生活和充足的个人时间；如果想要升职，则要有长期奋斗（至少 15 年）的决心和高明的人际头脑，否则不容易出头。

3. 国企(或事业单位)

相关工作的利:稳定的收入,良好的福利保障;有国家做后盾,安全系数高;国企注重员工素质,要求员工为人处世遵循一定规则,可以学到不少东西;有些行业工作相对安逸,心理压力相对较低;国企锻炼人,能够形成良好的就业观。

相关工作的弊:入门难,不容易进入;有的论资排辈,想要出人头地一般需要多年的奋斗;人际关系较复杂;中西部的国企,大多待遇一般。

选择建议:国企人际关系复杂,初入其中的大学毕业生也许会摸不到门路,而按资排辈的现实更让心高气傲的大学生心生不服,当然,国企也正在克服上述弱点。国企能够全方位地锻炼人,总的来说,国企是不错的选择。

4. 私企

供职私企的利:能够发挥能力,发展空间较大;能够很快学到实用的知识;私企工作不单调,需要一职多能,无形中提高了自己的能力;劳有所得,私企老板会按照贡献决定待遇,形成良性循环;自由性大,升职、积累经验相对更快,想跳槽也容易。

供职私企的弊:风险较大,比如经济危机到来,私企一批批倒台;有的公司不能保证福利;企业人文环境参差不齐,有些极好,有些极差;竞争相对激烈,工作环境不稳定,下岗可能性大;有些制度不合理,吃亏也只能忍着。

选择建议:很多毕业生愿意选择私企,认为私企的门槛较低,更易积累经验。但是,不要形成直接进入私企的意识,私企的素质参差不齐,毕业生缺乏经验,很容易被第一份工作定型,错误的观念和不良的职场习惯会限制发展。同时,私企同样有广阔的发展空间,不会束缚才能。对私企,应慎重考虑。

5. 外企

供职外企的利:高薪,福利好,工作环境好;外企有系统的企业文化、管理制度,能够学到更多的东西;强调个性和创造性,有利于培养能力,也有利于搭建自己的人脉;注重员工发展,给予员工诸多培训;实力雄厚,不会出现拖欠工资、罔顾员工权利等现象。

供职外企的弊:起点高,发展空间不大;工作量大;竞争激烈,神经随时紧绷;打入核心机构难上加难,可能性基本为零;对外语有很高要求。

选择建议:外企的高薪高酬是很多毕业生追求的目标,进入外企,感受成熟的企业环境和管理系统,有利于毕业生学到更多的东西,不论是个人能力、行业观念、企业文化意识。外企能够全方位地充实员工的头脑。但是,外企竞争激烈,职位也只能到一定级别,有些聪明人会进入外企学习先进的管理经验和技术,然后自己创业。

6. 出国留学

出国留学的利:增长见闻,开阔视野,成为一个有见识的人;掌握一门外语,受益终身;磨炼自己的生存能力,培养自己的吃苦精神,学习外国人的优秀之处;好的学校,好的专业,能够学到真正的知识,拿到过硬的文凭;有机会进入外国公司或者移民。

出国留学的弊:出国留学需要大笔金钱,投资不一定有相应回报;国外消费水平高,也许常会感到入不敷出;有些国家排他性强,无法真正融入同学之中;如果没有学到真正的知识,会白白浪费几年光阴和大笔金钱。

选择建议:年轻的时候有机会多见见世面,是件好事。如果有条件出国留学,不妨出去。但是,如果没有好的学校或者好的专业,大可不必出国镀金,把同样的资金用来创业或投资意义更大。

7. 创业

创业的利:不必为人打工,自己的事业自己做主;全方位锻炼人的能力;最大限度激发人的潜质;培养系统性的思维能力;创业成功的成就感无可取代。

创业的弊:目前中国的创业环境并不健全,需要一笔较大开支,需要长远目光和周密规划;毕业生社会经验少,眼高手低,盲目乐观,容易碰壁,创业失败打击巨大。

选择建议:大学毕业生想要成功创业,不只需要远大的理想,还要有激情、行动力、领导能力、商业信用和超强的适应性,毕业生不论是心智、观察市场的眼光、领导气质都还有一定欠缺。想创业的人无须急于一时,进一家好公司,积累了丰富的经验和人脉,再辞职创业更为妥当,成功率也更高。

8. 自由职业

自由职业的利:充分发挥自己的才能爱好,时间自由、充裕;能够全面安排自己的生活;挑战性高,生活不易枯燥;按照自己的理想生活,心灵充实。

自由职业的弊:没有稳定收入,必须自己注意社保和养老问题;脱离社会太久,不容易融入;对自制力要求极高;会有入不敷出的情况;有江郎才尽的顾虑。

选择建议:自由职业适合有艺术气质的人,自控力强、计划性强、有理财观念的人能够适应自由职业,并保证自己的生活;容易产生惰性的人,还是需要工作来规范,不建议太过自由。

第二节 毕业相关手续办理指南

1.《就业报到证》的形式、内容、作用及办理补办等手续

《就业报到证》是由国家教育部印制，省、自治区、直辖市高校毕业生调配部门签发，毕业生到工作单位报到、回原籍、到政府人事部门结转关系、办理人事代理手续时必须持有的，具有法律效用的书面依据，原称《高校毕业生派遣证》，现全称为《全国普通高等学校本专科毕业生（毕业研究生）就业报到证》。

《就业报到证》由正副两联组成，正联为蓝色（研究生为粉红色），由省大中专学生就业服务中心打印，学校就业主管部门发放给学生个人，副联为白色（名称为《全国普通高等学校本专科毕业生就业通知书》），连同毕业生档案由学校就业主管部门寄至《就业报到证》开具的用人单位、代理人事关系的人才交流中心或省市县毕业生就业主管部门。《就业报到证》只能一人一份，由其他部门印制或签发的相关证明无效。无论什么原因，凡自行涂改、损毁的《就业报到证》一律作废。

《就业报到证》的作用为：

（1）是毕业生将人事关系正式从学校转移到接收单位的有效凭证，毕业生就业后的工龄从报到之日开始计算；

（2）是毕业生作为全国普通高等学校计划内统招学生的证明；

（3）是接收单位到公安机关办理户口关系的凭证；

（4）是毕业生在工作单位转正定级和身份认定的依据。

《就业报到证》办理时间及程序：

根据国家规定，高校毕业生的择业期为 2 年，从毕业离校（当年 6 月）开始计算，择业期内毕业生提供相应材料，按程序办理《就业报到证》。

（1）毕业当年 6—8 月，学校为已签协议或申请回原籍的应届毕业生统一办理《就业报到证》。相关毕业生需向就业服务办公室提供下述材料：

①与用人单位签订就业协议或与人才交流中心签订人事代理协议的，需提供“就业协议书”或“接收函”及相关接收手续。

②申请回原籍的，提交空白就业协议书（一式三份）及回原籍申请书（可从校就业信息网下载）。

（2）根据上级要求，毕业生凭已签订就业协议书和本人身份证或毕业证到就业服务办公室申请，经审核同意后，到各省大中专学生就业服务中心办理。《就业

报到证》一式两联，蓝色联自带，报到时使用；白色联作为邮寄档案依据，需回校交学生档案管理办公室归档。

择业期内《就业报到证》改签办理程序：

择业期内，因就业去向变更，需改签《就业报到证》的，在向就业服务办公室提交下述材料后，按照本手册中"《就业报到证》办理时间及程序"办理《就业报到证》。

（1）原《就业报到证》原件及复印件各一份。

（2）原签约或发函单位出具同意改签证明原件及复印件各一份（未签协议，回原籍报到的此项可略）。

（3）与新接收单位签订的"就业协议书"或"接收函"（未签协议，申请改派回原籍的此项可略）。

《就业报到证》遗失补办程序：

毕业生《就业报到证》遗失后，需补办的（按上级要求，2003 年以前的毕业生《就业报到证》丢失，只能补办有关证明），在向就业服务办公室提交下述材料，经审核后，到各省大中专学生就业服务中心办理。

（1）毕业生本人书面申请（A4 纸）及身份证原件。

（2）毕业证原件及复印件。

（3）填写《省大中专毕业生〈就业报到证〉遗失补办申请表》。

（4）超过两年择业期的毕业生，还需提供当年生源地省级招生部门盖章审批的新生录取花名册（到学校图书馆档案管理部复印并加盖公章）。

派遣及二次派遣：

毕业生落实工作单位、确定人事代理关系或在规定时间内无接收单位，由学校将其档案、户口关系转至生源地自谋职业，办理《就业报到证》等相关手续称之为派遣。择业期未落实就业单位的毕业生，派遣回生源地之后落实具体单位，由生源地毕业生就业主管部门再进行派遣的过程，称为二次派遣。

2. 毕业生《户口迁移证》的办理

毕业生入学时其户口转入学校的，毕业生必须向学校户籍办公室提供《毕业证》《学位证》《身份证》和《就业报到证》，以及上述证件的 A4 规格复印件，办理《户口迁移证》。之后毕业生到保卫处领取。

毕业生入学时其户口没有转入学校的，根据规定，学生毕业后，凭《毕业证》《就业报到证》、接收单位证明，即可到户口所在地公安派出所办理户口迁移手续。

3. 办理人事关系代理的作用及程序

办理人事关系代理的作用

(1)实现落户和档案转递;

(2)保障自身各项权益,可以享受到与国有单位工作人员相同的人事待遇,可享受转正定级、干部身份保留、工龄计算、档案工资调整、职称资格评定等待遇,对毕业生的资历认定、提高待遇和核定工资等具有重要意义,不会出现断档情况;

(3)方便以后改派和人事调动手续办理,增加毕业生档案工龄;

(4)可以出具相关证明,涉及考研升学、结婚生育、参加养老保险、党组织关系的毕业生,依据有关规定,可委托代理机构为其出具以档案材料为依据的相关人事证明等,并可协助为其办理相关手续。

办理人事关系代理的程序

(1)未落实工作单位的毕业生,持就业协议书直接与人才交流中心签订协议;

(2)落实工作单位但单位不接收档案户口的毕业生,持单位已盖章的就业协议书到人才交流中心加盖公章;

毕业生将已签协议书交至学校就业服务办公室办理《就业报到证》。

4. 升学(录研、攻读第二学位和专升本)、出国毕业生相关手续的办理程序

(1)已被录取并愿意升学的毕业生,不再办理《就业报到证》,但须将空白就业协议书、录取通知书复印件或调档函交招生就业处就业服务办公室或学生档案管理办公室(电子离校系统中学院必须已审核通过),持录取通知书到户籍部门办理户籍迁移手续;

(2)已被录取升学且已调档但又选择就业的毕业生,须持有录取学校出具的未报到证明或退学证明,经各省大中专学生就业服务中心核实学籍已经注销后,在择业期内与其他学生一样办理就业相关手续。

(3)出国的毕业生须将个人出国留学的申请及国外高校录取证明或到国外就业的证明交到招生就业处就业服务办公室,其档案及户口可按人事代理或回原籍的相关规定办理。

5. 毕业生应征入伍服义务兵役,办理就业手续的有关规定

被确定为预征对象的高校应届毕业生,回入学前户籍所在地应征的,按照回原籍办理报到证的程序办理,备注栏注明“预征对象”或“应征入伍”字样,其档案、户口随转。

在学校所在地应征的,可将户籍和档案暂时保留在学校。

高校应届毕业生批准入伍后,其户口档案予以注销,档案放入新兵档案。

高校应届毕业生入伍服义务兵役退出现役后1年内,可视同当年的高校应届

毕业生,凭用人单位录(聘)用手续,向原就读高校再次申请办理就业报到手续,户口、档案随迁(直辖市按照有关规定执行)。

未能入伍的毕业生预征对象,在择业期内就业的,可根据有关规定,向原就读学校申请就业改派手续,毕业生就业地公安机关凭毕业生所持《就业报到证》为其办理户口迁移手续(直辖市按照有关规定执行)。

6. 毕业生就业协议书发放及申请补发程序

(1)招生就业处从各省大中专学生就业服务中心购取协议书,按照编号统一发放至各学院,毕业生在学院签字领取印有本人学号的就业协议书一套(一式三份)。

(2)就业协议书遗失或损毁的毕业生,本人可在毕业当年9月1日后到就业服务办公室提交书面情况说明(A4纸),并按下述不同情况提供相应材料,申请补发,由学校统一到各省大中专学生就业服务中心办理(超过两年择业期的,按上级要求不再予以补发)。

①发生被偷被抢情况的,提交公安部门证明。

②毕业生个人不慎遗失的,提供刊登遗失声明的学校所在地省级报纸。

③就业协议书不慎损坏的,提供损坏的协议书原件。协议书损坏情况严重无法辨认的,按照②不慎遗失情况办理。

解约后新就业协议书发放程序

与用人单位签订就业协议后解约的,根据上级有关要求,可到就业服务办公室提交下述相关书面材料,申请换发,由学校统一到各省大中专学生就业服务中心办理。超过两年择业期的,不再予以换发。

(1)毕业生个人解约情况说明(A4纸)。

(2)原签约单位出具的书面解约函或离职证明原件及复印件各一份。

(3)交回原签约的就业协议书(一式三份或至少两份)。

毕业生使用他人协议书的情况处理

毕业生签订就业协议,须使用学校统一发放的编号与本人学号一致的就业协议书。使用他人协议书的,则所签订的就业协议无效,责任自负,学校不予补办新的空白协议书。

7. 推荐表的损毁、丢失补办

学校统一发放的《毕业生推荐表》每位毕业生一份,与就业协议书配套使用,用人单位只有在与毕业生签订就业协议书时方可收取。如出现损毁或丢失情况,需学生本人提交书面补办申请,经由辅导员签字后,到招生就业处就业服务办公室补领。

8. 关于毕业生档案

什么是毕业生档案？档案有什么作用？

毕业生档案是学生毕业前家庭情况、学习成绩、政治思想表现、身体状况等情况的文字记载材料，是用人单位选拔、聘用毕业生的重要依据。用人单位往往根据毕业生人事档案中反映的德、能、才以及专业特长，将其安排到适当的工作岗位上。因此，学生毕业后，其档案能否准确、及时、安全地到达用人单位手中是非常重要的。

毕业生档案内一般包括哪些材料？

毕业生档案内一般包括：《高校毕业生登记表》；记录在校期间所学全部课程及实验、实习、设计、劳动等成绩的《学习成绩表》；在校期间的一切奖惩材料；入团、入党志愿书；毕业离校前的体检表；毕业生报到通知书（白色报到证副本）。毕业生落实档案去向的同时，应向用人单位或人才交流中心负责档案的同志确认档案袋内材料是否齐全，如有错漏及时与学校学生处学生档案室联系。

学生档案的正常转递程序：

学生因毕业（结业）后就业、人事代理、人事关系转回原籍（家庭所在地地市级人力资源和社会保障局）的档案转递程序：

（1）由学校到省大中专毕业生就业服务中心为其办理《就业报到证》的，学生档案管理办公室将《就业报到证》副联《全国普通高等学校本专科毕业生就业通知书》（一般称为报到证白联）装入档案，学校通过邮政局将档案寄送至《就业报到证》所列派遣单位。

（2）经招生就业处就业服务办公室同意，自行到省大中专学生就业服务中心办理《就业报到证》的毕业生，在及时将《就业报到证》副联交至学生档案管理办公室后，学校通过邮政局将档案寄送至《就业报到证》所列派遣单位。

学生升学（录研、第二学位和专升本）的档案转递程序：

学生个人向就业服务办公室或学生档案办公室提交录取通知书复印件或调档函原件、空白协议书一式三份（已签约的，要提供已签约的协议书一式三份和签约单位出具的解约函原件），在电子离校系统中学院审核通过后，学校通过邮政局将档案寄送至录取学校。

学生肄业、转学、退学的档案转递程序：

学生个人先在学籍部门办理肄业、转学、退学相关手续，将《肄业证》或《转学审批表》《退学证》复印件交学生档案管理室后，学校通过邮政局将档案寄送至转学学校或家庭所在地地市级人力资源和社会保障局。

上述两类情况，毕业生必须在学校就业信息网登录就业反馈系统，填写档案接收单位详细信息后，学校方可依据毕业生填写内容，通过邮政局将档案寄送至接收单位。

特殊情况学生档案的转递程序

学生因下列特殊情况急需使用档案，来不及正常转递，申请自带的，须向学生档案管理办公室提供用档单位出具的写明特殊原因及允许个人自带档案的调档函，并填写档案自带过程中出现私自拆封或丢失情况责任自负的申请承诺书后，办理档案自带手续。

(1)学生考取研究生、国家公务员或被部队、事业单位录用，急需进行政治审查。

(2)已就业并办理报到证，但单位急用档案。

(3)已就业且暂时不能办理派遣手续，但就业单位需用毕业生档案办理工资、劳动保险、医疗保险等。

毕业生档案转递后的查询方法：

毕业生可登录学校就业信息网上的就业反馈系统查询档案邮寄日期、邮政查询(快递)编号。

户口、档案暂留学校，两年择业期满后的处理办法

毕业生在2年择业期满仍未办理档案、户口转出手续的，学校将按教育部规定，于当年6月底到各省大中专学生就业服务中心办理《就业报到证》，接收单位为生源所在地的地市级毕业生就业主管部门(一般是市人力资源和社会保障局或教育局)。毕业生应及时持学校发放的空白就业协议书(一式三份)，且电子离校系统中学院已审核通过，来学校领取《就业报到证》和《户口迁移证》回原籍报到。

9. 关于毕业生户口问题

(1)户口有什么作用?

办理"三险一金"(养老保险、医疗保险、失业保险，住房公积金)；办理结婚、身份证遗失、计划生育证明、未婚证明、失业证明等。

(2)如何办理户口迁移证?

入学时户口迁入到学校的毕业生需要迁移户口的到学校保卫处登记户口迁出地址，由保卫处办理《户口迁移证》。入学时户口未迁入到学校的毕业生需要迁移户口的，毕业后凭各省高校毕业生就业指导中心签发的《就业报到证》和用人单位主管部门的接收证明，便可将户口由原籍迁至工作单位所在地。

(3)毕业生的档案和户口是否可以分开?

一般情况下毕业生的档案及户口不能分开。但以下特殊情况可以分开：到非生源地工作的毕业生，由于个人原因，需要把户口迁回生源地的毕业生，经用人单

位和生源地户口管理部门同意，其户口可以迁回生源地；在同一个城市户口挂靠到亲戚朋友家中的，必须得到接收单位（或人才市场）和挂靠户口所在地的派出所两者同意后，方可迁到亲戚朋友家。

10. 国家促进普通高校毕业生就业政策

鼓励高校毕业生到城乡基层、中西部等地区就业

（1）参加“选聘高校毕业生到村任职”“三支一扶”“大学生志愿服务西部计划”“农村义务教育阶段学校教师特设岗位计划”项目，符合相关条件的，享受工作生活补贴、学费补偿或国家助学贷款代偿、公务员招录、事业单位招聘、考学升学等优惠政策。

（2）对到中西部地区和艰苦边远地区县以下基层单位就业，并履行一定服务期限的，由政府补偿学费或代偿国家助学贷款。

（3）对到农村基层和城市社区公益性岗位就业的，给予社会保险补贴和公益性岗位补贴；对到农村基层和城市社区其他社会管理和公共服务岗位就业的，给予薪酬或生活补贴。

（4）对有基层工作经历的，在研究生招录和事业单位选聘时优先录取；自2012年起，省级以上机关录用公务员，除部分特殊职位外，均应从具有两年以上基层工作经历的人员中录用。

（5）通过政府购买服务的方式，开发城乡基层特别是城市社区和农村公共管理及社会服务工作岗位，引导高校毕业生到基层就业。开展农业技术推广服务特岗计划试点，选拔一批高校毕业生到乡镇担任特岗人员。

鼓励支持高校毕业生到中小企业就业和自主创业

（6）对小型微型企业新招用毕业年度高校毕业生，签订1年以上劳动合同并按时足额缴纳社会保险费的，给予1年的社会保险补贴；组织开展岗前培训的，按规定给予培训费补贴。

（7）到中小企业就业的，在专业技术职称评定、科研项目经费申请、科研成果或荣誉称号申报等方面，享受与国有企事业单位同类人员同等待遇，并享受档案管理、人事代理、社会保险办理和接续等服务。

（8）各地区要对自主创业高校毕业生进一步放宽准入条件，降低注册门槛，创业地应按规定给予小额担保贷款及贴息、税费减免等政策扶持。从事微利项目的，可享受不超过10万元贷款额度的财政贴息扶持。

（9）对高校毕业生在整个毕业学年（即从毕业前一年7月1日起的12个月）内参加创业培训的，根据其获得的创业培训合格证书或就业、创业情况，按规定给予培训补贴。

(10)毕业年度内从事个体经营的,3 年内按每户每年 8000 元为限额享受有关税收优惠;毕业两年以内从事个体经营的,自在工商部门首次注册登记之日起 3 年内,可免交有关行政事业性收费。

鼓励高校毕业生应征入伍服义务兵役

(11)由政府补偿学费或代偿国家助学贷款。

(12)符合条件的,可以选为士官、提干、报考或保送入军校。

(13)应征入伍的高校毕业生退役后报考政法干警招录培养体制改革试点招生时,教育考试笔试成绩总分加 10 分。

(14)普通高校应届毕业生应征入伍服义务兵役退役后 3 年内参加全国硕士研究生招生考试,初试总分加 10 分,立二等功及以上的免试(指初试)攻读硕士研究生。

(15)具有高职(专科)学历的,退役后免试入读成人本科,或经过一定考核入读普通本科,荣立三等功以上奖励的,在完成高职(专科)学业后,免试入读普通本科。

(16)其家庭按规定享受军属优待,本人退役后享有退役军人优抚安置政策。

营造公平的就业环境,大力促进就业公平

(17)用人单位招用人员、职业中介机构从事职业中介活动,不得对求职者设置性别、民族等条件,招聘高校毕业生,不得以毕业院校、年龄、户籍等作为限制性要求。规范签约行为,任何高校不得将毕业证书发放与高校毕业生签约挂钩。

(18)规范国有单位招聘行为,完善公务员招考和事业单位公开招聘制度,探索建立国有单位招聘信息统一公开发布制度,加强国有企业招聘活动监管,在国有企业全面推行分级分类的公开招聘制度,切实做到信息公开、过程公开、结果公开。

(19)各城市应取消高校毕业生落户限制,允许包括专科生在内的高校毕业生在就(创)业地办理落户手续(直辖市按有关规定执行)。

强化对困难家庭高校毕业生的就业援助

(20)从 2013 年起,对享受城乡居民最低生活保障家庭的毕业年度内高校毕业生,给予一次性求职补贴。

(21)对就业困难和零就业家庭的高校毕业生,按相应规定可享受“一对一”职业指导和重点帮扶、公益性岗位安置、社会保险补贴、公益性岗位补贴等就业援助政策。

(22)各级机关考录公务员、事业单位招聘工作人员时,免收困难家庭高校毕业生报名费和体检费。

(23)实施“离校未就业高校毕业生就业促进计划”。允许高校毕业生在求职地(直辖市除外)进行求职登记和失业登记,申领《就业失业登记证》,纳入本地免费公共就业服务和就业扶持政策范围。

详细内容请登录全国大学生就业公共服务立体化平台。

第三节 毕业寄语

学生临近毕业,有许多话要对同学、老师、母校说,虽然毕业寄语人人都能写,但是由于其特殊的纪念意义,毕业寄语应尽量写得精练、形象、富有时代感、饱含深情,能给人带来回忆。下面是推荐给大家的100条大学毕业寄语,欢迎参考借鉴。

1. 青春散场,我们等待下一场开幕。等待我们在前面的旅途里,迎着阳光,勇敢地飞向心里的梦想;等待我们在前面的故事里,就着星光,回忆这生命中最美好的四年,盛开过的花……

2. 如果你面对汹涌的波涛,不必惊怕,更不用自认渺小。一旦有了博大的胸怀,你的人生将会像大海一般壮阔。毕业分别,愿走出新路!

3. 再也回不去了,这无瑕亦无邪的纯真韶光。即使你愿意,用一千万去换时光倒流的大学校园,重温飞扬奔放的四年青春,然而你换不来,只能伫立在霓虹闪烁,浮华喧嚣的城市街头,追忆菁菁校园里如水的月华。

4. 别了,我的大学!再见了,我的宿舍!再见了,我的兄弟姐妹!再见了,我的青春……此刻,每一个学子的心中,似乎都充盈着一份无尽的感慨!

5. 大学,本来就是一个学习的地方,倘若你觉得学习没用而去干别的事,那么无论你取得多高的成就,都会在记忆中成长着一种灼灼的痛。

6. 每一次的蜕壳,都是向成熟的蜕变。然而,时光洗刷。我们任何的过去,只剩下最美好的。献给每一个你们,以及最美好的,年华。

7. 大学的珍贵,并不仅仅是这许多的第一次,更重要的是涵盖着许多的最后一次:一生中最后一次有机会系统性地接受教育;最后一次可以拥有较高的可塑性不断修正自我的成长历程;最后一次能在相对宽容纯洁,可以置身其中学习为人处世之道的理想环境。

8. 我们有过如水的平静,有过激烈的辩论,也有过无声的竞争。我们紧靠肩头,紧握双手,拥有一个共同的理想,发出一个共同的心声。无论是得到的,还是失去的，一切都将存留在我记忆的最深处。

9. 青春岁月铭刻着你的影子，欢乐时光记忆着你的笑容。毕业了，告别充满真诚的校园，让我们相会在成功的路上。后会有期，愿你快乐。

10. 彼时，我们是命运垂青的宠儿，带着一身光环来到这里。也许大学四年只是人生长河中微不足道的片段，但它又注定是最美的花样年华，是最不堪回首，却又无法忘怀的时光。此刻，我们即将告别，不想说青春散场，因为梦想正从这里拉开帷幕。

11. 四年时间，不知不觉已到尽头，未来还有很长的路要走，带着美好的记忆，迎接明天的太阳，相信自己，努力把握，永远追随太阳的脚步。

12. 毕业了，愿你释放青春的心灵，展开五彩的翅膀。友情，在风中酝酿，在未来美好的日子里更加茁壮。道一声珍重，送你最真诚的祝福。

13. 踏出这一步，管你万般无奈，它还是，变成逝去的回忆，成为一个飘忽的梦境，在时间轻蔑的流动里，逐步尘封，但又时时于夜深人静之际悄然浮上心头。

14. 去年的此时，看着忙碌的学长们，还觉得毕业离自己很遥远。而此时，站在四年大学时光的终点，白驹过隙的感觉油然而生。

15. 我在大学体会了除离别以外的一切美好！现在让离别画上美好的句号！道一声“思量”，又怎不“思量”！

16. 毕业了！这些年来朝夕相处，转眼今日终需离别。再次拥抱求安慰，日后相见必有期。路漫漫，希望在，不怕不悔，握紧拳头向前冲，快乐幸福在眼前。说好彼此不相忘，毕业祝福送给你！

17. 记得以前说过这样一句话：大学很无聊，大学上课很无聊，大学上课睡不着觉最最无聊，现在却连这样一个无聊的机会都没有了，原来有些东西就真的失去了不会再来，即使你曾经多么的不喜欢。

18. 大学是你一生中最美好的时光。什么时候你的父母还会一年花几千块，供你去一个陌生的地方，天天晚上喝醉。

19. 四年改变了我们的容颜和那颗曾经年轻的心，而成长的代价就是我们失去纯真的微笑，而多了一份离别的伤感。无论我们有多少不舍，都唤不回逝去的四年。但我们无须失落，我们依然可以一路高歌，让六月的骄阳永远见证我们的无悔青春……

20. 没到离别的时候，似乎体味不到离别的艰难；到了离别的时候，却又想到了再见的艰难。亿万个偶然，使我们昔日的同学，又相聚在校园。相见时难别亦难，别时容易见更难。

21. 明天，你收拾好行李，拖着行李箱，走在你们曾经走过四年的校园小道。

明天,你拉着你的同学,三三两两地,在校园各个角落留下你们的合照。

22. 祝那些青春过的毕业生从此踏上新的人生历程!也祝那些正在青春的在校生认真“挥霍”自己的现在!还祝那些离青春远去的人,能有机会回来寻找曾经的青春!

23. 又到了六月,一个让毕业生留恋但又不得不离开的日子,去年送别朋友,相互祝福的场景,现在还历历在目,没有想到时间过得这么快,转眼之间就轮到自己离开了,不知道我的朋友是不是也在祝福我?

24. 默默地分手,正如当初默默地相遇。愿这温馨的微风,给你捎去我深情的祝福和祈祷。

25. 有谁能挡住时光的脚步,有谁能长留青春的容颜,这一天在不知不觉中到来了,我们就要面临毕业。大学是人生一个里程碑,里程碑的周围往往有着很多很多的岔路口,而毕业则意味着我们不得不去选择一条路继续走下去。毕业前,我们努力了;毕业时,我们流泪了;毕业后呢?让我们将感恩的心、激动的泪和深情的爱化作虔诚的祝福,祝福每个人都能够拥有美好的明天!

26. 大学就像校门口的公交车,坐上车,去了又回,那是又开始了一个学期;坐上车,去了不回,就毕业了。

27. 校园的每个地方,都能触动人的某条神经!失去才知道珍惜,虽是句老掉牙的话,但现在,方真切地感受到确是箴言!

28. 感谢在大学里所有关心过我的人,让我的大学生活能够如此充实,回首大学四年,我不遗憾也不后悔,因为我一直在坚定地走我自己的路!顺祝亲爱的老师们快乐幸福,可爱的同学们前程似锦!

29. 怀着梦想和激情走进大学的校门,开始一段新的人生旅程。转眼离别的时候就要到了,真希望时间慢些走,让我再多点时间好好享受下大学里的生活、友谊。大学的生活真好,回忆起来诸多辛酸苦辣。

30. 六月飞扬着你火热的青春;六月镌刻着你真心的友谊;六月收获着你灿烂的笑容;六月装点着你美好的未来。祝你心想事成,一帆风顺。

31. 跨出学校的大门,人生开始新的里程,愿你用生命的火花,去照亮通往未来的征程。

32. 离别的日子将近,学校周围的饭馆总是挤得满满的。所有的朋友在那里举杯,为过去的日子和情感,为将来的分别和感伤。

33. 大学说再见,却不跟青春道别。

34. 不要忘记自己的路,那些洒着汗珠、闪着光彩的路,那些惊心动魄、披荆斩棘的路,那些崎岖不平、备尝艰辛的路,那些浸透泪水的路……自己走过的路,是自己最贵重的财富。只有记住这些路,才能走好以后的路。

35. 天空吸引你展翅飞翔,海洋召唤你扬帆起航,高山激励你奋勇攀登,平原等待你信马由缰,出发吧,愿你前程无量!

36. 我们曾经在一起欣赏过美丽的花;我们曾经在一起幻想过美丽的季节。同学啊,同学,分别后不要忘了我们曾经一起走过的日子。

37. 那年九月,我们开学相聚。今年六月,我们毕业相离。日日夜夜,我们朝夕相处。此去年年,风雨与谁同路。六月毕业季节,好运送给你,我们常联系!

38. 从五湖四海来,到天南地北去。不管走到哪里,不管在什么岗位,让我们继续填好人生的履历表,交出事业的优秀答卷,为母校的旗帜增辉添彩。

39. 这个时候,对我而言,最大的意义就是能够告诉所有的朋友,谢谢你们将最美好的四年时光与我分享,在我的生命中留下那么重要的位置。

40. 毕业前的这些日子,时间过得好像流沙,看起来漫长,却无时无刻不在逝去;想挽留,一伸手,有限的时光却在指间悄然溜走,毕业答辩,散伙筵席,举手话别,各奔东西……一切似乎都预想的到,一切又走得太过无奈。

41. 曾经是多么地盼望着早些离开校园、离开宿舍、离开课堂、离开书本,离开学生的称呼……但到了真正不得不离开的那一刹那,才知道,自己对这片土地是多么的留念。在这里,留下了我最最美好的回忆和记忆。

42. 四年同窗,一起沐浴了一片金色的阳光,一起度过了一千个日夜,我们共同谱写了多少友谊的篇章?愿逝去的那些闪亮的日子,都化作美好的记忆,永远留在心房。

43. 叶子的离开是风的多情还是树的不挽留?你我的离校是人生的催促,还是青春的不停留?

44. 毕业,就像一个大大的句号,从此,我们告别了一段纯真的青春,一段年少轻狂的岁月,一个充满幻想的时代……

45. 光阴似箭,岁月如梭,四年美好而艰辛的大学生活犹如漏斗中的沙石已悄然流进昨日。此时站在漫漫求学道路终点站的我心潮澎湃,思绪万千,昔日的点点滴滴,林林总总,跃然而起,历历在目。此时面对着我可爱的同学,面对着美丽的校园,我心中虽有千言万语,却只字难出。

46. 大学四年一晃就过去了,感觉这四年自己成熟了很多,也学到了很多东西,四年的大学生活很是丰富多彩,自己打心眼里不想离开学校,不想离开朝夕相处的同学。

47. 轻轻地我们相聚一起,无限欢声和笑语;轻轻地我们又要分离,情谊拴起彼此;毕业的我们再难相聚,让我的祝福随你一路。

48. 感谢美丽的校园,给予我飞翔的翅膀;感谢亲爱的老师和同学,给予我展翅翱翔的信心和勇气。

49. 四年时间,不知不觉已到尽头,记忆中留下了太多的片段,有太多的不舍太多的留恋。也许到现在我们每个人心中或多或少还有这样那样的茫然,但未来还有很长的路要走,现实社会要求我们要不断地向前,稍微停顿就会落后,所以,我们没有时间。我们所能做的就是带着美好的记忆迎接明天的太阳,相信自己,努力把握,永远追随太阳的脚步,让青春无悔。

50. 现在,再一次经历了毕业季。我才明白,原来,我们毕业的是大学,但结束的是一段青春。我们把最美好、最宝贵的青春留在了那里。谁不怀念青春,谁不留恋青春?

51. 很多年后,我们把这个夏天叫作"那年夏天",但是那年夏天,我们曾笑得很美,很绚烂。

52. 真幸运,在最美好的年华邂逅最美好的你们,即使青春不再,你们也是我最珍贵的记忆。

53. 迷茫的四年,寂寞的四年,奋斗的四年,青春的四年,这四年有你们真好,分别在即,愿你们珍重万分。

54. 不管未来有多长久,请记住成长的路上有你有我;不管经历多少个春夏秋冬,请铭记共度的青春年华。亲爱的朋友,愿你绽放最绚丽的笑容,给明天画出最美丽的梦。

55. 大学对我们来说只有一次,它的绚丽和多彩是我们用一生的时间所不能更改和忘却的。回忆是一件痛并快乐的事,驻足回眸四年来的求学之路,心中已是百感交集,感慨万千,几许苦涩,几许甘甜。

56. 日出日落,月圆月缺,总叫人期待,期待一次惊喜的通话,一封意外的信件,一刻相聚的欢愉,一夕促膝的长谈,一束鲜花的清香……日后,我最爱的同学们啊,我期待的一丝喜悦都来自于你。让时间老去,让激情回归!愿事业一帆风顺,爱情甜甜美美,请带着我的期冀幸福一生!写不完的句子,但终一句话,我爱你们!

57. 几个人用同样的钥匙,打开同一扇门。几个人用同样的目光,跟空荡的寝室说再见。

58. 毕业的合影,上课的铃声,教授的叮咛,初始的心动,开学的陌生,怀揣录取通知书挥手故乡的远行,时光倒流,我们本不相识。时光定格,我们同窗情深。时光流逝,让我们常常联系!

59. 大学是人生的一个里程碑,毕业意味着我们不得不选择另一条路继续前行。感谢一路上有你们的陪伴，祝福大家能找到自己的幸福！珍重！

60. 若干年后，当拿出照片，或者回到这里，他们肯定会说：我曾经在这里第一次牵着女生的手走过“情人坡”；我曾经为组织一次活动而到处张贴小广告；我曾在这里跟同学凑钱买过一包烟；我曾在这里帮逃课的同学喊“到……”

61. 转眼四年过去，我们又将踏上旅程、各奔东西，祝我们自己前程似锦、阳光灿烂。

62. 我总是将毕业与成长和时光两个词相连。成长的过程伴随着内心的逐渐强大，而最好的时光总是不自知的。如果有那么一刻，回首的时候发现，跌跌撞撞的过往可以让你心怀感激，而所谓的结果又是长久以来的期望，那么，也许这就是最好的时光。

63. 因为大学，我们从五湖四海会聚在一起！四年生活忙碌而闲适，学习紧张而刺激，友情诚挚而纯洁！春去秋回，时光荏苒，岁月带走了我们的稚气，留下了永恒的回忆！大学四年，我们曾经一起走过！

64. 看着空荡荡的宿舍和柜子，总觉得还留下了什么，原来我留下了我对你们的思念。

65. 这个夏天，会有多少不舍，会有多少人痛哭，一张张再熟悉不过的脸孔，不言不语的回首一个个夏至，分离的季节，多渴望夏至未至。

66. 四年转瞬流逝，回忆尽在眼前。忘不了老旧阁楼，承载你慈祥的注视；仍然眷恋灰瓦屋檐，似你裙摆轻扬。总愿再听听百次千次入耳的铃，是你欢乐的笑语；总想再走走千遍万遍踏过的路，循着你在尽头的眺望；总念那日复一日暗中绽放开的灯光，轻易驱散迷惘。石碑上的箴言已然刻在心上，拾级而上，感谢有你，牵着我，越来越靠近理想。

67. 毕业了，曾经那些不在意的人和事，现在想来多么珍贵。

68. 我想你们这一群人，是在我最一无所有的时候，陪着我不离不弃，无论我遇到了怎么样的困境，都告诉我没事的，有你们在一群人。谢谢这四年最美好的时光。

69. 有聚总有散，谢谢你们一直的陪伴，人生的旅程才刚刚开始，记住我们的约定——继续奋斗，不管前方的旅程有多艰辛，我们无所畏惧，在最艰难的时刻想想彼此，我们互相牵挂，互相支持！

70. 时光如水，匆匆一瞥，多少岁月轻描淡写。然而四年的大学生活却是这飞速流逝的时光中一个精彩的停顿，一个值得永远回味的定格。遇见你们真好。

71. 四年，想想很长，过起来却是如此短暂，往昔依旧，眼前重复的竟然是四年前的光景，最可怕的是，记忆丝毫没有模糊。这才重新感叹，时光荏苒。

72. 六月毕业季,祝福送给你。求职很顺利,工作无忧虑。贵人肯帮你,人际有关系。找准职场地,跳槽又何必。炼心又炼体,坚持是第一。祝你轻松毕业,快乐职场。

73. 都言道人生是那么的短暂,可我殇逝的青春却那么的漫长,漫长的不似候鸟对春天般的渴望,而是我对点点滴滴不敢有丝毫的遗忘。

74. 还记得那一天的摄影留念吗?我的瞬间意识连同闪光灯一起亮了:你的倩影留在底片上,同时也深深地烙在我的心灵上。

75. 像这四年里的每一天一样,我沿着再熟悉不过的路线走出公寓的大门,不过当我的脚步跨出门槛的一刹那,我将不再是这里的一员。

76. 你临别的微笑虽然只是短短的一瞬,但是摄在我心的底片上。

77. 拥有一颗年轻快乐的心,给别人一个灿烂的微笑,给自己一个真诚的自我,给学业画个完美的句号,给事业点个漂亮的开场。让我们扬起风帆,共赴风雨。不要忘了我,朋友!

78. 六月,充满热情的季节,我们整理行囊,准备再度出发,要在前方的战场挥洒我们的智慧和才华。带着在母校四年积累的力量,传承着睿智进取的精神,我们自信满满,昂首向前。鹰击长空,我们,在路上。

79. 毕业了,多么想留住那些温暖的日子,但又多么渴望着能早日投进生活的洪流。大学四年的美好点滴,我将永记心头。

80. 跨出学校大门,开始新的人生旅程。愿你点亮生命的台灯,照亮通往成功的征程。祝你事业马到功成!生活精彩纷纷!人生一帆风顺!

81. 大学四年即将成为过往,回想我们一起走过的日子,我想说:思念过去,珍惜现在,展望未来。大家一路走好!

82. 朝霞般美好的理想,在向你们召唤。你们是一滴一滴的水,全将活跃在祖国的大海里!

83. 还记得那天晚上我们在星光下畅谈的情景吗?谈学习理想,还有……将来即使我们天各一方,但那晚的星空我永远都会记得。

84. 毕业了,多么想留住那些温暖的日子,但又多么渴望着能早日投进生活的洪流。那以往的同窗生活,是一串甜美的糖葫芦;那迷人的甜与酸,将永远回味不完。

85. 人走的时候,我常想到亲人离开我的时候那一幕。我烧着纸钱,看着故事像淡淡的烟,轻轻地飘了出去,剩下的只是一触即碎的回忆。我要走了,马上句号就画上了。

86. 以前也曾以为大学就是用青春来追梦的过程,毕业了才知道我的青春没了，梦早就没了。

87. 再回首，是一串充满酸甜苦辣的昨天：昨天，有我们在课堂上的争论；昨天，有我们在球场上的奔跑；昨天，有我们在考场上的奋斗；昨天，有我们在烛光中的歌唱。是啊，昨天，多么美好，多么值得回忆！

88. 相约在美丽的校园，意气相投；相识在最美的季节，情谊无价；相聚在青春的海洋，热情奔放；相别在毕业的时光，难舍难离。六月毕业季，祝福同窗前途辉煌，一路精彩！

89. 多年之后再读会觉得留言的人是最了解自己的人，会有一份长久的感动。所以，不要让别人帮你写留言，一定要根据对象的不同来写，这才是珍贵的留言。同学啊，让往日夕暮中那些甜蜜的低语，都埋在心底，化作美丽的记忆吧！

90. 四年的大学时光转瞬即逝，回想起四年走过的路程，有欢笑有泪水。曾经年少轻狂，曾经满面风霜。曾经憧憬的多姿多彩的大学生活，即将落幕。回想起这四年的生活，有太多的人太多的事，时常浮现在眼前，挥之不去。忘不了大一时的军训，忘不了和室友的彻夜长谈，忘不了和同伴一起去图书馆排队听课。

91. 四个希冀的春天，我们播种了四次；四个金黄的秋天，我们收获了四遍；我们曾经受了四个炎夏的磨砺和四个严冬的考验，请别忘记这有滋有味有声有色的时光。

92. 快毕业了，真的很留恋大学四年的美好时光。我最感谢的是四年来同甘共苦的好朋友、好姐妹们。虽然还有一个月就要离开了，但是在最后的这段日子里，我相信我们能开心度过，珍惜相处的每一刻。

93. 岁月匆匆，大学四年转瞬即逝。从眼眸里抽出细细雨丝，然后纷纷扬扬地洒下。我即将离开我的大学生活。走过楼兰，走过荒滩，只是为了那句“路在脚下，明天会更好！”

94. 希望大家在一起的四年是人生中美好的回忆，等到年老时想起这四年的时光，脸上露出甜蜜的微笑。愿大家都能拥有一个精彩的人生，在整个人生道路上都能顺顺当当。

95. 四年了，我曾无数次在校园里漫步。然而每一次，我都在想自己的心事，周围的一切似乎都与我无关。然而今天的漫步，我却要睁大眼睛，好好看看这个校园。我要把校园里每一朵花每一棵草都镌刻在我的记忆里。

96. 离开不是离别，是起航，是去追寻我们美丽的梦想！哪怕眼含不舍，我们也要笑着上路。多年以后，当我们再回首，一定还会记得，那初夏的雨中，也曾有你我的笑脸，那和煦的阳光下，也曾映照着你我如水的年华！

97. 不知道四年之后：喜悦的时候谁来报声平安，烦恼的时候谁来替我分担，逛街的时候谁来替我买单。那些日渐繁盛的香樟，色彩淡去的乐园，挤了五个人的小床，食堂三楼的学士缘排档……都是曾经微笑着看着我们成长的大学记忆！

升学篇

第一节　研究生考试的相关程序

研究生入学考试是指教育主管部门或招生机构为选拔研究生而组织的相关考试的总称，由国家考试主管部门组织的统一考试和招生单位组织的面试组成。本科毕业生继续深造，考取研究生是非常重要的一条道路。从目前形势来看，近几年毕业的本科生有一半以上的人有考研打算，有近三分之一的本科毕业生成功考取研究生。下面就有关研究生和研究生考试的几个问题进行介绍。

一、研究生分类

研究生的分类比较多，可以根据不同的角度把其分为不同的类别，一般有以下分类方式：

从研究生的层次来看，可把其分为两个层次：硕士研究生和博士研究生。目前我国硕士研究生种类比较复杂，可以从以下角度划分。

硕士生按其学习方式分为全日制硕士生和非全日制硕士生两种。前者指在高等学校和科研机构进行全日制学习的研究生；后者指在学习期间仍在原工作岗位承担一定工作任务的研究生。

按录取类别划分。硕士生录取类别分为非定向就业和定向就业两种。参加单独考试的考生，只能被录取为回原单位的定向就业硕士研究生。定向就业的硕士研究生均须在被录取前与招生单位、用人单位分别签订定向就业合同。定向就业硕士研究生毕业后回定向单位就业。非定向就业硕士研究生毕业时采取毕业研究生与用人单位“双向选择”的方式，落实就业去向。招生单位及所在地省级毕业生就业主管部门负责办理相关手续。

按照培养目标和培养方式，可分为学术型和专业学位研究生两种。专业学位与学术型学位处于同一层次，培养规格各有侧重，在培养目标上有明显差异。学术型学位按学科设立，其以学术研究为导向，偏重理论和研究，培养大学教师和科研机构的研究人员；而专业学位以专业实践为导向，重视实践和应用，培养在专业和专门技术上受到正规的、高水平训练的高层次人才。专业学位教育的突出特点是学术型与职业性紧密结合，获得专业学位的人，主要不是从事学术研究，而是从事具有明显职业背景的工作，如工程师、医师、教师、律师、会计师等。专业学位与学术型学位在培养目标上各自有明确的定位，因此，在教学方法、教学内容、授予学位的标准和要求等方面均有所不同。

按照考试方式分类划分。硕士生入学考试分初试和复试两个阶段进行。初试分为全国统一考试、联合考试、单独考试以及推荐免试。全国统一考试中部分考试科目由教育部统一组织命题。联合考试是教育部批准的特定学科(类别)、专业(领域)的部分考试科目由全国统一(或联合)命题的考试。单独考试是经教育部批准的部分招生单位，为符合特定报名条件的在职人员单独组织命题而进行的考试。推荐免试是部分高等学校按教育部规定推荐本校优秀应届本科毕业生，确认其免初试资格，由招生单位进行复试的选拔方式。

二、研究生的报考条件

报名参加全国硕士研究生招生考试的人员，须符合下列条件：

(一)中华人民共和国公民。

(二)拥护中国共产党的领导，品德良好，遵纪守法。

(三)身体健康状况符合国家和招生单位规定的体检要求。

(四)考生学业水平必须符合下列条件之一：

1. 国家承认学历的应届本科毕业生(含普通高校、成人高校、普通高校举办的成人高等学历教育应届本科毕业生)及自学考试和网络教育届时可毕业本科生，录取当年9月1日前须取得国家承认的本科毕业证书。

2. 具有国家承认的大学本科毕业学历的人员。

3. 获得国家承认的高职高专毕业学历后满两年(从毕业后到录取当年9月1日，下同)或两年以上，达到与大学本科毕业生同等学力，且符合招生单位根据本单位的培养目标对考生提出的具体业务要求的人员。

4. 国家承认学历的本科结业生，按本科毕业生同等学力身份报考。

5. 已获硕士、博士学位的人员。

在校研究生报考须在报名前征得所在培养单位同意。

报名参加全国专业学位硕士研究生招生考试的，按下列规定执行：

（一）报名参加法律（非法学）专业学位硕士研究生招生考试的人员，须符合下列条件：

1. 符合以上各项要求。

2. 报考前所学专业为非法学专业（普通高等学校本科专业目录法学门类中的法学类专业[代码为0301]毕业生、专科层次法学类毕业生和自学考试形式的法学类毕业生等不得报考）。

（二）报名参加法律（法学）专业学位硕士研究生招生考试的人员，须符合下列条件：

1. 符合以上各项要求。

2. 报考前所学专业为法学专业（仅普通高等学校本科专业目录法学门类中的法学类专业[代码为0301]毕业生、专科层次法学类毕业生和自学考试形式的法学类毕业生等可以报考）。

（三）报名参加工商管理、公共管理、工程管理、旅游管理、工程硕士中的项目管理、教育硕士中的教育管理、体育硕士中的竞赛组织专业学位硕士研究生招生考试的人员，须符合下列条件：

1. 符合以上各项的要求。

2. 大学本科毕业后有三年以上工作经验的人员；或获得国家承认的高职高专毕业学历后，有五年以上工作经验，达到与大学本科毕业生同等学力的人员；或已获硕士学位或博士学位并有两年以上工作经验的人员。

工商管理硕士专业学位研究生相关考试招生政策同时按照《教育部关于进一步规范工商管理硕士专业学位研究生教育的意见》（教研〔2016〕2号）有关规定执行。

（四）报名参加除法律（非法学）、法律（法学）、工商管理、公共管理、工程管理、旅游管理、工程硕士中的项目管理、教育硕士中的教育管理、体育硕士中的竞赛组织外的其他专业学位硕士研究生招生考试的人员，须符合上条中的各项要求。

报名参加单独考试的人员，须符合下列条件：

（一）符合以上各项的要求。

（二）取得国家承认的大学本科学历后连续工作四年以上，业务优秀，已经发表过研究论文（技术报告）或者已经成为业务骨干，经考生所在单位同意和两名具有高级专业技术职称的专家推荐，定向就业本单位的在职人员；或获硕士学位或博士学位后工作两年以上，业务优秀，经考生所在单位同意和两名具有高级专业技术职称的专家推荐，定向就业本单位的在职人员。

招生单位不得按单位、行业、地域等限定单独考试生源范围,也不得设置其他歧视性报考条件。

推免生的条件及程序

推免生,全称“推荐优秀应届本科毕业生免试攻读硕士学位研究生”,是指可以不用参加研究生考试而直接读研的一种情形。推研按时间排序是:交叉、本系直博、本系直硕、外推、工硕。每年推研的时间为大四上学期9月初到9月末。推免时间一般是每年的9月初开始。

经审定可以开展推免生工作的高等学校,可以推荐该校规定数量的优秀应届本科毕业生免初试,并在规定的日期前直接到报考单位参加复试和办理接收手续。推荐和接收办法由学校(招生单位)根据教育部的有关规定制定。被接收的推免生(包括研究生支教团和农村教育硕士项目的推免生)须在国家规定的报名时间内到报考点办理报名确认手续,亦不得再参加统考。在规定的日期内仍未落实接收招生单位的推免生不再保留推免资格。

除工商管理硕士、公共管理硕士、工程硕士中的项目管理、教育硕士中的教育管理、体育硕士中的竞赛组织外,其他学术型专业和各专业学位均可接收推免生。

研究生保送制度

国家教育部就推荐少数优秀应届本科毕业生免试为硕士研究生工作的具体规定:

1. 推荐工作应贯彻德智体全面衡量,保证质量的原则,被推荐的学生应坚持四项基本原则,品德良好,遵纪守法,决心为社会主义现代化建设服务,学习成绩优秀,具有作为研究生培养的素质。在进行推荐工作时,不仅要注意对推荐生政治思想和道德品质的考核,而且在业务标准的掌握上,既要看推荐生历年的学习成绩,还要注重对其学习能力、创新精神及业务特长等方面的考查,避免推荐工作单纯地按分数排队。为了保证推荐生的业务质量,学校还可进行必要的考试(考核)。

2. 各院校成立推荐工作领导小组,根据主管部门下达的分配名额和有关规定,结合该校各学科、专业的具体特点等实际情况,制定切实可行的具体推荐办法,确定推荐名单并在校内张榜公布。

3. 推荐名单确定后,学生可持该校的介绍信于规定日期到学校所在省(市、自治区)高校办公室指定的地点查阅招生专业目录,并办理报名手续,领取推荐表和体检表。推荐生可自由选报两个志愿报考单位。

4. 为了加强校际间的交流,促进学科发展,招收研究生的高等学校应积极鼓励推荐生选报外校或科研机构。

5. 各推荐学校应组织推荐生进行体检，并将按要求填好的推荐表、体检表一起于规定日期前寄送学生选报的第一志愿单位。

6. 接收推荐生的招生单位一般根据推荐生情况对其进行考试（考核），考试（考核）方式由招生单位自选确定，在录取中应坚持德智体全面衡量、择优录取、保证质量、宁缺毋滥的原则。

7. 推荐生第一志愿报考单位对其进行考试（考核）后不予录取，或因学科、专业招生名额限制不能接收的，应于规定日期前将推荐生的有关材料退回原推荐学校并由学校转告本人。

8. 各招生单位只能在学校推荐的学生中进行选拔录取，不得在其他应届本科毕业生中录取，对已确定录取的应届本科毕业生，招生单位在其入学前如果发现其不符合录取要求，可取消其入学资格。

9. 推荐生被招生单位录取后，可视实际情况鼓励保留入学资格分配。

保送生名额限制

教育部出台，要求有研究生院的高等学校，保送研究生名额一般按该校应届本科毕业生数的15%左右确定。在教育部下发的《全国普通高等学校推荐优秀应届本科毕业生免试攻读硕士学位研究生工作管理办法（试行）》中，对未设立研究生院的"211工程"高校，要求一般按应届本科毕业生数的5%左右确定。经教育部确定的人文、理科等人才培养基地的高等学校，按教育部批准的基地班招生人数的50%左右，单独增加推免生名额，由学校统筹安排；对国家发展急需的专业适当增加推免生名额。另外，设有研究生院的高等学校接收该校推免生的人数，不得超过该校推免生总数的65%，其中地处西部省份或军工、矿业、石油、地质、农林等特殊类型的高等学校，上述比例可适当放宽，但不得超过75%。

推免生所应具备的条件

一般有两大条件：

1. 拥护中国共产党的领导，愿为社会主义现代化建设服务，品德良好，遵纪守法；

2. 获得母校推荐免试资格的全国重点大学优秀应届本科毕业生。

不同大学对推免生的要求也有所不同。

如北师大没有对毕业设计或实习做出要求，而是添加了学校特色名额的说明：

（1）品行优良，学风端正，身心健康，愿为社会主义现代化建设服务。

（2）勤奋刻苦，专业成绩优秀，外语水平较高，综合测评排名在本专业同年级学生前列。本科阶段有论文公开发表，或有科研成果，或在全国重大竞赛中获奖等有学术专长的,同等条件下将优先录取。

(3)具有较强的创新精神和能力,良好的专业素养,浓厚的专业兴趣,有培养潜质。

(4)申请人需获得本科就读学校推荐免试名额或该校的“直属师范大学补偿计划”名额。该校的“直属师范大学补偿计划”名额,只能用于接收校外优秀应届本科生攻读学术型学位研究生。

再例如湖南大学的要求则更为简略:

(1)经教育部批准具有推免生资格的高校2015届普通全日制本科毕业生,并取得所在学校推荐免试资格;

(2)有科研潜力,道德品质良好,有创新意识;

(3)在校期间未受过任何纪律处分,身心健康。

而部分名校对推免生的要求更为苛刻。

例如北京大学对学生的毕业实习或设计还添加了成绩要求:

(1)完成本科培养方案规定的所有课程及实践环节(含毕业论文或实习)的学分要求;

(2)毕业论文或实习成绩应在“良”以上;

(3)取得初取资格后,本科必修、限选不得出现不及格;

(4)自取得初取资格至入学报到之日未受过任何处分。

提交材料

一般需要提交如下材料:

1. 申请表
2. 自荐信
3. 导师推荐信
4. 成绩单
5. 由申请者现所在学校教务处提供同意推荐免试的证明信,并加盖公章
6. 获奖证书复印件、发表的学术论文等复印件
7. 有的学校要求英语水平类证书(如四六级、托福、GRE等成绩)

三、研究生招生考试报名

报名一般包括网上报名和现场确认两个阶段。所有参加硕士研究生招生考试的考生均须进行网上报名,并到报考点现场确认网报信息、缴费和采集本人图像等相关电子信息。

应届本科毕业生原则上应选择就读学校所在省(区、市)的报考点办理网上报

名和现场确认手续；单独考试考生应选择招生单位所在地省级教育招生考试机构指定的报考点办理网上报名和现场确认手续；工商管理、公共管理、旅游管理、工程管理等专业学位考生和其他考生应选择工作或户口所在地省级教育招生考试机构指定的报考点办理网上报名和现场确认手续。

网上报名技术服务工作由全国高等学校学生信息咨询与就业指导中心负责。现场确认由省级教育招生考试机构负责组织相关报考点进行。

报考点工作人员发现有考生伪造证件时，应通知公安机关并配合公安机关暂扣相关证件。

（一）网上报名要求：

1. 目前，网上报名时间一般为每年10月10日至10月31日，每天9:00～22:00。

2. 考生应在规定时间登录“中国研究生招生信息网”（以下简称“研招网”）浏览报考须知，并按教育部、省级教育招生考试机构、报考点以及报考招生单位的网上公告要求报名。报名期间，考生可自行修改网报信息。逾期不再补报，也不得修改报名信息。

3. 考生报名时只填报一个招生单位的一个专业。待考试结束，教育部公布考生进入复试的初试成绩基本要求后，考生可通过“研招网”调剂服务系统了解招生单位的生源缺额信息，并按相关规定自主多次平行填报多个调剂志愿。

4. 以同等学力身份报考的人员，应按招生单位要求如实填写学习情况和提供真实材料。

5. 考生要准确填写本人所受奖惩情况，特别是要如实填写在参加普通和成人高等学校招生考试、全国硕士研究生招生考试、高等教育自学考试等国家教育考试过程中因违纪、作弊所受处罚情况。对弄虚作假者，将按照《国家教育考试违规处理办法》《普通高等学校招生违规行为处理暂行办法》严肃处理。

6. 报名期间将对考生学历（学籍）信息进行网上校验，并在考生提交报名信息三天内反馈校验结果。考生可随时上网查看学历（学籍）校验结果。考生也可在报名前或报名期间自行登录“中国高等教育学生信息网”，查询本人学历（学籍）信息。

未通过学历（学籍）校验的考生应及时到学籍学历权威认证机构进行认证，在现场确认时将认证报告交报考点核验。

7. 按规定享受少数民族照顾政策的考生，在网上报名时须如实填写少数民族身份，且申请定向就业少数民族地区。

8. “少数民族高层次骨干人才计划”招生以考生报名时填报确认的信息为准。

9. 报考“退役大学生士兵”专项硕士研究生招生计划的考生，应为高校学生应征入伍退出现役，且符合硕士研究生报考条件者（“高校学生”指全日制普通本专科（含高职）、研究生、第二学士学位的应（往）届毕业生、在校生和入学新生，以及成人高校招收的普通本专科（高职）应（往）届毕业生、在校生和入学新生，下同）。考生报名时应选择填报退役大学生士兵专项计划，并按要求填报本人入学、入伍、退役等相关信息。

10. 国防生和现役军人报考地方或军队招生单位，以及地方考生报考军队招生单位，应事先认真阅读了解解放军及招生单位有关报考要求，遵守保密规定，按照规定填报报考信息。不明之处应事先与招生单位联系。

11. 考生应认真了解并严格按照报考条件及相关政策要求选择填报志愿。因不符合报考条件及相关政策要求，造成后续不能现场确认、考试、复试或录取的，后果由考生本人承担。

12. 考生应按要求准确填写个人网上报名信息并提供真实材料。考生因网报信息填写错误、填报虚假信息而造成不能考试、复试或录取的，后果由考生本人承担。

（二）现场确认要求：

1. 所有考生（不含推免生）均应在规定时间内到报考点指定地点现场核对并确认其网上报名信息，逾期不再补办。现场确认时间由各省级教育招生考试机构根据国家招生工作安排和本地区报考组织情况自行确定和公布。

2. 考生现场确认应提交本人居民身份证、学历证书（应届本科毕业生持学生证）和网上报名编号，由报考点工作人员进行核对。报考“退役大学生士兵”专项硕士研究生招生计划的考生还应提交本人《入伍批准书》和《退出现役证》。

3. 在录取当年 9 月 1 日前可取得国家承认本科毕业证书的自学考试和网络教育本科生，须凭颁发毕业证书的省级高等教育自学考试办公室或网络教育高校出具的相关证明方可办理网上报名现场确认手续。

4. 未通过网上学历（学籍）校验的考生，在现场确认时应提交学历（学籍）认证报告，以供核验。

5. 所有考生均应对本人网上报名信息进行认真核对并确认。报名信息经考生确认后一律不做修改，因考生填写错误引起的一切后果由其自行承担。

6. 考生应按规定缴纳报考费。

7. 考生应按报考点规定配合采集本人图像等相关电子信息。

8. 招生单位应根据相关规定，对考生报考信息和现场确认材料进行全面审查，确定考生的考试资格。考生填报的报名信息与报考条件不符的，不得准予考试。现场确认学历(学籍)核验未通过的考生,招生单位应要求其在规定时间内提供权威机构出具的认证报告。

9. 报考点由各省级教育招生考试机构确定并公布。报考点接受考生咨询,办理报名手续,安排考场,组织考试。考生应在规定时间内,凭网报用户名和密码登录"研招网"自行下载打印《准考证》。《准考证》正反两面在使用期间不得涂改。考生凭下载打印的《准考证》及居民身份证参加考试。考生报名时须签署《考生诚信考试承诺书》。

四、研究生考试的命题

全国统考和全国联考科目的命题工作由教育部考试中心统一组织;统考科目考试大纲由教育部考试中心统一编制,联考科目考试大纲由教育部考试中心或教育部指定相关机构组织编制,自命题科目的命题工作由招生单位自行组织。

命题人员应为政治素质好、责任心强、教学经验丰富、学术水平较高并且近期承担教学工作的人员。命题人员原则上应具有副教授及以上职称或相当职称并具有硕士研究生招生考试命题经验。每位命题人员只能参加一门考试科目的命题工作。命题人员要遵纪守法,信守承诺,保守秘密,不得参与任何形式的考研辅导活动,不得参与任何与考研内容有关的咨询活动,不得参与任何与考研有关的复习资料编写、出版等活动。命题人员要签订《保密责任书》,过失泄密和故意泄密行为均须承担刑事责任。

招生单位应按相关规定制定本单位自命题工作规范,加强对命题相关人员及各工作环节的规范管理和监督。自命题试题不得委托非硕士研究生招生单位或个人命题;委托其他招生单位命题的,要签订《保密责任书》。

硕士研究生招生考试是选拔性考试,试题应能考查考生是否具备硕士研究生入学的基本能力和专业素质。试题要有一定的区分度,难易程度要适当。

试题不得出现政治性的错误,并应避免出现学术界尚有争议的问题。

单独考试初试科目设置与相应学科专业全国统考初试科目设置相同,单独考试的各考试科目可由招生单位命题,也可以选用全国统考试题。

考试科目均应根据考试大纲(考试内容范围说明)和对硕士研究生入学的基本要求,参考大学本科的教学大纲进行命题。招生单位不得指定考试科目的参考书目和参考材料。

五、研究生入学初试

每年的硕士研究生考试的时间由国家规定,不在规定日期举行的硕士研究生招生考试,国家一律不予承认。

硕士研究生招生初试一般设置四个单元考试科目,即思想政治理论、外国语、业务课一和业务课二,满分分别为100分、100分、150分、150分。

教育学、历史学、医学门类初试设置三个单元考试科目,即思想政治理论、外国语、专业基础综合,满分分别为100分、100分、300分。

体育、应用心理、文物与博物馆、药学、中药学、临床医学、口腔医学、中医、公共卫生、护理等专业学位硕士初试设置三个单元考试科目,即思想政治理论、外国语、专业基础综合,满分分别为100分、100分、300分。

会计、图书情报、工商管理、公共管理、旅游管理、工程管理和审计等专业学位硕士初试设置两个单元考试科目,即外国语、管理类联考综合能力,满分分别为100分、200分。

金融、应用统计、税务、国际商务、保险、资产评估等专业学位硕士初试第三单元业务课——设置经济类综合能力考试科目,供试点学校选考,满分为150分。

硕士研究生招生考试的全国统考科目为思想政治理论、英语一、英语二、俄语、日语、数学一、数学二、数学三、教育学专业基础综合、心理学专业基础综合、历史学基础、临床医学综合能力(中医)、临床医学综合能力(西医);全国联考科目为数学(农)、化学(农)、植物生理学与生物化学、动物生理学与生物化学、计算机学科专业基础综合、管理类联考综合能力、法硕联考专业基础(非法学)、法硕联考综合(非法学)、法硕联考专业基础(法学)、法硕联考综合(法学)。其中,教育学专业基础综合、心理学专业基础综合、历史学基础、数学(农)、化学(农)、植物生理学与生物化学、动物生理学与生物化学、计算机学科专业基础综合试题由招生单位自主选择使用;口腔医学专业学位既可选用统一命题的临床医学综合能力,也可由招生单位自主命题。

医学学术学位硕士研究生初试业务课科目由招生单位按一级学科自主命题。

招生单位必须按教育部的有关规定确定考试科目并使用相关试题。

初试方式均为笔试,一般时间分配如下:

第一天上午　思想政治理论、管理类联考综合能力

第一天下午　外国语

第二天上午　业务课一

第二天下午　业务课二

第三天　考试时间超过3小时的考试科目

每科考试时间一般为3小时;建筑设计等特殊科目考试时间最长不超过6小时。详细考试时间、考试科目及有关要求等由考点和招生单位予以公布。

初试的组织工作和考务工作由教育部考试中心及各级教育招生考试机构按照相关文件规定执行。单独考试须由招生单位在省级教育招生考试机构指定的考点组织进行。

因试卷错寄、漏寄、邮递故障等非考生本人原因而无法正常考试的考生可参加补考。补考程序为:招生单位将初步审查同意补考的考生姓名、报考单位、补考科目及补考原因一一写明,报所在省级教育招生考试机构审核批准后,自行安排或协商有关考点在规定时间内组织补考。各补考科目均由招生单位命题。补考试题的形式和难易程度应与原试题相一致。补考一般安排在考试结束后1个月内进行,具体时间由相关招生单位确定。

六、研究生考试的评卷

全国统考科目的评卷工作由省(区、市)高等学校招生委员会在教育部考试中心指导下统一组织,具体的评卷细则、工作程序、要求和纪律,由省级教育招生考试机构根据教育部的要求制订。全国联考科目的评卷工作由教育部委托有关单位组织进行。

全国统考科目评卷工作实行省(区、市)高等学校招生委员会统一领导、省级教育招生考试机构统一组织、评卷工作承办单位具体实施的管理体制。招生单位有承担当地统考科目评卷的责任和义务。

省级教育招生考试机构要加强评卷点建设。各评卷点要成立由各省级教育招生考试机构负责人和承办单位负责人共同组成的领导小组,加强对评卷工作的领导和管理;建立健全评卷工作系列规章制度,特别是评卷工作责任制度、责任追究制度和评卷工作质量监督保证制度;要逐步完善评卷教师的聘任机制,保证评卷工作的需要。

省级教育招生考试机构成立由相关招生单位各学科权威专家组成的全国统考科目评卷工作专家组,根据教育部考试中心提供的答案及评分参考,负责本地区全国统考科目评卷工作细则的拟定、试卷的试评、评卷教师的培训、评卷工作的业务指导与组织实施、试卷评阅过程中争议问题的仲裁等工作。

省级教育招生考试机构根据专家组的提名,聘请有关教师承担各学科评卷工作,招生单位有责任和义务按省级教育招生考试机构的要求选派所需评卷教师,无正当理由不得推辞拒绝。评卷工作由评卷教师所在学校以适当方式计入本人工作量。

招生单位自命题科目的评卷工作原则上由招生单位负责,组织管理工作参照全国统考科目评卷管理体制、办法和有关要求实施。各招生单位在评卷结束后,应将自命题科目的成绩上报省级教育招生考试机构。省级教育招生考试机构在评卷结束后,应将统考科目成绩返回招生单位,同时将统考科目成绩和自命题科目成绩合成后,在规定时间上报教育部。

招生单位应在规定时间内向考生公布成绩。考生对评卷结果有异议,可以依程序申请成绩复查,具体的复查办法按照教育部相关考务文件执行。

进行电子扫描的纸介质答卷保留 1 年,其电子扫描版答卷保留 3 年;不进行电子扫描的纸介质答卷保留 3 年。

七、研究生考试的复试

复试是硕士研究生招生考试的重要组成部分,用于考查考生的创新能力、专业素养和综合素质等,是硕士研究生录取的必要环节,复试不合格者不予录取。

复试时间、地点、内容范围、方式由招生单位自定。复试办法和程序由招生单位公布。全部复试工作一般应在录取当年 4 月底前完成。

教育部按照一区、二区制定并公布参加全国统考和联考考生进入复试的初试成绩基本要求。一区包括北京、天津、河北、山西、辽宁、吉林、黑龙江、上海、江苏、浙江、安徽、福建、江西、山东、河南、湖北、湖南、广东、重庆、四川、陕西等 21 省(市);二区包括内蒙古、广西、海南、贵州、云南、西藏、甘肃、青海、宁夏、新疆等 10 省(区)。

报考地处二区招生单位且毕业后在国务院公布的民族区域自治地方定向就业的少数民族普通高校应届本科毕业生,或者工作单位在国务院公布的民族区域自治地方,且定向就业单位为原单位的少数民族在职人员考生,可按规定享受少数民族照顾政策。

招生单位在国家确定的初试成绩基本要求基础上,结合生源和招生计划等情况,自主确定本单位进入复试的初试成绩基本要求及其他学术要求,但不得出台歧视性或其他有违公平的规定。

经教育部批准的部分招生单位可自主确定考生进入复试的初试成绩基本要求及其他学术要求。参加单独考试的考生进入复试的初试成绩基本要求由招生单位依据教育部有关政策自行确定。

相关招生单位依据教育部有关政策自主确定并公布"退役大学生士兵"专项硕士研究生招生计划考生进入复试的初试成绩要求和接受其他招生单位"退役大学生士兵"专项硕士研究生招生计划考生调剂的初试成绩要求。

相关招生单位自主确定并公布报考本单位临床医学、口腔医学和中医(以下简称临床医学类)专业学位硕士研究生进入复试的初试成绩要求。教育部划定临床医学类专业学位硕士研究生初试成绩基本要求供招生单位参考。招生单位自主划定的总分要求低于教育部划定的初试成绩基本要求的，下一年度不得扩大临床医学类专业学位招生规模。

对初试公共科目成绩略低于全国初试成绩基本要求，但专业科目成绩特别优异或在科研创新方面具有突出表现的考生，可允许其破格参加第一志愿报考单位第一志愿专业复试（简称破格复试）。

破格复试应优先考虑基础学科、艰苦专业以及国家急需但生源相对不足的学科、专业。对一志愿合格生源不足的专业，招生单位要积极做好调剂工作，不得单纯为完成招生计划或保护一志愿生源而降低标准进行破格复试。合格生源（含调剂生源）充足的招生专业一般不再进行破格复试。破格复试考生不得调剂。

复试应采取差额形式，招生单位自主确定复试差额比例并提前公布，差额比例一般不低于120%。

招生单位要按照教育部有关规定制定本单位的复试录取办法和各院系实施细则，提前在本单位网站向社会公布并严格执行。复试录取办法中应明确考生进入复试的初试成绩和其他业务要求，以及复试、调剂、录取等各环节具体规定，特别要明确破格复试条件和程序。未按要求提前公布的复试录取规定一律无效。

招生单位在复试前应对考生的居民身份证、学历学位证书、学历学籍认证报告、学生证等报名材料原件及考生资格进行严格审查，对不符合规定者，不予复试。

对考生的学历（学籍）信息有疑问的，招生单位应要求考生在规定时间内提供权威机构出具的认证证明。

少数民族考生身份以报考时查验的身份证为准，复试时不得更改。少数民族地区以国务院有关部门公布的《全国民族区域自治地方简表》为准。

以同等学力参加复试的考生，在复试中须加试至少两门与报考专业相关的本科主干课程。加试科目不得与初试科目相同。加试方式为笔试。报考法律硕士（非法学）、工商管理硕士、公共管理硕士、工程管理硕士或旅游管理硕士的同等学力考生可以不加试。对成人教育应届本科毕业生及复试时尚未取得本科毕业证书的自考和网络教育考生，招生单位可自主确定是否加试，相关办法应在招生章程中提前公布。

会计硕士、图书情报硕士、工商管理硕士、公共管理硕士、旅游管理硕士、工程管理硕士和审计硕士的思想政治理论考试由招生单位在复试中进行，成绩计入复试总成绩。

外国语听力及口语测试均在复试中进行，由招生单位自行组织，成绩计入复试总成绩。

招生单位认为有必要时,可对考生再次复试。

参加“大学生志愿服务西部计划”“三支一扶计划”“农村义务教育阶段学校教师特设岗位计划”“赴外汉语教师志愿者”等项目服务期满、考核合格的考生,3年内参加全国硕士研究生招生考试的,初试总分加10分,同等条件下优先录取。

高校学生应征入伍服义务兵役退役,达到报考条件后,3年内参加全国硕士研究生招生考试的考生,初试总分加10分,同等条件下优先录取,在部队荣立二等功及以上,符合全国硕士研究生招生考试报考条件的,可申请免试(初试)攻读硕士研究生。

参加“选聘高校毕业生到村任职”项目服务期满、考核称职以上的考生,3年内参加全国硕士研究生招生考试的,初试总分加10分,同等条件下优先录取,其中报考人文社科类专业研究生的,初试总分加15分。

各省级教育招生考试机构、各招生单位应严格规范执行硕士研究生招生考试的初试总分加分政策,除教育部统一规定的范围和标准外,不得擅自扩大范围、另设标准。招生单位应对加分项目考生提供的相关证明材料进行认真核实。

第六十条　考生体检工作由招生单位在复试阶段组织进行。招生单位参照教育部、卫生部、中国残联印发的《普通高等学校招生体检工作指导意见》(教学〔2003〕3号)要求,按照《教育部办公厅　卫生部办公厅关于普通高等学校招生学生入学身体检查取消乙肝项目检测有关问题的通知》(教学厅〔2010〕2号)规定,结合招生专业实际情况,提出本单位体检要求。

八、研究生考试的调剂

招生单位应按教育部有关政策确定并公布本单位调剂工作的具体要求和程序。

考生调剂基本条件:

(一)符合调入专业的报考条件。

(二)初试成绩符合第一志愿报考专业在调入地区的全国初试成绩基本要求。

(三)调入专业与第一志愿报考专业相同或相近。

(四)初试科目与调入专业初试科目相同或相近,其中统考科目原则上应相同。

(五)第一志愿报考照顾专业(指体育学及体育硕士,中医学、中西医结合及中医硕士,工学照顾专业及工程硕士照顾专业,下同)的考生若调剂出本类照顾专业,其初试成绩必须达到调入地区该照顾专业所在学科门类(类别)的全国初试成绩基本要求。第一志愿报考非照顾专业的考生若调入照顾专业，其初试成绩必须符合调入地区对应的非照顾专业学科门类（类别）的全国初试成绩基本要求。体育学与体育硕士，中医学、中西医结合与中医硕士，工学照顾专业与工程硕士照顾专业之间互调按照顾专业内部调剂政策执行。

（六）第一志愿报考工商管理、公共管理、旅游管理、工程管理、会计、图书情报、审计专业学位硕士的考生可相互调剂，但不得调入其他专业；其他专业考生也不得调入以上 7 个专业。

第一志愿报考法律（非法学）专业学位硕士的考生不得调入其他专业，其他专业的考生也不得调入该专业。

（七）报考"少数民族高层次骨干人才计划"的考生不得调剂到该计划以外录取；未报考的不得调剂入该计划录取。

（八）相关招生单位自主确定并公布本单位接受报考其他单位临床医学类专业学位硕士研究生调剂的成绩要求。教育部划定临床医学类专业学位硕士研究生初试成绩基本要求作为报考临床医学类专业学位硕士研究生的考生调剂到其他专业的基本成绩要求。

报考临床医学类专业学位硕士研究生的考生可按相关政策调剂到其他专业，报考其他专业（含医学学术学位）的考生不可调剂到临床医学类专业学位。

（九）参加单独考试（含强军计划、援藏计划）的考生不得调剂。

（十）符合调剂条件的国防生考生，可在允许招收国防生硕士研究生的招生单位间相互调剂。

（十一）自画线改革试点高校校内调剂政策按上述要求自行确定。

招生单位接收所有调剂考生（既包括接收外单位调剂考生，也包括接收本单位内部调剂考生）必须通过教育部指定的"全国硕士生招生调剂服务系统"进行（各加分项目考生、享受少数民族政策考生可除外）。

招生单位应通过"全国硕士生招生调剂服务系统"及时公布生源缺额信息及调剂要求，积极利用该系统为考生调剂提供服务。

调剂工作由各招生单位研究生招生管理部门归口管理并统一办理相关手续。

九、思想政治素质和品德考核

思想政治素质和品德考核是保证入学新生质量的重要工作环节，招生单位必须严格遵循实事求是的原则认真做好考核工作，对于思想品德考核不合格者不予录取。

思想政治素质和品德考核主要是考核考生本人的现实表现，内容应包括考生的政治态度、思想表现、道德品质、遵纪守法、诚实守信等方面。

招生单位要强化对考生诚信的要求，充分利用《国家教育考试考生诚信档案》记录，对考生在报考时填写的考试作弊受处罚情况进行认真核查，将考生诚信状况作为思想品德考核的重要内容和录取的重要依据。凡有违反国家教育考试规定、情节严重受到停考处罚，在处罚结束后继续报名参加研究生招生考试的，由招生单位决定是否予以录取。

招生单位在复试的同时应组织思想政治工作部门、招生工作部门、导师与考生面谈，直接了解考生思想政治情况。招生单位还可采取"函调"或"派人外调"的方式对考生的思想政治素质和品德考核。

拟录取名单确定后，招生单位应向考生所在单位函调人事档案和本人现实表现等材料，全面审查其政治思想情况。函调的考生现实表现材料，需由考生本人档案所在单位的人事、政工部门加盖印章。

十、研究生考试的录取

招生单位要在研究生招生工作领导小组的统一领导下，按照教育部有关招生录取政策规定及各省级教育招生考试机构的补充规定，根据本单位招生计划、复试录取办法以及考生初试和复试成绩、思想政治表现、身体健康状况等择优确定拟录取名单。录取工作要依法保护残疾考生的合法权益。

招生单位要严格按照教育部下达的招生计划（含各专项计划）及相关要求开展招生录取工作。录取人数不得超过本单位招生计划，各专项计划录取人数不得超过教育部下达的名额。

各招生单位破格复试录取人数原则上不超过本单位硕士生招生计划的3%。

单独考试录取人数不得超过教育部下达的单独考试招生限额，且录取要符合有关要求。

在本招生单位内，学术型招生计划可调整到专业学位使用，但专业学位招生计划不得调整到学术型专业使用。

定向就业的硕士研究生均须在被录取前与招生单位、用人单位分别签订定向就业合同。参加单独考试的考生，只能被录取为回原单位定向就业的硕士研究生。

考生因报考硕士研究生与所在单位产生的问题由考生自行处理。若因此造成考生不能复试或无法录取，招生单位不承担责任。

经考生确认的报考信息在录取阶段一律不做修改，对报考资格不符合规定者不予录取。各招生单位不得将未通过或未完成学历（学籍）审核的考生列入拟录取名单公示或上报。

各省级教育招生考试机构应按国家规定对招生单位的录取工作进行检查,实施监督。各招生单位为录取考生打印《录取登记表》,盖章后存入考生的人事档案。

被录取的新生,经考生本人申请和招生单位同意后可以保留入学资格,工作一至两年,再入学学习。录取为保留入学资格的考生纳入招生单位当年的招生计划。

新生应按时报到。不能按时报到者,须有正当理由和有关证明,并向招生单位请假。无故逾期两周不报到者,取消入学资格。应届本科毕业生及自学考试和网络教育届时可毕业本科生考生,入学时(9 月 1 日前)未取得国家承认的本科毕业证书者,取消录取资格。

第二节　报考研究生的原因

近年来考研的热度不减。为什么要考研?这是每位考研学子都应该问自己的问题。考研其实并不可怕,可怕的是不知道自己为什么要考研。一些大学应届毕业生希望通过考研增加将来就业的竞争力,但也有很大部分的考生是为了逃避严峻的就业形势,希望通过考研延后就业时间。那么,为什么要考研呢?

1. 继续深造的机会

经调查,大约有 28% 的考生奔着继续深造的目的而选择考研。这部分同学认为读研一方面可以锻炼自身专业素质,帮助自己打造专业“核心竞争力”,从而在职场上取得优势,谋得高薪工作或者在专业领域继续深造,获得非凡的专业成就。

通过两三年研究生阶段的学习,我们将站在一个更高的起点上。从目前的大形势来看,随着我们国家的快速发展以及高等教育的普及,社会对个人学识的要求会逐步提高。也就是说,拥有更高的学历,我们将有更多的机会,更大的发展空间。

大学四年,能给我们的专业知识并不是很多。本科阶段并不仅是要教会我们多少专业知识,这个阶段的课程大多会比较宽泛,往往是面广而深度不够。而进入研究生阶段后,主要培养的就是我们的科学研究能力,使我们能在某一个领域或某一个方向深入下去,从而对该方向能有清晰的认识、准确地把握和深刻的理解,掌握相关的知识和技术,并具备进一步技术开发或学术研究的能力。有深造目标的人选择考研进而读研是一个值得肯定的选择,并且这类考研人也是最有可能成功的,因为研究生导师也很喜欢真正想做科研的学生。

此外,如果想在工作岗位上进一步增强自己的业务素质、提升业务水平,那么读研也是一个不错的选择。因为研究生期间是一个可以静下心来认真学东西、做事情的时期。这可能也是为什么有很多人放着高薪不要,却选择考研这条路的原因吧。

读完研究生之后,我们还有进一步深造的机会。读研后念博、出国都是很好的选择。读研后出国的机会更大,很多考研人就是怀着考研后出国的理想而考研的。

2. 缓解就业压力,获得更好的就业机会、薪酬待遇与职业发展前景

当今的本科生就业形势确实不是很乐观,尤其对那些大学期间成绩一般、能力平平的学生而言,更是如此。读研是提升能力的一个好机会,是做好就业准备的一个缓冲期,也是改变就业处境的一个不错的选择。整体来看,大约有 19% 的考生是迫于就业压力或希望改变就业处境而选择考研的。

研究生就业这几年虽然带有寒意,不少研究生找到的工作确实不如某些本科生。但整体来看,研究生的薪酬待遇要高于本科生 50% ~150%,职业发展前景也要好一些。只要我们稍微留意一下现在的就业市场,便不难发现:研究生学历已经成为很多企业设置的一道门槛;研究生学历也成为区分岗位的一个标准,比如很多企业招研究生做技术,招本科生做销售,甚至很多技术类销售也要求有研究生学历;另外,即便是公务员考试,很大一部分中央机关或直属机构的职位也要求报考人员具有研究生学历。因此,读研仍然是一个获得更好的就业机会、薪酬待遇与职业发展前景的好途径。如果你是那种勤于学习、努力拼搏的人,研究生两年的投入将带给你更高的回报。虽然学历不代表能力,但学历却能为人打开一扇通向成功殿堂的大门。

3. 追逐自己的兴趣,达到专业的高度

很多人的本科专业不是自己的兴趣所在。其原因主要是当初填报专业的时候对所报考专业的研究领域、应用价值、发展前景一无所知,或是因为分数低而被硬性调剂的,或是由父母、亲人代为选择的。进了大学之后,他们才发现自己对所学专业实在提不起兴趣,通过某些途径与机缘巧合,反倒开始对其他专业产生了兴趣,于是想在自己感兴趣的专业领域深造和发展。对于很多院校而言,如果你进大学后第一年扎实勤奋学习,成绩能够排在年级前 10% 的话,那么,在大二开学时通常有一次转专业的机会。如果没把握住这次机会,通过考研来选择自己感兴趣的专业也是一个不错的选择。此外,当你在工作岗位上待

了几年之后，终于发现了自己的兴趣所在，于是想在感兴趣的领域深造，那么考研进而读研也是最理想的选择之一。经调查，大约15%的考生是追逐自己的兴趣而考研的。

读研期间，我们完全可以充分施展自己的才华，毫无拘束地追逐自己的兴趣。“兴趣是最好的导师”。我们在阅读那些诺贝尔奖得主的故事时，感受最深的就是他们对专业的挚爱与痴情。只有热爱自己的专业，才能做出非凡的成绩。

4. 改变命运

有一部分考研人并非对所学专业感兴趣，也不是对其他专业感兴趣。他们要么不甘心高考的失利，抱着“卷土重来”的决心，试图用考研成功的光芒驱散高考失利的阴霾，通过考研去扭转自己的命运；要么在残酷的现实中猛然惊醒，对往日挥霍时光、碌碌无为、堕落沉沦懊悔不已，于是痛下决心在考研战场上重新爆发能量、找回自信；要么就是希望先争取到读研的机会，然后在读研期间再思谋今后的路到底怎么走。他们读研更多的是为了改变自己的命运，攀登上一个更高的台阶，破解工作上的瓶颈，为自己争取到一个更好的发展机会与更广阔的发展空间。在我们的调查对象中，这部分人的比例大约为15%。

5. 构造更高层次的交际圈，为未来的发展铺路

众所周知，高校是学习资源、人才资源等相当丰富的地方。选择读研，不仅可以在专业领域锻炼自己，更可以在其他方面锻炼自己。人是社会的人，社会是人的社会，所以，以后的发展在一定程度上取决于我们的团队协作能力、人际交往能力，还有我们建立的交际圈。有人曾说“你所结交的朋友的平均实力就是你自己实力的一个写照。”颇有道理！所以，在读研期间，我们可以进一步扩大自己的朋友圈，构建一个良性的更高层次的交际网，这样势必对自己以后的发展大有好处。我们调查的考研人群中，抱着充实自己、强化自己的综合素质、构建高层次交际网的想法而考研的人也大约占15%。

6. 通过考研过程获得录取通知书外的收获

毫无疑问，通过考研，我们的思维能力、理解能力、总结归纳能力、写作能力、记忆能力等学习能力都将得到升华：我们抗挫折的能力、看待成败的人生态度、时间规划与管理能力等都将得到极大的提高或转变。这些能力的提高、态度的端正，对我们今后的人生无疑是有极大的促进作用的。可以说，考研最大的收获，不是一张录取通知书，而是在考研过程中所获得的能力与收获的良好心态、态度和习惯等。

避免不理性的考研心理

1. 逃避就业心理

面临大四毕业，周围的小伙伴们都开始纷纷地投简历、找实习工作。这时如果你还很迷茫，对踏入社会没有信心，那么这时选择考研是最好的“避风港”了。但是我想告诉大家的是如果你无法直面问题就不可能解决问题。把考研当作“避风港”一心二用，到最后工作和考研都将以失败告终。

2. 赌气考研思想

“90后”的标签一向都是崇尚自由、追求理想。然而在现实中你是否也有过被家里人催促考公务员或是事业单位的经历？大多数的“90后”会觉得公务员的工作没有挑战性很枯燥，不符合“90后”爱闯荡的心。于是很多考生就是在和家里人赌气的状态下选择了考研，这同样是不理智的。我们建议这类考生一定要权衡清楚考研和考公务员的利弊，如果只是一时赌气，实际上并不想考研的同学就不要强迫自己考研；如果你真的下定决心考研，那就找时间好好和父母谈一谈，考研期间没有家人的支持和理解，你也会缺乏前进的动力。

3. 莫名其妙考研心理

也许你只是跟着同学去听了一场考研的免费讲座就立马充满“鸡血”喊着要考研，又或许是跟着班级的大流申请了学校的自习室，然后就莫名其妙地加入了考研的队伍。没错，就是这种莫名其妙考研派也撑起了考研大军的半边天。但是，当激情退去时你就会发现，没有目标和理想的考研是乏味和疲惫的。因此选择考研我们需要理智，不盲目地投入才不会有无奈地退出。那种三分钟热度的行为是最要不得的。

4. 人云亦云心理

如今，“抱团”考研已经不是新鲜事了，各种“最牛考研宿舍”“最牛考研班”的新闻层出不穷，似乎只要搭上了一辆集体的班车，考研这件事就能轻松成功。要知道，你虽然可以选择作战的方式，但作战的目的却必须只为自己。不要觉得别人都考研，你也就应该跟着考。你考研的目的是什么？是为了学术理想，还是寻求更好的发展平台？你的专业是更适合研究深造，还是注重实践锻炼？这些都是需要你自己想清楚的问题，也是为了更好地对自己的未来负责。

5. 好高骛远心理

对于很多打定心思要考研的小伙伴来说，目标的选择与确定是另一个值得深究的话题。选择合适的学校和专业，决定了未来的学习环境和人生方向，需要慎重对待。这一过程希望各位要警惕好高骛远心理，结合自身的性格特征、专业特点、基础水平等确定合适的备考目标，不要单纯地爱慕虚荣、好高骛远，制定的目标难以企及,否则竹篮打水一场空,就得不偿失了。

第三节 考研的准备[①]

一、考研如何选择学校

在选择院校的时候,要根据自己的实际情况来考虑问题,有针对性地选择学校,可结合以下几点考虑:

1. 考研目标

可以说专业和性格都是确定你的方向的问题,学校是决定你能不能考上的问题,同样一个专业,全国那么多学校开设,它的难度有大有小,所以定学校关键看成功率,建议考生以自己的实力衡量专业,不要好高骛远。帮帮指出,考生在专业选好后,可以针对性地选择学校,而且要考虑是否符合考研目标。

考生在考研中一般会存在这样的心态:一种是必须考上好专业好学校的;另外一种是只要能考上就行的。前者完全可以依据自己的喜好和未来的发展需要,而后者则要更加注意权衡选择,尽量增加成功的概率。所以考生必须首先明确自己要什么,想要达到什么样的目标,然后根据各招生单位提供的有效信息来进行综合比较,找到自己理想中的学校。

对于考研院校选择首先应考虑该院校是否有目标专业,以及目标专业的强弱等。事实上,院校与专业的搭配选择是很有讲究的,一般来讲,名校名专业考取的难度很大,就业前景很好;名校一般专业考取的难度较小,就业前景也很好;一般院校名专业考取的难度较大,就业较好;一般院校一般专业,考取的难度较小,就业前景一般;同学们可以参考这些特点,灵活地选择。

同时,考生在选择学校时,要对自己专业进行全国索引,了解它们的排名情况再行定夺。热门专业普通学校,热门学校普通专业都可以多加考虑,毕竟名校毕业后可以凭借它的名声来打响"第一炮"。相对看来,热门学校的热门专业是挑战系数最高的,也是最困难的。同时,该学校该专业的导师构成也要考虑在内,导师的教育背景、学术方向、科研成就、为人作风等都与学生日后的学业甚至就业前途息息相关,那么考生在选择学校时就要多加一分关注。

---

① 此部分来源为《2016 年考研要素》,载新东方在线。

2. 城市地域

考研专业确定之后,同学们要做的事情就是结合“城市”选学校。在选学校的时候为什么要考虑“城市”的因素呢?有两个原因:第一,根据教育部的统计,发现70%的研究生就业是选择本地就业,因此在报考的时候就要认真思考自己毕业之后是否想留在高校所在地工作。

第二,每个城市的高校培养的学生或多或少都会打上当地的烙印,正所谓一方水土养育一方人,每个人都有属于自己的性格以及特点,因此当地研招办对于当地的生源有着天然的亲近感。当然每个人也都会有自己钟情的区域,很多考生会选择到一线城市读研,他们认为,大城市上学可以开阔眼界,学到更多知识,还可以感受大城市各种前卫的东西,同时“211 院校”和“985 院校”确实较多集中于大城市。

对此,学校所处区域关系着考生就读期间接触的平台和视界还有将来的就业和发展。当然并不是鼓励大家一窝蜂地挤在一线城市,也要根据自己的专业情况和发展前景等综合考虑,还是那句话,适合的就是最好的。

3. 院校竞争

各招生单位的招生自主权很大,因此必须详细了解:第一是看招生单位的录取分数线,是高于还是低于全国统一最低分数线。第二是看所要报考的专业院系的录取平均分和最低分数。第三是看报考人数和招生人数的录取比例,了解竞争的激烈程度。数据应该尽量往前多收集几年,有助于看出某种趋势。通过对比,确认选择哪个学校对自身有利。

同时在择校中考生还应考虑院校的招生人数,研究生招生人数一般由计划内和计划外构成,而计划内学生又分为免试保送生和统考生。另一种情况,一些学校的有些专业可能往年招生,今年不招,也可能有些学校以前没有这个专业,而近年新增。因此,学生们要多搜集预报考专业相关学校的内部信息,探清招生人数中的实际外部招生名额,勿将一腔热血化为乌有。

4. 个人水平

每个参加考研的同学,最大的愿望莫过于能顺利通过考试,为目标院校所录取,所以,我们在选择考研的目标院校时不得不先估量一下自己的实力。

首先,英语是很重要的一关。由于现行的考研政策规定,必须总分和单科成绩都要达到公布的分数线才有机会参加复试,很多同学总分很高,可却因为英语相差一两分而不幸败北。专业课的准备有目标院校的参考书目可以对照,只要认真学完、学好基本参考书目,专业课基本上就没有问题了,但是考研英语却没有一个明确的可以参考的复习资料。英语的复习是一个长期积累的过程,不是一天两天就能搞定的,而且,考研英语的考查思路与大学英语四六级又不一样,不能因为过了英语六级而忽视对考研英语的重视。很多考研过来人都说:考研其实就是考英语。这话可能有些偏颇,但也不无道理。

如果我们仔细留意考研政策,会发现中西部地区高校的分数线普遍要比东部地区的低,大致低5~10分,也就是我们通常所说的A类、B类、C类地区分数线差异。以地区为分类标准的划分,使得很多"名校"的英语分数线因为地域原因而普遍较低,诸如兰州大学、西安交通大学等著名高校,所以,如果英语成绩不是很理想,可以选择B类、C类地区的高校,尽量提升考研的命中率。

其次,在选择院校时最好能问问自己,对所选的专业是否能保持热情,一直坚持下去。有些同学由于准备不够充分,或者自身实力不济,无法考上自己心仪的学校,但又非常想去自己心仪的学校去深造,这时该怎么办?我们不建议明知不可能被录取还去"拼死"搏一搏。如果自己对所学专业足够热爱,我们可以先选择考研难度较低、自己有把握考上的学校去读,在读研期间进一步提升自己的实力,做好更充分的准备,在考博的时候再选择曾经心仪的学校。

最后,我们在选择目标院校时,还需要考虑一下自身的经济情况。读研毕竟不能人人都是公费(或者是全额奖学金),学校提供的生活补贴也不一定完全够用,所以,我们在考研时不仅要考虑自己能否拿到报考院校的公费名额(或者奖学金),还要考虑当地的消费水平,这样才不至于在以后的读研中因为自己的生计问题而无法专心学术,影响自己的前途。

5. 院校文化及资源

一个学校的文化氛围大方向来说往往能够影响一个人的气质,小方面来说学术氛围浓不浓都是关系到我们的发展的。一定要结合自己的专业特质、个人的文化素养。

同时学校的图书资源、研究资源、导师资源等资源同样重要,当然导师选择也很重要,找对导师求学才更省力。或许因为某个知名导师跟自己所想研究的方向或兴趣是一致的,所以要报考其他院校和专业,这也是可能的。导师的重要性不在于学术本身,而在于他能为考生自己的学术之路提供大量的帮助。

考研第一件事需要做什么?或许不同的人有不同的看法,但有一件事却是每个考研人不可回避的,这就是选院校。目前考研的考试制度是,公共课加专业课,公共课是全国统考,而专业课却是各个招生单位自行决定的,不同学校考查的要求和难度不一样。大多数学校的专业课考试都会指定若干本参考书目,考生以参考书目的内容为复习重点。因此,及时选定考研的目标学校,复习才会更有针对性。跨考教育辅导专家提醒广大考生,考生在选择院校的时候一定要理智、慎重,全面考虑自己的实际情况。

6. 以专业来选学校

很多人在考研时仍旧延续了高考填报志愿的思维：非“名校”不报。然而，经过大学四年的学习，我们自身的情况已与高考时有着天壤之别了。不管你在这四年中是兢兢业业、刻苦学习，还是碌碌而为、“虚度光阴”，只要你能顺利拿到毕业证和学位证，你的思维方式都会体现出你所学专业的特色，这一点不管你承认与否，都是不可更改的事实。此时的你已非高考时“纯洁”的你了，你已经“沾染”上专业的特色了。高考时，任何专业你都可以学，所以需要的是良好的学习环境，此时“名校”是不二的选择。但是，在考研时，你需要考虑专业的限制，且不说文理科的区别，就是同样属于文科的文学和历史学在学习内容和方法上也存在着极大的差别，所以考研需要考虑的是目标院校相关专业的建设问题。比如：该学科点的带头人是谁？该学科点是不是重点学科？是省级的还是国家级的？

有人说：高考选的是学校，考研选的是导师，这句话是很有道理的。一位优秀的导师，不仅能让学生的学术水平提升很快，更能帮助学生在就业时提升自己的价值。优秀的导师就是一块“金字招牌”，不仅代表着学术的前沿，更象征着实力和信誉，因此，很多用人单位在招聘研究生时，都会很看重研究生的导师。

也许有人会说，这跟选“名校”没有冲突，而且必须要考“名校”。不可否认，“名校”不管是硬件还是软件都较那些“普通院校”有着不可比拟的优势：“名校”的图书馆拥有大量的前沿资料，实验室里摆满了最先进的仪器；“名校”云集了众多学术前沿的领头人，蕴藏着深厚的文化底蕴。但是，这并不是让我们放弃“普通院校”的理由，因为“名校”并不集中了全部的优势资源，很多“特色院校”虽然整体实力不是很出众，但在某些“特色学科”方面却独树一帜。

首先，硬件方面的优势，如丰富的图书资料，先进的科学设备等，这些在信息技术高度发达的今天，已不是特别明显的优势，我们完全可以借助网络等技术来弥补“普通高校”与“名校”的差距。其次，某些学校虽然不见得是“名校”，但在某些学科方面却是非常有特色的，比如上海大学的社会学专业，北京邮电大学的通信工程专业，徐州医学院的麻醉学专业，以及一些民族大学的民族学专业等。这类高校不是“985 工程”的“名校”，有些甚至都不是“211 工程”的高校，整体实力肯定不如那些综合性的“985 工程”的“名校”，但他们的“特色”专业在行业内却有口皆碑，不比那些“名校”差。相反，有些“名校”总体实力很强，但却不能兼顾所有专业均衡发展，致使某些专业发展停滞，甚至都不如一些“普通高校”。最后，“名校”之所以为“名校”是因为这些学校有着较为悠久的历史，治学严谨，学习氛围浓厚，但这并不意味着“普通高校”的学习氛围不行。相反，“普通高校”因为“普通”，危机意识更加深刻，学习的情绪更高，况且，是否愿意学习最主要的还是在于个人。因此,我们在选择考研目标院校的时候,最主要的不是看目标院校名气是否够大,而在于你所报考的专业在这所学校是否很强,学科建设是否受到学校的重视。

7. 科研院所:别样的选择

高考时我们选择的只有各种不同类型的大学,读研也只有大学可以选择吗?答案是否定的。因为招收和培养研究生的机构不仅只有大学,还有许多各有特色的研究所(院),比如中国科学院大学、中国社会科学院大学、中国人民银行研究生部等。这些科研院所对于很多学生来说可能很陌生,甚至有些同学们平日都不清楚,但不了解并不意味着这些科研院所实力不强,相反,这些科研院所在其所在的领域往往处于研究前沿,科研实力不容小觑。

与一般的高校招生单位相比,选择科研院所有许多优势,这些都值得我们考虑。

第一,与一般高校相比,科研院所的录取率高,录取程序也更公正。“名校”之所以为大家所认可,固然与其自身严谨的治学之风和科研实力分不开,但同学们的口耳相传也不失为一个重要因素,而这正是各个科研院所所欠缺的,因为科研院所只进行研究生的培养。没有自己的本科生,使得科研院所的“名气”不大,每年报考的学生相对比较少,录取率更高;没有自己的本科生,也使得科研院所在招生时,录取程序更为公正,不会出现一般高校招生中偏爱招收本校学生的情况。

第二,科研院所的培养侧重实践,实践经验更易提高。与一般高校的培养模式相比,科研院所在注重理论培养的同时,更加侧重实践操作。许多科研院所在进行研究生培养时,主要以承接项目的形式来进行培养,使学生能直接参与到项目中,锻炼学生的动手实践能力。

第三,研究生待遇高。由于科研院所培养学生的经费大多来自于所承接的项目,所以学生在读研期间相当于“半工半读”,除了获得一些生活补贴之外,导师额外还会有许多补贴。有些科研院所,如电信科学技术研究院事实上就是大唐集团的前身,在这些科研院所读研,就相对于已经在企业中开始从事研发工作了,生活待遇和补贴自然也就比一般高校高了。

总之,考研在选择目标院校的时候,我们主张根据所学专业的特点以及自身的兴趣爱好、学习情况来选择,而不是为了某些外在的、非理性的因素,套用一句经典台词:我们的口号是,不就最好,但求合适! 考研最忌盲目择校。据了解,不少考生花费了大量的人力、物力、财力准备考研,却因为在择校环节上不加重视,导致到头来竹篮打水一场空。一般来说,考生盲目择校存在着三大误区:

1. 跟着排名走

目前互联网上到处流传着各类高校的排行榜,排名方式五花八门,排名结果也各不一样。实际上,名目众多的排名脱离了社会认可与实际水平,并没有什么实际的价值和参考作用。比如那些合并后依靠专业齐全而名次攀升的高校,其招生人数逐年增加,但师资数量有限,结果一个导师带 20 ~ 30 个研究生的现象比比皆是,学生入学后却得不到充分的指导。当然,一些有着几十甚至上百年历史积淀的名校,并不会因为并校的行为破坏原有强势的专业,这一点还是经得住考验的。

2. 顽固的名校情结

在绝大多数人的眼中,能够进入名校学习是无上光荣和自豪的事情。许多考生考研也是出于“名校情结”。但是名校真的就意味着最好吗?在拥有众多全球名校的美国,哈佛无疑是其中耀眼的掌上明珠。但据调查,哈佛的物理系并不强,甚至不能跻身全美前十,远不如麻省、斯坦福等其他名校。由此可见,即使像哈佛这样的院校,也不可能处处都强。

每个学校都有自己的强势专业和劣势专业,而名校只是在强势专业的实力和数量上更胜一筹。由于名校效应吸引了很多考生集中报考,导致竞争相当激烈,分数线高,录取比例低,调剂情况频繁。假如你报考上海交通大学的电子类等热门专业,分数又不够高,则很可能被调剂到与你的愿望相去甚远的专业。相反,一些小而精的高校,如北京化工大学,有的专业在国内遥遥领先,如能有目的地报考则胜算的把握更大。

有不少人认为名校的硕士,找工作等于加上了双保险,但不能忽视一个现实:清华、北大的毕业生未能找到工作的人仍有少数,而一些大专院校的学生却找到了令人羡慕的好工作,这一点是不是值得一心只想进名校的考生深思呢?

3. 热门专业肯定好找工作

考研报考时往往能看到这样的现象:管理、法律、计算机等学科报考和录取的比例为几十比一,而一些冷门的专业却是少有人问津,甚至连计划招收的人数也达不到。很多考生认为热门的专业就能有一个好的未来。的确,热门专业会给人这样的印象:市场大、就业前景广阔。但越热门的专业毕业人数也就越为庞大,也就意味着你面临着更大的就业压力。当几十人甚至数百人同时竞争一个职位,而你不幸成为这场比赛的失利者时,这难道是你所希望的?总之,干什么事都要讲究投入产出,花最少的精力和财力考上研,才是一个成功的投资。

二、考研如何选择专业

选择研究生的专业时大致面临两种选择，一是依自己的本科专业进行报考，二是跨越自己的本科专业报考。两者各有利弊，下面做一分析：

(一)跨专业考研的利弊

有利的方面

1. 谋求更优质的科研资源

许多同学在四年的学习过程中逐渐培养起了专业兴趣，希望能够在自己熟悉的某个领域有所突破，但目前的培养环境难以满足自身的需要；或者有的同学对自己的本科学校、专业都不满意。这类考生不妨通过跨考，为自己谋得更好的发展平台，为日后的科研、学习提供诸多便利。

2. 拥有更好的就业环境

有的同学本科专业并不好就业，特别是就读工科的女生，本专业工作的环境难免让人无法适应。这时候选择跨考无疑是最适合的选择。

3. 彻底改行

专业在很大程度上决定了考生未来的职业发展方向。拥有真正专业技能的人才是就业市场的“香饽饽”。如果考生通过四年的学习明确自己不适合在本专业继续发展，那么就要趁早转行，通过跨考重新选择自己的未来。

不利的方面：

1. 导师信息获取困难

导师的科研方向、近期研究成果无形中影响着出题的思路、评阅的标准。考生如果不研究导师重要科研著作、研究方向，那么极有可能事倍功半。在复习时即使自身有着勤学苦练的决心、扎实的基本功，但如果没有足够的信息，对目标院校、目标专业、导师没有足够的了解，仍难以提高考研的成功率。

2. 参考资料不全面

近些年，一些重点大学特别是名校取消了参考书目，初衷是不限制考生思路，提高考生的创新意识，拓宽考生的知识面，但实际上是为跨考生设置了障碍。许多本专业的考生由于熟悉导师、教材、教学模式，在备考过程中占尽优势，而跨专业的考生却如同大海捞针，没有目标、没有策略，像无头的苍蝇，备考全当碰运气。

3. 专业歧视现象隐形存在

目前，部分院校对考生本科就读院校专业表面上没有要求，但实际上却存在着严重的歧视现象。尤其是在面试过程中老师会更看重本专业的考生，跨考的同学则更容易处于劣势。

(二)报考本专业的利弊

有利的方面:

1. 复习备考省时省力

就考研的难度来讲,专业的跨与不跨,区别那是相当的大。本科四年的学习,已经让你对本专业有了全面系统的认识,无形的根基已经形成。本专业考研的小伙伴,基本可以完全跳过基础复习阶段,直接进入巩固强化阶段。

2. 联系导师更具优势

考自己的本科专业的同学,在联系导师上完全不用担心。大学四年在本专业圈内“摸爬滚打”,关于圈内的学术派系,你已经门儿清,在导师选择上也有更大的范围和余地。选择导师时可以请教本科的老师,甚至可以请本科老师帮忙进行推荐。还有很多本专业考研的学长学姐可以帮忙引荐,这等于给你的考研上了一道保险锁,只要初试过线,复试表现“OK”,被录取基本没问题。

3. 学科连贯性增加就业优势

鉴于跨专业考研越来越普遍,现在有很多用人单位在招聘启事中会明确指出“本科与研究生均为××专业”或“本硕博均为××专业”,尤其对于很多高水平的工作岗位来说,这条规定显得尤为必要。固守一个专业,不仅表明你是一个“靠得住”的人,也意味着你的专业功底比别人更厚更扎实,自然受到企业青睐。

不利的方面:

1. 对本专业知识厌烦

复习过程中本专业的考生容易对接触了四年的专业知识产生抵触情绪,相对于跨考的学生来说也不那么仔细,若出现对知识点的重大错误理解则容易有挫折感。

2. 放松警惕

很多考生会认为自己比跨专业考研的同学有优势,于是在复习时对专业课不够重视,最终导致在原本属于优势的科目吃了败仗。

3. 失去新的机会

留守的同学不得不继续在已经接触了四年的专业里继续进行学习,无法像跨考的考生一样去外面见识更广阔的世界,失去吸收更多不同专业领域优秀资源的机会。

(三)如何判断自己适合本专业还是跨专业

考生应该想清楚自己的情况适合跨考还是留守。有关专家认为,考研选专业,重点考虑个人兴趣、学业实力和就业前景等因素,综合考虑后,再确定是本专业还是跨专业报考。

1 兴趣是最好的老师

北京大学经济学院一名曾取得401分的研考生说,考研尽量选择自己喜欢的学校和专业。这一点之所以非常重要,一是由于这关系到将来的职业,二是直接关乎考研复习效果。如果一个人对自己报考的专业很喜欢,学习乐在其中,那么复习效果就会很好,坚持到底的可能性也就大,成功的概率就高。反之,如果一个人厌恶自己的专业,那么在复习的过程中就很难较长时间保持兴奋和激情,很容易造成最终的失败。

2. 学业能力决定专业的选择

跨专业报考考生的最大劣势在于没有本科学习基础,备考时在专业课上会耗费较多的时间与精力,可能会遇到意想不到的困难,甚至影响整个复习过程的心态和考试结果。考研竞争激烈,复习周期长,考生尽量一次成功。考生选专业之前要认清自身竞争实力,可用往年试题检测自己的学业水平,大致了解自己的竞争力。

3. 职业规划是学习的动力

在选择专业时,尤其要结合自身的职业发展规划来确定,例如本科学工科的同学希望将来从事新闻媒体类的工作,则可以选择跨专业考研。而希望从事本专业工作的同学则可以选择留守。要使研究生阶段的学习能为将来的职业发展提供助力,而不是单纯获得文凭。

中国政法大学研招办主任黎洋认为,考生选择专业时,对自己的实力要有一个清醒的认识,量力而行。尤其是一些就业前景看好的专业,考生要把自己的学业实力和个人兴趣结合起来,选择考研成功可能性较大的专业。首都经济贸易大学研究生部副主任周明生说,选专业时,跨专业报考的考生要理性看待专业的"热"和"冷",因为"热"和"冷"都是相对的,只有根据自身的实力、兴趣以及对未来职业的规划去选择专业,才是合理的。

(四)专业分类

在报考阶段,首先应该按照社会上的一些评价以及招考人数、录取难度等标准,理性地选择最适合自己的专业。近年来各高校改革热火朝天,院系调整频繁,专业名称和目录也有不小的变化。按照社会上的一些评价以及报考人数、录取难度等标准,可以将这些专业大致分为以下四类:

1. 热门专业

主要指那些切合时代热点、社会需求性大、未来就业前景看好的专业。这些专业因为其在社会的需求量很大、求职的机会多、未来的发展也比较光明,为大多数考生所看好。例如建筑、土木工程、计算机、金融经济类学科、法学学科、新闻类学科等。这类热门专业最大特点就是报考人数爆满、竞争激烈、录取比例较低。报考此类专业的学生最好评估一下自己的兴趣和潜力，广泛听取意见，量力而行。

2. 传统专业

主要是指那些社会总体需求量有限的基础学科类专业。这类专业常见的有文史类、哲学类、冶金类、地质类、数理化基础学科等。与热门专业相比，这类专业就显得比较冷落。但是由于其多年积累的严谨的治学体系，传统类学科专业对学生的综合素质的培养是其他专业所无法替代的。这类专业在研究生招生培养名额中占有很大的比例，且竞争也不太激烈。

3. 特殊专业

主要指工商管理硕士（MBA）、法律硕士（JM）和软件工程硕士（MSE）以及公共管理硕士（MPA）等。同多倾向于“研究”的传统意义上的硕士研究生相比，专业硕士研究生在培养方面更注重的是实践与应用，培养的时间也较短（一般为2年）。工商管理硕士（MBA）招生考试相对独立，因为培养方向主要是在应用方面，因此，特殊专业硕士的专业课水平要求较浅，更多的是考一些主要课程的基础知识。虽然特殊专业硕士招生学校数目少，但一般招生量较大，对于一些跨专业考试的考生来说，似乎报考特殊专业硕士更合适一些——至少可以在专业课上不被“科班出身”的考生拉得太远。

4. 新兴专业

新兴专业就是那些过去默默无闻或者没有设立，现在由于时代发展、社会需求而迅速“蹿红”的专业。例如保险精算、行政管理、社会学、城市与环境科学、宝石学等。这些专业就业前景比较广阔，同时兴起不久，报考人数一般也还不太多，从而竞争程度要小一些。

需要指出的是，以上仅仅是一种粗线条的分类，主要依据的是特定时间内社会需求和学校人才供给之间的对比关系，因此往往处于快速的变动之中。有些专业今天是热门，但由于每年都有大量的毕业生填补空缺，几年后人才饱和，于是就不再那么热了；有些专业是因为社会经济某一方面突然畸形增长，导致“泡沫需求”，几年过去，泡沫破灭，重归冷静，例如前几年房地产人才需求；还有些专业现在很冷，是因为社会需求受整体经济发展水平的局限，还没有被开发出来，可能将来某个时候就会热起来，比如心理学，一旦国内心理咨询业务广泛开展，无疑将会十分火爆。

（五）选择专业的方法和标准

1. 对相关资料的获取

首先，选择一个专业，最重要的是一定要能够找到它的相关信息和资料，对它有一个最全面的了解。如果不首先进行清晰的认识,那么往后所有的付出都是煎熬。有的同学一着不慎选了一个“可望而不可即”的专业,最终导致一步错步步错,虽然很努力,但并没有取得好的效果,十分可惜。

对一个专业的了解应该建立在以下几个方面的基础上:

(1)核心课程:这个专业主要教授哪些内容。

(2)培养目标:这个专业主要培养什么样的学生,具备哪些能力。

(3)院校排名:开设这个专业的学校有哪些,它们的实力又如何。

(4)就业方向:这个专业的毕业生可以到什么领域就业、从事什么职业。

(5)薪资水平:这个专业的相关职业收入情况。

知道对专业的了解从哪些方面入手以后,在专业的选择上又有哪些方法和标准呢?

2. 兴趣是最好的老师

如果你对某个专业特别感兴趣,那就应该去学,这个专业就是你的首选。

“知之者,不如好之者”,兴趣和爱好是世界上最好的老师,也是一个人学习的动力。它往往是获取知识、成就事业的源头。大教育家夸美纽斯在《大教学论》中也指出:如果人们吃饭没有食欲,勉强地把食物吞到胃里去,其结果只能引起恶心和呕吐,至少也是消化不良。反之,如果在饥饿的情况下,把食物吃到胃里去,那它就会乐意接受,并很好地消化它。从这个论述中,可以看出,兴趣对于学习的重要,它可以使大家学习时得心应手。再则,研究生毕业后要继续自己的专业,如果没有兴趣会感到枯燥、无聊和乏味,这样浪费的不仅仅是我们三年宝贵的学习时间,更是一生的生活情趣和生活质量。所以我们在选择专业时要对自己的兴趣做清晰的认识和判断。

如果你对自己的专业并没有热情,甚至极其不喜欢,那么虽然考上本专业的概率大得多,但是还是建议不要再报考本专业的研究生。因为,读研是和你将来的职业生涯有密切联系的,而不是单纯地为了读研究生而考研。如果你读本专业的研究生不能使你离你的职业理想更近一步,那么,研究生三年的时间就几乎是浪费了。如果你以后要转到你觉得比较有前景或比较喜欢的职业和在本科毕业时的难度几乎一样大,那么节省时间和精力,早点找到自己喜欢的专业,早点准备考研,考到自己想读的、觉得比较理想的专业去,即使降低学校的档次也是合算的。

3. 性格与职业匹配 = 好未来

选择专业时不仅要考虑个人的兴趣爱好,还应认真分析,自己的气质和性格能否适应将来这类职业的要求。一般说来,性格开朗、活泼、热情、温和的人,比较适合从事外贸、涉外工作，文体工作，教育工作，服务工作以及社会交际型的职业；多疑、好问、倔强的性格，比较适合从事科研、治学方面的工作；深沉、严谨、认真的性格，比较适合从事人事、行政、党务工作；而勇敢、沉着、果断、坚定则是公安、企业家、领导者、军人不可缺少的性格。

职业与性格的匹配往往使人们在职场如虎添翼。因此，热情、善于言谈的学生，比较适合选择师范、法律、旅游等专业；细心、同情心强的学生，适合选择医生专业；独立性、自制力、坚持性、果断性强的学生，宜选择工科类的专业；组织协调能力俱佳的学生，宜选择财经、管理、数理等专业。

4. 学习能力很重要，用实力说话

兴趣归兴趣，有些专业是需要天分的，盲目的喜欢也是非常愚昧的，所以考生所选择的专业一定要在自己能力所及的范围。

一方面，考生在选择某个专业时，一定要考虑到自己在这方面的实力。譬如说，你要考逻辑学专业，你的辩证思维能力如何？理工类的学生要考文史类的专业，你的语言文字能力又怎样？也许研究生入学考试能够靠突击恶补专业基础知识，但是这些专业所要求的更高层次的能力不是短期就可以突击提高的。

另一方面，大学成绩在一定程度上反映了你的专业实力，如果要报考一个竞争非常激烈的学校的热门专业，一定得先掂量自己的学习成绩。在此，要特别提醒那些跨专业的考生，不要盲目跨专业考，一定要搞清楚自己所学专业与所跨专业的联系，以及自己在跨专业考研方面具备的优势。

其实只要你在决定专业之前，到自己学校的图书馆翻看几本该专业的主要专业书或参考书，有没有这个能力学好，简单尝试一下便知道了。

5. 专业前景要看好

许多考生在考研的时候，首先想到的就是以后的就业问题，专业未来发展方向自然也是考研不得不考虑的问题，因为研究生专业可能就是未来要伴随一生的工作领域。从个人发展的角度来看，前期所有的教育都是为个人发展服务。

当前，就业形势比较严峻，毋庸置疑，比较迎合社会需求的专业，就业前景要好些。不要选择那些所学知识与社会脱节太多的专业，尽量选择那些比较有实用价值，或者能够最大限度地学以致用的专业，这样的话，就业相对更加容易一些。

6. 经济问题该考虑

虽然各个高校都有公费自费制度以及奖助学金制度，但是研究生三年的花销还是不小，而且公费名额和全额奖学金比例都很有限，对于经济上有困难的同学而言，经济因素是要特别注意的。在报考专业前，我们应搞清楚自己所报专业的收费情况、公自费指标、奖助学金制度，还要衡量自己的实力排名，再决定是否报考。

(六)选专业五忌

一忌盲目追逐热门

很多考生为了有更好的职业前景而选择考研,这无可厚非。但把“热门专业”理解成“好就业专业”,这是十分不可取的。报考“热门”并不等于就业“热门”、报考“无人”也不等于就业“没门”。帮帮建议大家:热门专业巧报、冷门专业热报。

1. 报考热门要学会选择“空窗期”。

热门专业择校的“空窗期”。普通院校的热门专业,不像名校知名度那样高,但普通院校的某些热门专业的师资却也是比较强的。对热门专业,可在择校上做文章。一些专业类学校和中西部地区的“211”学校往往是考生择校的盲点,同学们可适当考虑一下。

历年报考人数的“空窗期”。有些学校报考情况分大年、小年。有时候上一年报考人数比较多,下一年人数会有所下降。而且有的专业还会出现报考人数不足的情况。所以同学们在报考专业时,一定要利用一切可利用的资源,尽量多找到一些内部“情报”。

热门专业内部的“空窗期”。不是热门专业下的所有学科分支都是热门。法学下的专业,民商法、经济法、刑法等是热门专业,但法制史和法理学却是热门中的冷门。所以同学们可就自己所报专业的学科分支做详细的调查,反复比较。发现热门中的空档,也许会是一个不错的选择。

2. “冷门”“热门”只是相对而言,冷门专业学精学通了,学冷门专业的你就成了“热门人才”。

选择虽是冷门、但却有发展空间的专业。报考这类专业一定要有前瞻性。譬如说,有位同学学的是经济可持续发展专业,入学时还是冷门,但是这几年政府对可持续发展抓得比较多些,到毕业时已经成为热门专业。

选择冷门专业内在的热门。很多基础学科像数学理论、理论物理、历史、哲学等基本上都被视为冷门,但在现代社会它们的基础作用却越来越大,这些冷门会越来越热。

二忌鼠目寸光

判断专业如何,就业前景好坏,是否有市场,只盯在鼻子尖上。时间过得快,专业盛衰更快。几年工夫,足够从大红大紫落到无人问津。大三起码要大概地看到五年以后(研究生毕业)专业的发展趋势。

三忌人云亦云

自己对自己缺乏认识,没有判断力。明明读懂一个法律条文都要花上半天,看到别人一窝蜂报法律,自己也要去凑热闹。

四忌过于急功近利

绝大部分情况下,选择专业其实主要依据的就是“功利”标准。但凡事不能过头,太急功近利反而欲速则不达,因为那样会蒙蔽你的眼睛,造成专业选择上的失误。

五忌对专业选择认识错误

计划经济时代,一个人上什么学校,学什么专业,去什么岗位,都是很死板的,而且往往一辈子不动窝。今天,所学专业和就业去向已不再死板地对接,学语言的去了公司,学哲学的去了企业,都是很常见的现象。而且,职业生涯早也不再从一而终,跳槽成了家常便饭。

据对北京地区高级白领的调查表明,95% 的人有过跳槽经历;62% 的人现在从事的工作与自己原先的专业无关。许多知名企业的老总并非企业管理专业出身,相反倒有不少哲学、中文的毕业生。因此,选专业不要抱着“一辈子跟定它了”的想法,看开一些。其实,不论哪个专业,关键是要搞出点名堂来。只要有成就,其他一切物质上的、精神上的回报都只是水到渠成的东西。

三、如何进行考研的准备

(一)制订合理的备考计划

说到计划的执行,首先要有一个可执行的计划,需要把学习任务具体分配到每一月、每一周、每一天去。计划的时间跨度不宜过长。以一周一计划(或半月一计划)为宜。因为若跨度太长,则难以做到“具体”。

在安排时间复习时也要注意结合自己的实际。如果你的兴奋点在白天的话,就可以多安排一些白天时间来学习,晚上多安排一点时间来休息;如果是“夜猫子”,就可以晚上多安排一些学习时间,中午安排一些时间来休息。例如你可以每天早上六点起床,晚上约十一点半就寝,这段时间除上课、休息等耗时外,还有六个多小时的时间可供自学。加以合理安排,是相当可观的。

如何制订复习计划

1. 计划内容一般分为四个部分

(1)全学期学习的总目标和时间安排。

(2)分科学习的目的要求和时间安排。

(3)系统自学的目的要求和时间的安排。

(4)坚持身体锻炼的目的要求和时间安排。

2. 周学习计划的制订方法

在执行总的学习计划过程中，还要制订月计划和周计划。周计划最常用，现说明其制订方法：

(1)统计非学习的活动以及这些活动所占用的时间总量(确定不可缺少的时间)。

(2)计划可用于学习的时间及其分配。

3. 学习计划的调整及注意事项

(1)制订的学习计划要避免对自己提出苛刻的要求，不能有急于求成的心理。

(2)在执行学习计划过程中，如果计划不现实，或你的活动和应尽的职责有所变动，修改计划是必要的。因为这是你的计划，所以应该让计划适合你，为你服务。同时制订的计划应充当向导。

(3)由于每个人的实际情况不一样，因而各人制订计划的重点和要求是不同的。在计划安排的学习时间里，有时有学习的愿望，但有时候感到学不进去，积极性没有了，那么就随心所欲地娱乐一下，但应有节制。因为你是唯一主宰你自己的人。

4. 制订适合你的学习计划

首先，必须注意三个问题。第一，明确你所要达到的目标。是要夯实基础，还是要提高答题能力，是要应付即将到来的一次性全部通过，还是准备长期作战，这一切，心里总要有个底。第二，自身的定位。自己掌握了哪些，欠缺了哪些，优势在哪，劣势在哪。第三，时间的允许，最主要的应该是你的学习计划有时间可执行，而不至于成为一纸空文。

其次，制订学习计划还有两个操作性问题要考虑到。一是计划的周期性。周期过长，计划就显得呆板，不切实际；太短了又效果不大。处理这个矛盾我认为可以制订两套计划。一套大计划，处于纲领性地位。主要规定全国统考的总目标、理想的分数必备条件。二是以月为周期的小计划，处于战略性地位。这就必须尽可能详细，以至于可达到每天该干些什么的详细程度。

最后，还必须坚持劳逸结合的原则。光工作不学固然不行；只学不工作也是要不得的。毕竟，人的发展是全面性的过程。既有智力素质，还有身体素质，更必须具有坚强的心理素质。

5. 随时调整学习计划

身体和学习状态处于高级阶段者，每天经过调整，就容易做到学习时始终保持精力充沛、大脑清晰、“狠劲”十足。所以，在每天的哪一段时间学习什么都区别不大。但如果你达不到这个阶段，你应该根据每门课程的情况选择学习的时间段。例如,你可以在大脑最清晰、思维最活跃时学习最困难的课程。

此外,当你的身体状态和学习状态差时,你要适当调整学习计划,减少每天学习时间和学习强度,减少学习任务;当你身体状态和学习状态好时,你要适当延长每天学习时间、增大学习强度,完成更多的学习任务。

6. 改变学习计划

在学习过程中你出现以下几种情况,要改变学习计划:

感觉学习没有进展。这可能是你的学习方法不好,你不妨改变一下学习方法,调整一下学习状态。

不会的东西太多了,无法持续学习下去。是不是学习的东西太难了?对于学习处于初级阶段者,你可以从最简单的地方入手,从最基础的知识开始。

明显感到学习状态不好时。先别着急学习,先通过体育运动、严格作息、放松等方法提高学习状态。

经常感到犯困、疲惫、紧张、头疼等。你可以减少每天学习时间。例如,由原来的每天学习 10 小时改为 8 小时。

学习计划执行一段时期后,要用专门的时间总结和深入思考。

一般地,只有经过长时间的总结和深入思考,你才有可能找出自己的各种问题,才能制订出最合适的学习计划。

7. 学习计划的进阶

随着学习的进步,你的知识要向“深”“广”“灵”“快”“准”进阶了,这就是学习计划的进阶。

例如,知识更深入、系统、灵活、清晰化;体味知识的精妙细微;逐步加大更高级学习方法的比例;改变不同学习方法的学习时间比例;提高学习的深度,加大学习的广度;改变记忆、练习、深入思考的比例;减少练习题的量等。在复习的道路上,认认真真脚踏实地,多看书多复习,做到充分的准备。

根据历年时间推算,我们把 2018 年考研复习备考整体划分为 20 个重要阶段,每个阶段都有大家需要重点关注的和做的事情,考生一定要注意,做好规划。下面为大家详细解读这 20 个重要阶段都该注意些什么,一起来看看吧。

(二)备考阶段的划分

第一阶段:每年的五月中旬。

这时候,教育部考试中心会召开当年硕士研究生入学考试第一次工作会议暨大纲修订预备会议。总结分析上一年阅卷情况,讨论当年硕士研究生入学考试大纲修订方案。

该阶段考生注意事项:密切关注上年研究生入学考试分数线信息、复试和调剂信息。尤其是你比较感兴趣的学校或专业的分数线及录取信息。一般而言,学校近三年的分数线和录取信息都是非常有参考价值的,从中你可以总结出录取规律。

提醒:注意一项行动。每年的2—5月,是大多数高校集中进行复试的日子,如果条件比较便利,那么建议同学们去自己感兴趣的院校专业复试现场感受氛围。在复试现场,你不仅可以认识未来的师哥师姐,还可以获取到很多宝贵的一手资料。复试现场的大楼一般是开放的,你可以"混入"静静守候,等看到某个师哥或师姐从面试教室出来之时,随机迎上前去,寒暄寒暄,说说"好听"的话,顺便问一些你想要知道的信息。只要态度足够诚恳,师哥师姐一般不会拒绝。如果好运,师哥师姐觉得和你还比较投缘,他们还会答应给你留下联系方式,那么你就算找到专业课一年复习的引路人了。不过,实施这项活动是有前提的:首先是活动的成本不宜太高。比方说,你要考的学校和自己在同一个城市,不需要千里迢迢奔赴另外一个城市。其次,在2—5月之前,你心中已经对报考院校专业有一个比较清晰的认知和偏向,不要什么都不知道,很盲目地去参加一场又一场的复试见证!

第二阶段:每年6月中旬。

教育部考试中心召开当年硕士研究生入学考试第二次工作会议暨大纲修订正式会议。邀请政治、英语、数学以及各统考专业课学科专家正式讨论上年硕士研究生入学考试大纲修订方案,并开展大纲具体修订工作。

提醒:对于考试大纲没有出来的这个阶段,已经决定考研的同学,特别是对于"三跨"(跨专业、跨学校、跨地区)的考生千万不可以"放轻松",有必要提前打基础。考研的备考过程大概可以分为基础、提高、强化和冲刺四个阶段。在考试大纲没有出来之前,正是重要的"基础阶段"。在这个阶段,政治的复习可以先不用开始,等到政治大纲下发以后完全来得及。英语和数学则要开始全面的打底复习,弥补自己之前基础的不足。对于专业课,特别是跨专业考研的同学要注意了,如果你早已定好自己想考的专业,那么越早准备越好。

第三阶段:每年7月下旬—8月中旬。

教育部制订当年全国研究生招生计划。全国各研招机构根据教育部上年招生的要求和本机构上一年度的招生计划完成情况,上报本年度研究生招生计划(含保送生名额)。教育部汇总各研招机构计划,制订全国本年硕士研究生招生计划。

提醒:这个阶段正好是大家放暑假的时候。每年都有很多同学为了备考而选择留在学校参加辅导班学习,也有不少同学依然如故回家过暑假。不管怎么说,要记住,暑假的两个月对考研很重要,这是极少有的一段完整的没有学校上课干扰的自己复试的时间,它决定着在9—10月这个强化阶段自身的学习水平和能力是否有所提升。建议大家除非有足够的自我学习控制力,否则就留校,跟着辅导班学习,和周围研友一起有规律地安排自习。暑假的两个月,要把辅导班学到的知识进行消化,并对基础阶段学到的知识进行一轮总结。

第四阶段:每年8月下旬—9月初。

全国招生简章正式公布,各研招机构根据当年全国硕士研究生入学考试招生简章要求公布本机构本年硕士研究生招生简章及招生专业目录。该阶段考生注意事项:关注全国研究生招生最新政策变化,目标院校目标专业研究生招生计划、考试科目、指定参考教材有否发生变化。一般情况下,专业课参考教材每年变化不大,如有变化可能会增加或替代一本或两本参考书。如有发生变化,要第一时间把增加的专业参考教材准备到手,认真系统地进行复习。

提醒:在备考阶段切记不要每天只是一味地学习。"两耳不闻窗外事,一心只读圣贤书"确实很投入,很用功,但这不是一种科学、灵活的用功方式。考研备考很需要各个阶段、各个环节信息的同享和沟通。时刻要保证自己没有偏离正确的大方向,自己的阶段指导方针是正确的、符合时势的。当你所报考的院校新的招考信息还没有正式出来时,你所利用和参考的都是之前的信息,虽然每年新的招生简章绝大部分内容都会传承之前的信息,但还是会有小范围的改动。千万不要因小失大,花一点时间去了解最新的信息,然后再投入到精确的复习中去。曾经有这样一位同学,她6月开始准备专业课,按照去年的简章复习指定书目,中途也没有上学校院系网页查看今年最新情况,就这么一直准备到冲刺,12月快要考试了,某天偶然上网突然发现今年的专业课指定书目多了一本。顿时方寸大乱,大呼"救命"。我们可以想象一下,突然间多出来一本书,不是一篇文章,在这么短的时间内真是不知该如何是好。最关键的是会对正常的复习心态带来巨大的摧毁作用。

第五阶段:每年9月中上旬

当年硕士研究生入学考试考试大纲正式发行。政治、英语、数学及部分统考专业课考试大纲及大纲解析陆续出版发行。注意:这只是一般参考时间,具体每年会有一些变动。

该阶段考生注意事项:及时购买考试大纲及大纲解析,并针对大纲及时调整自己的复习计划。大纲和大纲解析被誉为考研"红宝书",任何考研复习和参考资料都要以此为风向标。要仔细研读大纲内容,明确明年考试内容。特别要注意大纲新增和变化的考点。我们知道,大纲新增的考点和变化的考点很有可能就是今年出题的考点。

提醒:每年都有同学因为不重视考试大纲而吃亏,有些同学认为只要学好自己手头的公共课和专业课书籍就可以了。其实则不然,考试大纲及大纲解析是对考研整体范围的一个划定和考试内容的解释说明,吃透考试大纲,就可以省很多精力,对于大纲不要求的范围,同学可以相对地放松。考研备考是个寸时寸金的过程,大家一定要做到重点把握,提高效率。

第六阶段:每年9月中旬。

全国硕士研究生入学考试网上预报名,各大高校应届大四毕业生可以在网上进行预报名。该阶段考生注意事项:了解报名流程、选择好报考院校专业(只能选择一所院校一个专业)

提醒:网上报名看起来简单,可实际操作起来却有不少专业性的疑问。每一项信息该如何填写,保证填写正确无误这是最关键的。比如考生类别、考试方式、户口、档案所在地等这些重要信息的填写,建议大家在填写前上网搜索一下相关内容,咨询一下师兄师姐或者考研机构的相关老师。落实清楚了再填写,不要着急往上写。

第七阶段:每年10月中旬。

全国硕士研究生入学考试网上正式报名。

该阶段考生注意事项:这一阶段考生需要关注的事情是比较多的。如硕士研究生考生一律采取网上报名方式,逾期不再补报,也不得再修改报名信息;网上报名时间为此期间每天9:00—22:00;考生自行登录"中国研究生招生信息网"浏览报考须知,按教育部、考生所在地省级高校招生办公室、报考点以及报考招生单位的网上公告要求报名,凡不按公告要求报名,网报信息误填、错填或填报虚假信息而造成不能考试或复试的后果,由考生本人承担。在上述报名日期内,考生可自行修改、校正网报信息;已被招生单位接收的推荐免试生,不得再报名参加统考。否则,将取消推免生资格,列为统考生;同等学力的报考人员,应按招生单位要求如实填写学习情况和提供真实材料。也就是说考生一定要核实清楚报名信息,确保其真实和准确。

第八阶段:每年11月中旬。

全国硕士研究生入学考试报名信息现场确认。

该阶段考生注意事项:考生到本人所在的省、自治区、直辖市高校招生办公室公告指定的报考点确认;考生持本人身份证、学历证书(普通高校和成人高校应届本科毕业生持学生证)和网上报名编号,由报考点工作人员核对;考生确认本人网报信息;考生按规定交纳报考费(考生办理报考手续交纳报考费后,不再退还);到报考点按规定采集考生本人图像信息(照相)。

第九阶段:每年11月下旬。

全国硕士研究生入学考试非统考专业课命题工作正式开展,各个研招单位自主命制该硕士生招生点的专业课试题。

该阶段考生注意事项:联系导师,到目标院校目标专业去听取命题老师给研究生讲的课,收集各种有价值的信息。和导师联系是在有机会有可能的条件下,如果不能做到,那也无所谓。另外如果你报考的学校和你同处一座城市,那么可以去听一下报考院校专业的研究生课程。密切关注你要报考导师近期有无发表科研论文和相关著作。至于如何得知是哪位老师命题,就需要你向师哥师姐打听消息了。如果你所报考的院校和你不是同处一座城市,那么你就要利用一切可以利用的方法来收集专业课考试信息:比如说网络,在现代社会里网络是一个很好的收集信息的手段,你可以登录报考院校的网站,一般来讲各大高校都会有自己的论坛,里面也都会设置考研专栏,在那里可以及时了解到院校及专业的最新消息;另外还有一些专业的考研培训机构会开设考研专业课,可以挑选一些权威机构的课程来参考。

第十阶段:每年12月上旬。

该阶段考生注意事项:参加政治、英语、数学及统考专业课冲刺串讲班,认真把握最新命题动态。各科冲刺串讲很重要,如果之前的基础班和强化班你都没有听的话,那么请不要错过冲刺串讲班。应该说冲刺串讲是辅导老师总结、预测的心血之作。

提醒:对于政治的复习,好多同学认为政治是相对简单的一科,平时没有下功夫来系统地复习,最后指望着考前的临时压题,突击背诵。这种方法其实是不可取的。政治每年的平均分在55分左右,未达及格分,但同时每年也有不少同学在自认为最简单的科目上落马,这种情况是最让人痛心的。为了你将来不再悔恨,请重视政治,提前复习,千万不要单纯依靠最后的冲刺及压题。

第十一阶段:每年12月底(预计时间)

这个时间,是让学子热血沸腾的日子。同学们要参加全国硕士研究生入学考试——初试。初试科目分为政治理论、外国语、统考数学和专业课,考试时间以北京时间为准,均为3小时。

该阶段考生注意事项:调整作息时间、平和心态、全力以赴考试。

提醒:这里要告诫大家,考试前一天千万不要再熬夜看书了。考研对于每位考生来说都是复习不完的,因为当你复习的越多,知识面越广,就会发现自己未知的东西也越多。考前你需要的是自信,相信自己之前的努力是不会白费的。每年都有不少很“勤奋”的同学,因为考试前一天熬夜背题,结果没有休息好,第二天考试状态极差,导致连正常水平都没有发挥出来。“罗马城不是一天建起来的”,考试结果最重要的也是你之前一点一滴的积累,所以说考前熬夜这种做法是得不偿失的。

另外,在临考前的一段时间,就要开始相应地调整自己的作息时间,做到按时休息,把自己的兴奋点调整到与考试时间相一致的时间段。一年的辛苦都是为了最后的这两天,到了最后的关键时刻,保持自己的最佳状态,然后带着一颗平常心上考场,这就足够了。

第十二阶段:下年春季。

各院校将公布考生分数,考生可以通过热线电话、网络等途径查询自己的考分。

该阶段考生注意事项:查分后,如有分数上的疑问,立刻申请分数信息核对。根据周围同学的分数和今年总体平均分数,预测目标院校目标专业的分数线。

第十三阶段:每年 2 月中下旬(预计时间)

34 所自定义分数线的研究生招生单位陆续公布自己的复试分数线,考生需要及时核实自己是否通过复试分数线准备复试或者调剂。

(三)各科备考建议

1. 考研政治的复习与准备

(1)科学做笔记,理清知识结构图

考研政治包含五大学科:马克思主义原理、毛泽东思想与中国特色社会主义概论、中国近现代史纲要、思想道德修养与法律基础时事政治,这几个学科之间既相互独立,又相互联系,出题时往往会联系着出。而每门学科内部的知识点之间联系性更强,且内容丰富,结构庞杂。这就要求我们在复习过程中不能只是稀里糊涂地看,否则什么也记不住,还容易被绕晕。及时做笔记,并画出清晰的结构图,是最好的复习方法。理清知识结构,宜以章节顺序为准,并且越简洁概括越好,点、线、面相结合,形成自己的认知体系。这样不仅便于后续的复习和查找考点,也能轻松做到举一反三、连带记忆。

(2)化枯燥为形象,先理解后记忆

考研政治与以往的政治学习和考试有一个很大的不同,即考查理解重于考查记忆。考场上的很多题目,并不是要你原封不动地将理论叙述出来,而是考查你如何将理论理解、运用、融会贯通。因此,单纯地背诵和记忆,并不是好的政治复习方法,尤其很多理论比较枯燥,强行背诵只会徒增烦恼,不如理解着记忆。比如马原部分有很多哲学的政治经济学原理,十分艰深枯燥,背诵不可能达到好的复习效果,但如果结合例子或现实去理解它们,则很容易记住,并且能活学活用,在考场见到不同的考法也能轻松应对。

(3)关注时政新闻,培养政治敏感度

很多考生以为时政部分所占分值不高,而且不值得提早复习,只需在考前突击背一背即可,因此在复习早期并不关注时政新闻。殊不知,除了单纯的时政知识之外,很多理论部分的考查都是结合时政新闻来出题的。在复习过程中经常关注新闻和报纸,关心国家大事,不仅时政部分无压力,而且能了解最新的政策文件、熟悉政治语言、培养政治敏感度,对于学好、考好政治是有百利而无一害的。做到这点无须占用太多时间,只需每天抽出十几分钟浏览新闻即可,但长期坚持下来,收获会非常可观。

(4)工欲善其事,必先利其器

政治所用的复习资料无疑就是政治复习的武器,其作用不可谓不大。笔者在学校的考研自习室看到了五花八门的政治复习资料,不同版本的真题,不同版本的模拟题……十本以内者盖少,十本以上者实多。但是笔者观察到一个很有意思的现象:往往用的复习资料越多,政治的考研成绩越不理想,复习书目的数量和成绩成反比关系。究其原因还是简和繁的问题,有种类繁多的复习书目就很难把握住最为核心的东西,容易把复习分散化。

建议在复习资料方面信奉简单两字:一本考纲、一本"真题"、一本习题、一本时事政治的书,仅此而已。考纲是考研政治最为关键的资料,这是出题人出题的根据,也应该是考研人最为重要的一本资料,但是笔者发现不少考研人没有买这本书,这确实是一件很不可思议的事情。

(5)重视考试大纲

考纲编务人员的目的就是要让广大考生自己整理,自己分析其知识点的内在逻辑和内在联系,很显然这是任何其他人都代替不了的,这也决定了政治考研复习的最终高度。对于这个工作建议分为三步进行:

第一步,通看全书,一句话一个字仔细看。

我相信很多考研学生没有仔细地通读过全书,因为考纲中有不少文字是没有包含知识点的,仅仅是知识点的引言或者是说明举例。很多人认为这些"无用"的文字不必理会,考试根本不会考到,看这些就是在浪费时间。但是在我看来,没有这些"无用"的文字就根本不会透彻地理解那些知识点,因为这些文字的一个最为重要的作用就是在各个知识点之间穿针引线,把各个孤立的知识点连接起来。因此最初的通看全书是必不可少的,这是最初的也是极为关键的一步。

第二步,整理体系框架。

考纲的页数虽然不多,但是却包含了五门课的全部内容,而且每门课都是一个庞大的体系,有着大量的内容。因此需要建构每门课的大体系框架,通过一个框架把整门课连接起来。以中国近现代史纲要为例,以时间顺序可以把中国近现代史纲要分为两部分,即以 1949 年 10 月为分界线的中国近代史和中国现代史。中国近代史又可分为两部分,即以"五四运动"为分界线的旧民主主义运动和新民主主义运动。在这两个阶段有一条非常明显的主线:列强对中国的侵略和中华民族各个阶层为了中国的独立所做出的努力。根据这条主线旧民主主义运动又可以分为几个部分,即地主阶级、资产阶级维新派、资产阶级革命派、农民阶级做出的尝试,分别是"洋务运动""戊戌变法""辛亥革命""太平天国运动"和"义和团运动"。"五四运动"后的新民主主义运动也可根据主线分为几个阶段,即第一次国内革命战争时期,国共十年对峙时期,抗日战争时期,解放战争时期。中国现代史就是新中国的建设史,可以根据这条主线分为几个阶段,即 1949—1956 年的过渡时期,1956—1966 年的社会主义建设时期,1966—1976 年的"文革"时期,1976 年以后的改革开放新时期。

第三步,分析内部单个知识点之间的联系。

上面的第二部分是每门课的大体系框架,但是仅仅这样是不够的,这只是宏观上的框架,是所谓的"枝干",还需要把每个枝条上的树叶串联起来。举例说明,相信马克思主义基本原理中的政治经济学部分是每个考生心中的梦魇,很多考生甚至直接放弃这部分。其实只要把这部分知识点的内在联系弄清楚,这部分就不再是问题。如相对过剩人口可以从资本有机构成来分析,而资本有机构成可以从不变资本和可变资本来分析,而可变资本和不变资本可以从剩余价值来分析……由此可见政治经济学的这些知识点并不是孤立的而是相互联系的,几乎每一章的知识点都可以通过一定方式联系起来。整个过程看似很烦琐、复杂,会浪费很多时间,其实不然,这项工作是把政治复习简单化了。把这项工作做好,就是从根本上掌握了这些知识点,而不仅仅是记忆的问题。就是因为我做了这些工作,很少做题,节省了大量的时间。诚如一句名师所言:"只做题不看书,最多能够考到 40 分,但是只看书不做题可以考到 70 分。"当然不管是只做题不看书,还是只看书不做题的极端情况都是不可能出现的,但是这句话还是从一定程度上说明了这项似繁实简的工作的重要性。

⑹考研政治"三轮复习法"

第一轮 1 ~ 2 个月时间,只要看懂看熟基本内容,和其他科目穿插复习就可以了。大概在 10 月时就开始第二轮复习,这时要做大量练习题,不会的听老师讲解,自己查书订正,一开始可能不适应,错误率会很高,但没关系,只有这样才能熟练掌握考点和难点,慢慢地就会有做题的“感觉”。马哲和政经比较难理解,所以一定要仔细听课,课后反复琢磨;毛概、邓三、世经易理解,但要多读,读出声,读得朗朗上口才行。这期间,一直没有“背”什么东西,重点在理解掌握知识框架层次,这点非常重要,死记硬背根本无法对付那张试卷的。最后一轮复习也就到了12月,这时就要高度总结,查漏补缺,系统梳理知识点了,这些工作对于我们考生来说在紧张的复习中要做好无疑是件难事,那我们就要学会“篡夺”老师的胜利果实、辅导班冲刺指导资料,那些条条框框、图表图画课都是老师潜心研究总结的成果啊。仔细研究反复背诵之后发现知识都能融会贯通了,有一种恍然大悟的感觉,再加上最后几套模拟试题的训练,政治复习就基本大功告成了。值得一提的是,有些考研朋友由于各种原因开始复习时间较晚,我建议可以重新计划时间,每轮复习可以适当粗略些,但三轮的步骤不可省略。相信有计划、有步骤、有重点的复习一定会考出理想的成绩。

2. 考研英语的复习与准备

(1)资料篇

用什么资料?这是一个老生常谈的问题。大家都知道真题是极好的复习资料,但是真题的资源毕竟有限,大家觉得做完了也就完了,没有可以用的了,是不是应该做做模拟题,比如某某阅读500篇之类。我的回答是,绝对不用。第一,模拟题的质量参差不齐,大多数阅读的质量都徘徊在非常烂和一般烂这两个档次之间,做了反而对你自己有误导。第二,真题不够用?多数朋友对待真题的态度就是做一遍甚至两遍,然后对对答案,查查不认识的单词就完事了,这样的方法,对真题的使用只是不到百分之十而已。具体怎么用真题,我会在下方中介绍。

(2)单词篇

单词无疑是很重要的,强调为最重要的也不为过,因为单词看不懂,一切都只是纸上谈兵。但是这个重要性并不是指的是在复习过程的重要性,在复习过程中,单词的复习,我个人认为是不太重要的。大家会说,你不是自相矛盾吗?我的回答是,很多同学抱着一本红宝书,一抱就是几个月,刚开始有热情,到后面觉得枯燥,背了又忘也会打击自己的信心,而且最重要的,会占用大量的时间,有这个时间复习别的,得到的回报会更多。我的建议是,单词可以单独背,但是不要太正式,最好的就是下个电脑或手机软件例如迈西背单词软件之类的,把考纲的5500个词汇过一遍,然后放在做题中、阅读中去复习就行了。

背单词的误区。好多朋友会问,考研阅读里面常见的熟词僻意怎么办?我想问这个问题的同学,都是看那些网络视频上的老师讲解吧。以我对考研英语的了解,我要跟大家说的是考研阅读中你会遇到的熟词僻意少之又少,即便碰到了也简单到不会影响阅读,分析前后就可以推导出那个简单的意思。在翻译部分确实会碰到一些,但是在整体读下来的情况下一般都可以推导出,即使翻译的不准确,扣的分数也是非常少的,这个只建议考有余力的同学去自己总结学习,不是一般的方法论。

(3)复习阅读的一般方法

第一,是真题的使用。我的建议是必须要背,背的程度可以不一样,但是一定要去做,不背也可以去读,大声地念出来,念 40 遍也可以达到同样的效果。有的朋友会说,我背得慢害怕背不完。首先这是一个惯性加速度,刚开始肯定慢,甚至一上午只能背一篇,但是坚持下去,背了 10 篇左右你就会发现每背一篇所用的时间会越来越短。以我自己举例,背到 50 篇以后,每一篇一个半小时左右就可以完成。所以,这是一个可以做到的事情。

第二,为什么要背? 好多人说这是一个笨方法,利用率太差,效果也不明显。我可以告诉大家的是,以我两年来的经验,我的学生中但凡按照我的建议去背诵的,无论基础,最后的得分都在 70 分以上。众所周知,考研阅读里面最难的部分就是长难句的理解,而目前对长难句理解的好的,要么是基础非常棒、语感非常好的同学,要么就是把每一个长难句都背下来的同学。背诵的过程,锻炼的是你的语感、单词的记忆、文章逻辑的理解和记忆,我想没有任何一个其他方法可以同时达到兼顾以上这些特征的。

第三,怎么背? 对于每一篇文章要做的是,先读一遍,把不认识的单词去查清楚,但是不要标注在文章上,写在某个便签就好,然后做题,不管正误做一遍就好,也不要看答案,然后就开始一遍一遍地背,背的过程中思考你刚刚选的答案是否正确,觉得不正确的改一改。直到你可以把此文章完整和大概清晰地背下来,翻看答案,纠正,一篇文章的循环结束。

第四,关于辅导班。我的意见是不支持也不反对。我们老师自己私下交流的观点很一致,其实我们教授的东西,除了作文有实际意义,其他的意义不大,教授的方法是有用,但是那不是决定性的方法,辅导班提供给大家更多的是帮助你自律以及开阔的眼界,与其他老师同学的交流机会以及那一撮正能量,有需要的同学可以选择上,但是不是必要的,必要的是我上面提到的。

第五,关于实战做题。按照背诵的方法进行下去的同学,在即将到来的做题过程会发现,阅读速度、理解文章的能力以及做题的正确率是会大幅度提高的,但是每个阅读总会有一道甚至两道题做不对。这是正常的,这是命题过程中的拉分题,具体表现与 GRE 阅读非常相似,两个题目选项是白给的,两个阅读选项非常相近,不好选择。这回到了文章开始提到的考研阅读的考查目标,把文献内容转化为精细知识的能力。考研阅读是国内唯一一个外文考试中涉及逻辑推理的考试,对于这方面的复习,我的建议是多思考。遇到做错的问题,改正了,理解了,这不算完,你要思考你为什么选择错的选项?这个选项错在哪里?命题人出这个选项想要考查的是什么?为什么这么考查?这是非常重要的四个问题,经过这样的训练,准确率还可进一步提升,可以说,这34分基本是可以到手的。

第六,额外的建议。说到做题,具体的分析方法由于篇幅原因无法给大家讲详细,但是给大家推荐,管卫东老师的考研讲座录音。管卫东老师是教GMAT出身的,对于逻辑题的讲解他讲的最好,他的录音里面对于解题的思路值得大家去参考。

(4)翻译和作文

翻译。在背诵进行完毕,你会发现你的语感有大幅度提升,解决长难句的能力也要好很多,而考研的翻译部分主要就是长难句的考查,但是有时候还是会遇到一定问题,这个时候我想说的是把每一道翻译题都认真做总结,这是唯一的复习方法,至于结果,一定不会差的。

作文。作文是很多的朋友头疼的部分,为什么头疼?单词量不够,语感不好。试问背完阅读以上两个问题还存在吗?大家可以试写几篇请老师看一看,如果不太好,参照我以前的方法,背诵高分范文就可以了,而且背诵这些范文是一个非常轻松的事情。

总之,每个人都有每个人的特点,也会有自己适合的方法。但是我这个看似很笨的方法确实具有普遍适用性,我自己的学生,按照这个认真做的,都会有一个配得上自己努力的成绩。

3. 专业课的复习与备考

专业课是个区别性很强的科目,不像公共课那样可以有共同的方法。有的人考两门,有的人考一门,而且也根据学校的不同难度不一样。如果你考的学校专业课很卡人的话,就必须提早准备了,专业课主要是两个武器:“参考书目”+“试卷”。

(1)复习资料

①大纲。倘若学校比较好,能把大纲公布出来,那简直是太美好了,但是大部分的学校没这么好,弄不到这个就算了。

②参考书目。参考书目是一定要有的,它既然指定了书目,出题不说百分百遵循,起码大致也以指定的书为蓝本。你如果觉得自己很有信心用别的书,起码也要把参考书仔细看一遍,防止有些概念说法不一样,就算你说的是对的,人家老师非要按指定的参考书改卷,你若是因为这个丢了分,太亏了。通常考本专业的,

建议两本书在一起复习，找一本你熟悉的，和参考书目一起看，理解更深刻。（我的专业课就一本书，考经济、管理的似乎很多本，道理应该差不多吧！）

③试卷。有这个你才知道老师出题的重点和考查方向，可以在复习中把握方向，有的放矢，能减轻很多复习量，大大提高效率。专业课什么时候复习？只要你不考名校，7月复习完全来得及，甚至很多人9月、10月复习都会成功。但是如果你一定要早些复习，那你必须做好准备，开始了就不要停下来。3月份开始，每天至少要保持五小时复习时间，7月开始，正式进入复习状态，专业课先走马观花地看一遍，然后着手开始整理自己的要点笔记，进入11月开始，要将大量的时间放到专业课和政治上。考研专业课复习时间要因人而异，考生考研背景不同可能在专业课复习的启动时间与方案上会有一定的差别。

④相关考核科目的笔记讲义，这些是指目标院校开设的与招生专业目录里考核科目相同的本科基础课程的讲义、笔记。因为很多同学是跨校跨专业考研，没有机会来目标院校听课，所以笔记就弥足珍贵，尤其是命题老师或该研招单位学科带头人的课程讲义。当然，有些学校开设的研究生阶段的相关课程也很是重要，有精力的同学可以参考学习。

⑤未来导师的论文，假如考生已经锁定了某个导师，那么这个导师近期发表的学术论文对考生的复习有着极大的参考价值。即便是没有确定导师，该研究生招生单位具体学科相关教授的论文也有很大的参考价值，因为一般真题答案会跟这些论文里的学术观点密切相关。当然，论文也不能全部都看，看看那些跟考试有关的论文即可。

⑥未来导师的专著，有的老师的专著可能不是指定参考教材，但是看一遍，掌握里面的某些学术观点，也是很有必要的。当然，这是在学有余力的情况下完成的。

(2)专业课复习计划

第一阶段：基础复习阶段。这个阶段，考生要做的任务是，首先，弄清楚目标专业目标院校的新一年的招生专业目录，新一年的研究生招生专业目录一般都会在每年的八月底九月初出台。看看有没有更改，看看是否新增或删减了某些科目、参考书籍，在确定无误的情况下进行基础复习。这个阶段要做的是，对学校制定的参考书目"地毯式"学习一遍。这期间，考生要做到对每一个知识点都理解，重在理解，不需强制记忆。目标是对所考核科目建立一个宏观知识逻辑框架，对每一个知识点做到认识、理解即可。不要怕时间长，关键在于全面。

第二阶段：强化复习阶段。这个阶段，考生要做的任务是，首先，先勾勒出一份属于考生自己的专业课考试大纲。考生可以根据三到五年的历年真题，采用从题目推到知识点的倒推法,在考生所用的参考书目上把所有曾经考到的知识点全部标注一遍。考生就不难发现,有一部分一次也没有被标注到,这就是非重点,可以在以后的复习中大大压缩花在它们上的时间,甚至不看;有的知识点被标注了很多遍,这就是重点,要强化记忆。这样一来,考生就缩小了复习范围,掌握了考核要点,就勾勒出了一份属于考生自己的专业课考试大纲。在这个基础上,考生要结合该大纲进行长达三个月左右的强化复习。目标是将重要的知识点理解、记忆、掌握、应用。在这个阶段,考生还得密切联系自己目标院校、目标专业的老师,尽一切可能掌握各种考试相关信息,以利于全面复习。

第三阶段:冲刺阶段。这是在考前四十天到一个月的时间,考生应该在强化复习的基础上开始全面回顾了。这个时候,很重要的一点是培养考点意识,学会用标准的答题方法解答相关问题,多做模拟试卷,进一步归类整理总结。有时间的话,应当在保证重点的前提下,兼顾零散知识点。

4. 复试与调剂技巧

(一)研究生的复试技巧

硕士研究生录取的规则是初试+复试,根据每个研招单位不同,按照一定的比例计算初试和复试成绩得分,最终根据总成绩来进行录取。经过长达一年甚至更长时间的复习,同学们完成了考研初试的选拔,得以进入复试,一般学校复试分笔试和面试两部分,笔试包括专业课笔试和英语听力专项测试,而综合面试则是导师最直接接触考生的一个环节,也是导师挑选学生最重要的一个环节,很多初试和笔试表现一般的同学,在综合面试中有非常优秀的表现从而获得导师的青睐。如何在初试成绩领先的情况下让总成绩更加领先?如何才能在初试成绩排名靠后依靠复试逆袭?这就是跨考教育复试辅导老师陈强下面要讲的内容,如何搞定综合面试?

综合面试一般来说包括两个方面,专业课面试和综合素质面试,其中专业课面试问题主要集中在本专业的基本问题和专业最新的前沿知识和资讯;综合素质面试出题面很广,老师可以天马行空,随意问答,但同学们要注意一般老师问的每一个问题都是有一定深意的,没人真的闲到没事干来问你不搭边的问题,主要集中在自我介绍、你对我们专业的认识、你的本科专业课、本科毕业论文、为什么要选择这个专业、实习或工作经验、谈谈你对研究生学习生涯的规划等问题。

下面我们来看看面对综合复试答题应该如何出招?

第一,面试第一感觉很重要,要注意个人仪表、穿着和礼仪。大家不用过分地去收拾打扮自己,男生头发不要过长,短发能给人一种干练的感觉,不用去做什么发型,但一定要注意干净,不能给人邋遢感;女生头发可以扎起来也可以自然披肩，一般来说素颜即可，可适当化一点淡妆，但不能给人一种不协调感，切记不能化浓妆。要注意坐姿，紧张是难免的，但千万不要抖动的太厉害，不要靠着椅背坐，更不能歪着坐，进入考场走路保持正常走姿就可以了。穿着简单得体，男生长裤长袖，女生可着裙装但不能着短袖和无袖，不用刻意去穿西装和职业装裙。大家在仪表和穿着方面按照自己平时的习惯去就可以了，记着干净和整齐两个词就可以了，千万不能出现太过于时尚的打扮和穿着，牢记自己的身份，你是一个学生。礼仪方面，要注意研究生导师和我们本科的老师不一样，他们更有一种既是老师又是家长的感觉，所以在面对导师时一定要注重自己的礼貌问题。进入考场要向所有老师问好和鞠躬，在得到老师允许的情况下入座，多用谦辞和敬辞，“您”字不能离口，不要觉得这是刻意做作，这是一种尊重人的方式，你尊重他，自然可以得到他的尊重，这对你的面试是非常有帮助的，最后离开考场时，要向所有老师致谢和鞠躬。

第二，专业课答题技巧。按照招生单位的复试专业课要求准备自己的专业课内容，专业课问题一般都不会很难，难的在初试都考过了。这时候老师主要是问一些基础的知识，一是验证初试专业课成绩是否为正常无作弊，二是看看你对专业课认识的一个语言组织阐述能力。在专业课回答时，要抓住主题，简明扼要，尽量不要东拉西扯，每个人的复试时间都是有限的，你扯太多抓不到重点，是不能给自己争取更高的得分的。另外一个就是老师可能会问一些跟本专业相关的最新的资讯或者时事热点，针对这些问题，大家一定要注意平时关注一些跟本专业相关的最新前沿技术或者热点话题。在专业课答题时，要多运用专业术语，在考试之前要收集更多的该校该专业的重点研究方向，重要出版书箱，多引经据典，了解导师的学术背景和研究重点，多看该导师出版的书籍和发表在期刊杂志上的论文，做到投其所好，打一场有把握之仗。

第三，综合素质答题技巧。要有自我介绍，给自己准备一个自我介绍，抓住简短的两三分钟时间，把自己最好的一面展示出来，让考官能在较短的时间内对你有一个简单的认识，主要集中在自己本科取得的成绩和自己的一些社会认可度比较高的证书或实践证明，最后给出一句话把自己总结一下。考官的综合素质问题，一般是谈谈你对本专业的认识，如果考上了对自己研究生生涯的规划，为什么要考这个专业，谈谈你的人生规划，有没有实习或者工作经验，谈一谈你的实习或工作等问题，在回答这些问题的时候，要注意几个要点，实话实说，知道的就回答，不知道的就不回答，明确告诉考官，千万不要胡编乱造，考官都是什么人，你经历过的说出来和编出来的，一下就可以分辨出来，这是对你人格的一种考验。整个回答环节都要注意抓住重点，简明扼要，废话千万不能要。在条件允许的情况下，多介绍一下自己的实践动手能力，这个是很多导师注重的环节。

第四，大家在整个面试过程中，要保持一个良好的心态，把自己最好的一面展示出来，回答问题简明扼要，实事求是，注意礼仪，把握分寸，最后一定可以取得复试的成功。

（二）研究生的调剂技巧①

类似往年，很多高校提前公布了调剂信息，尽管用词委婉，但其争取优质落榜生的“企图”却很直白，而每到这一刻，一些“早觉”的考生心里开始打鼓，叹息自己的分数，思考着调剂的种种，也因调剂的种种困扰重重，现在老师结合各家信息，总结一些调剂的技巧和相关信息，供有需要的同学参考。

1. 要思考职业发展并尽量正确评定自己。

换言之，就是要不要调剂，由你决定。而你决定的依据，老师的建议是结合自身职业规划。在初试前进行院校选择时，笔者一直主张职业规划优先，当然也可以考虑自身兴趣，如果两者结合就更佳了。而现在的你，如果确定不能通过校内复试分数线，那么就请提前考虑是不是要调剂，如果调剂，我还是建议尽量以职业规划为主要依据。另外，还要正确评估自己的分数适应区间，这是什么意思呢，就是说你要对照近三年的目标高校的调剂线（至少是过了国家线）来综合评定自己要不要去调剂，以及调剂的专业和高校，特别是参加“985”院校自主命题高校考试的学生，如果你的分数不高，但又可能通过国家线，该如何评定自己属于什么水准呢？高校老师又是怎么看的呢？还有同学现在不能确定是否进入复试，是否要提前申请调剂呢？毛老师在这里回答，第一个问题，其他高校老师多数会考虑你一志愿高校的难度，给予较为公正的看法。当然，最基本的，你要通过国家线，“985高校”最大的特点是专业课难度较大，有很多高校了解这个情况，还是愿意给这样的落榜生一些机会；第二个问题，你可以提前查排名，一般高校复试差额比例在1.2~1.5之间，这样你可以知道自己是否进入复试了，举个例子，目标专业招生10人，复试比例为1.2，就是12人进入复试，而如果排名12名以内，恭喜你，可能进入复试了，如果是12名开外，除非出现扩招等特殊情况，建议你尽早去申请调剂。这里要强调一点，请各位同学不必过分担心，假设你一志愿高校允许你复试了，而你提前又申请了调剂，还是以你一志愿高校复试为准，你的学籍档案不会被调动，只有录取了，才会调档。

2. 在决定调剂的情况下，要熟悉调剂流程。

调剂流程在百度中可以搜索到，这里不多做叙述，但老师有一点要强调，就是

① 此部分来源于：毛访藜：《调剂必看六大技巧》，载《合肥网》，2015年3月16日。

在调剂系统开通之前，相当数量的高校会提前发布信息，并会提供调剂预申请表，如果同学确定自己进入一志愿高校复试无望，请务必先填写并发送至对方指定邮箱，在后面调剂系统开通之前，优先介入，对未来优先复试有所裨益。

3. 熟悉完调剂的全部流程，就必须认真查阅政策和要求。

这里谈到的政策和要求有两个层面。第一是国家层面，建议同学们仔细阅读《全国硕士研究生招生管理工作规定》（以下简称《规定》）中相关条款，这些条款集中回答了一些同学比较关心的问题，诸如是否可以跨学科调剂，《规定》中已给出详细解答，而且特别谈到了专业硕士和学术硕士之间的调剂要求。第二是高校层面，强烈建议通过公示渠道和私下渠道去打探消息，重点关注该学校对调剂生的出身要求（有些学校非“985”非“211”不要，或者是同等学历的不接受）、是否有特别名额内定、是否有语言要求（诸如四六级成绩）、是否喜欢跨学科调剂生、奖学金和收费是怎样规定的，甚至是该专业喜欢男生多一点还是女生多一点等。

4. 在做完前面的种种，我们还需要了解一些调剂的小技巧。

这些技巧是结合以往成功学长的经验而谈，不一定适用每个人，仅供参考。技巧一，先校内，再校外。如果同学报考高校的专业已经满额，但该校其他专业还没有招满，可以优先申请调剂到其他专业去，当然，还有个前提是对方愿意让你过去。这一条最适合考本校研究生的同学，大力发挥你们的人脉优势吧，成功可能性较大。技巧二，鸡头可能优于凤尾。如果同学考的是“985 高校”，分数不错，但是被挤掉了，同学可以考虑“211”或以下的高校的优势专业调剂。如果同学考的是 A 区普通高校，是不是可以考虑去 B 区好一点学校继续读书呢？这样调剂成功可能性大，性价比较高。技巧三，冷门不一定冷，热门不一定热。对于能够接受跨学科的又可能有些名校情节的同学适用。像有关于马克思学说的学科，很多高校是招不满学生的，即便是“985”“211”，都可能存在，你是否动心过呢？技巧四，主动与被动都要同时进行。主动就是不要在乎太多，用各种人脉去争取调剂，主动出击，尽量不要等调剂系统开通，每年都会出现提前打了招呼被优先录取情况。有的同学说我没人脉怎么办？可以这么办，譬如给已经公布预调剂的高校打电话，尽力申请；感化你的本科阶段老师，看看他们有没有办法；给一些往年常招生不满，但没有公布的高校打电话，预约调剂；去一些网站挂出自己的成绩和意愿，让一些高校老师看到（最好于显著处附着诸如“服从任何专业调剂”的话语）等。技巧五，查阅目标高校或专业通常有几轮调剂，这个至关重要。对于一些分数很低的同学，尤其要关注。有些学校的专业门槛不高，可能几轮调剂都招不满学生，即便是一些“985 高校”，也可能出现，诸如吉林大学，历史上法律硕士曾出现过四轮以上调剂，方才招满学生。你要做的事情是评估自己分数能不能进入下面的调剂。技巧六，尽量选择复试难度较低的高校，争取在时间上能够平衡。调剂申请，可以申请多家高校，但根据复试准备时间和面试时间上，一个学生能走过两所大学复试已经是万幸，所以，请同学千万注意时间上的安排，尽量不要冲突，尽量选择复试要求低一点的高校，比如指定参考书少一些这类的，对你提高调剂成功概率有所帮助。

公务员考试篇

序　篇

什么是公务员考试?

公务员考试是国家招录公职人员的考试。公务员考试一般分为两种类型:国家公务员考试和地方公务员考试。对许多同学而言,对于国家公务员考试和各省公务员考试有什么区别并不清楚。正所谓“知己知彼,方能百战百胜”,公务员考录职位分为中央和地方两大序列,中央序列职位的考试即通称的“国考”,地方序列职位的考试即通称的“省考”。

一、从组织机构来说

国家公务员考试与各省公务员考试的根本区别是由考试组织单位、招录单位和地域范围决定的。组织单位指考试从计划、考试到录用等一系列程序的组织机构;招录单位指用人单位,即公务员考试的需求方和录用公务员的接收方;地域范围指考试的考试地点。

二、从考试本身来说

国考和省考在考试时间、考试内容、考试地点和考试难度上都存在或多或少的差异。就考试时间而言,国考时间基本是固定的,报名时间在每年 10 月中旬,考试时间在 11 月下旬,面试时间在来年 2—3 月。而各省省考时间则不相同,近年来参加联考的省份越来越多,2016 年参加联考的地区已经增至 26 个,为历年之最。就考试内容而言,两者都包括笔试和面试,笔试一般采用闭卷方式。就命题形式和考试难度而言,国考有自己的命题组,省考则各不相同,国考行测题量比省考多,申论阅读材料字数也比省考多,难度较大,具体情况要参照国考及各省公考考试大纲。考生复习时应参照适合本省公务员考试的一本通系列教材复习,各省一本通可至“考试中心书店”查看。

三、从编制和福利待遇来说

国家公务员和各省公务员均按照《中华人民共和国公务员法》和同一套制度管理,录用后也有统一的薪酬体系,但因地域范围、行业类别及单位层级不同,薪酬及晋升空间会有所差异。在地域上,东部沿海和一线城市平均工资水平高于中西部地区;在行业类别上,金融、证券和财税系统工资和福利高于其他部门;在晋升空间上,行政执法类和综合管理类人员因其工作内容具有公共性质,人员可以流动,可以跨地区、行业交流任职,而一些垂直管理部门,如国税、海关系统大多只能在本系统内晋升和调动。

第一节　公务员笔试

一、申论

申论全部都是主观题,跟高考时语文的阅读理解差不多,考试规定用时是 180 分钟(3 小时),考试分值是 100 分。一共有 5 道题,前 4 题都可在给出的资料找到,第 5 题是大作文。事实上,这 5 道题,无论是小题还是大作文都一定能在给出的资料中找到素材。前 4 道题每题花费 25 ~ 30 分钟,一共 2 小时,大作文花费 60 分钟左右,一共是 180 分钟。

申论考试中,不少考生对拿高分没有办法,其实申论从本质上来说还是写作,所以常见的写作手法在申论中也可以适当运用。笔者总结前人关于申论的写作知识,结合自己的学习经历,总结出以下几条建议和方法,希望大家灵活运用。

(一)复习时的注意事项

1. 做申论,一定不要偷懒,前 4 道类型的小题一定要写,最怕的就是眼高手低。不管你会不会做,一定要写上答案,因为你的答案就是你的思路,这对于做完题目之后的分析,很有好处。

2. 大家一定要善于学习运用申论模板。大家怎么利用申论作文模板呢? 首先你要研究模板中的逻辑结构,逻辑结构掌握好后,就是把历年的作文真题拿出来,然后根据真题题目用申论模板套,每一篇都要套,可以不写出来,但是你脑子里一定要能根据逻辑结构迅速地想出一篇申论策论文的整体框架。这才是最大化地利用申论模板。

3. 在练习时,前 4 个小题大家一定要写出来。之后将自己写的答案和标准答案对比,看看自己遗漏的点。对于遗漏的点,一定要分析这个点属于什么性质,例如题目问你对这个现象怎么看,就要答出是什么、为什么、怎么做(注重详略得当)。大家一定要记得不同的申论小题的问法,答的点是不同的。你要自己拿个本子总结,这样问该怎样回答,一定要包括些什么要点,然后将要点牢记于心。下次做真题,就要把上次从真题中学到的运用开来。

4. 对于申论前 4 道题,笔者建议还是选择传统型答法,毕竟考试的时候时间太紧了,你想超常发挥的概率很小。只要牢牢抓住万能逻辑:是什么、为什么、怎么做就可以了。

5. 把参考书上的预测题型和答题格式都熟练掌握,因为格式也是算分的,比如编者按、公开信、宣传稿、活动方案之类的。

(二)做题时的注意事项

1. 做前 4 题的思路是:看清题意。想好格式、框架。在给定的资料里找。提炼观点,工整书写。

2. 涉及思想领域的可写"加强社会主义核心价值观的宣传,加强精神文明建设,丰富精神生活,培育人民的自强、自尊、自立"。

3. 无论材料选择什么热点,指导思想都是科学价值观,核心精神是以人为本,明确发展为了人民。

4. 前 4 题要点的标志性词汇:认为、当、针对、但是、因此。

5. 申论大作文的思路:提出问题(是什么)、分析问题(为什么)、解决问题(怎么办)。

6. 申论作文分为几个文体,如果题目没有要求什么文体,建议大家都写成策论文,因为策论文简单、易成型。策论文通俗地说就是议论对策的文章,通常结构是第一段提出问题,第二段分析问题,第三、第四、第五段解决问题(提出对策),第六段总结升华,就是这么简单。

7. 参考答案是完整的句子、段落,但阅卷人不会细读你的文字然后跟答案进行对比。改卷的人都是只看你答案中的关键字,也就是踩点得分。假如某小题 100 个字以内概括,共 10 分。阅卷人会有四到五个词眼,平均一个 2 ~2. 5 分。他们快速扫视答案里是否有相同或相近的词眼,如果几秒钟内搜到了 3 个,就是 6 ~7. 5 分。

8. 小题切忌看完材料后,用自己的语言概括。因为你概括的语言中没有阅卷人作为评分依据的词眼。正确的方法是:回到材料,看到疑似关键词的地方就做上记号,然后串联成句。我们不知道阅卷人那 4 ~5 个关键词到底是什么,那就尽可能地把所有关键词眼都找出来。

9. 对于大作文，主要素材还是要从给出的材料里找，也就是说申论整个卷子的答案都是紧紧围绕着给出的材料。所以如果有的同学复习时没有时间，就可以不用看半月谈、理论热点面对面之类的资料，直接从题目材料里摘取就行，当然还是需要适当地加工一下。

10. 不管字写的如何，一定要写工整！卷面一定要看上去整洁，最简单的办法，用标准答题卡自己模拟考一次，再把答题卡用手机拍下来，如果你用手机看，卷面上每个字都能清晰辨别，就算过关了，如果是字认不清，那就还得训练工整度。字的工整度会极大影响考官的阅卷心情，同学们一定要注意。

（三）考试时的几个小技巧

1. 运用排比，增强气势，提升作文新高度

排比是作文中常见的修辞手法，不但能增强气势，还能解决考生无话可说的难题，以“朋友圈”为例：

打开微信“朋友圈”，就能看到一个完整的文化微缩景观：既有“小清新”，也有“情怀党”；既有痛心质问“传统文化怎么了”，也有娓娓道来“告诉你一个真实的美国”；既能看到古典乐迷的“高大上”，也能看到各种“非主流”“脑残体”……文化其实已经写进了每一个人的生活里。

从这个案例可以看出，透过“朋友圈”这样一个生活常见的案例，可以引起阅卷人的共鸣，增加亮点，同时也增强了气势，提升了文章的高度，突破了无话可说的瓶颈。

2. 巧用设问，切入主题，优化作文旧模式

修辞手法有很多，设问也是常见的一种。很多考生常常提出一个设问就草草了事，没有案例支撑，这样的设问比较单薄，其实结合一个反面案例，就会达到不一样的效果。

3. 活用白描，承接地气，凸显作文个性化

白描的写法其实在我们的高中时代就很常见，在散文中的使用尤为突出。白描就是对于某一行为或者细节进行突出的描写，这种方法能够凸显考生文采，但是在议论文中，最好使用在开头和结尾，不要用在论述部分，因为会影响文章的论证效果，以如今的书店为例：

暮春，子夜，北京一角。毗邻王府井大街、24 小时营业的三联韬奋书店内，依然灯火通明。几张书桌，数盏灯光，秒针滴答有声，手指划过书页，颇有“夜深还照读书窗”的意境。一些学者感慨：“找到阅读的价值，才有文化的回归。”

这样的写法尽量是引出总论点的时候使用，读起来能够让人心中沉静，“接地

气”,也是个性化表达的较好方式之一。

考生对于如何获得好的作文分数一直较为困扰,关心身边每一个人、每一件事,从简单的写法开始,加强练习,不断增加亮点,凸显个性,论证深入,凸显新写法、新思路、新内容,高分其实已经在慢慢向你靠近!

二、公共基础知识

对于公共基础知识很多考生感到特别迷茫和无助,其涵盖的知识内容实在太多——考纲摘要“考试内容:马克思主义哲学原理、毛泽东思想概论、中国特色社会主义理论体系、当代中国的政府与政治、国家机关工作人员的职业道德、法律知识、语文基础知识和公文写作、经济知识和科技知识、历史知识、其他知识”。具体的考纲更为详尽和细致,要真正全部复习一遍,确属不易。况且每个人都有自然遗忘过程,即使复习一遍、复习两遍,效果也不见得就好。

目前很多公共基础资料,内容大同小异。更要命的是,咬紧牙拜读一遍后,一进考场,发现跟没看书之前差不多——还是在那儿凭着感觉答题。最后,到“挂了”都没搞清楚:到底是资料出了问题还是自己的复习出了问题?心中无底——这是广大考生复习公共基础知识时最普遍的状态!

如何才能攻克公共基础知识?在确定的有限复习时间内,唯有提高复习的效率。笔者认为应从两方面入手:一是复习的对象问题,二是复习的形式和方法。

首先,我们必须明确公共基础知识考试的重点内容,主要有“时政、法律、公文写作、当代中国的政府与政治等”,我们现将公共基础知识一些必考的“重点内容”总结如下:

(一)公共基础知识的重点总结

1. 法律。当年度实施的新法。除了新法,行政法是必看的。每年的A类、B类试卷都会出现与行政法相关的题目,行政法中的行政复议、行政许可、行政处罚、行政强制、国家赔偿等重点内容会交替进行考查。作为一名公务人员,依法行政是基本的职业要求和职业理念,行政法作为公务员笔试的必考内容也会一直延续下去。

2. 民商法也要予以关注。要特别注重熟练掌握民法的基本原则等,活学活用,可以解决很多法律和现实问题。行政法+部分民商+新法,法律部分复习到这程度,可以暂告一段落。抓住重点,然后学会有选择地放弃一些,公务员考试的最大技巧就在于此。另外,一定要抽出一到两小时时间,复习永远的必考法律——《公务员法》,虽然每年只有“一两分”,但对竞争激烈的岗位来说,这些分数完全可以决定成败了。

3. 永远的必考内容——国家机关工作人员职业道德——公务员考试的一个永恒主题就是道德，2014 年是“职业道德”最火热的年份，A 类、B 类的主观题都是考职业道德。2015 年和 2016 年也进行了考查，是选择题，可以预见以后还会考，虽然分值少，但整理总结的内容不到 1 小时，对公务员考试、特别是对这庞大体系的公共基础知识来说，投入产出比算是极高的了。

4. 马克思主义理论体系。作为每年的又一必考内容，考生一般不必找本教材花几天时间从头到尾地看，即使看了，到做题时或许会发现：看与不看区别不大。其实考前关键是要复习、掌握马克思主义理论的概念和原理，并学会对具体问题、事例的分析运用。（哲学的分数有 3 分左右。）

5. 毛泽东思想概论。毛概和马克思主义理论一样为必考内容，但分值少于马哲，一般 1 ~ 2 分。

6. 中国特色社会主义理论体系。必考内容，分值 3 分左右。

7. 时政。把握时政热点知识，紧扣当前时势，注重多角度、多层面地分析与掌握。分为时政热点理论篇与热点素材篇，各包含若干专题讲解。该部分的专题讲解对考生复习申论也是大有裨益的。另外，去年 3 月至当年 3 月间发生的国际、国内重大事件（主要考查事件、时间、人物等简单识记知识），这个作为狭义上的“时政”，考生稍微花点时间记一下，试卷考题分值在 3 分左右，比较好拿。

8. 公文写作。作为确定的必考内容，必须花大精力，确保不丢分或少丢分。A 类至少 7 分，B 类 25 分左右，C 类 45 ~ 50 分。而且 B 类、C 类，一般都要求进行公文主体部分的写作，所以该类考生要注重复习和提高公文处理和写作能力。（一个简单的复习步骤是注重研读相关公文的范文与解析。）

（二）复习的形式和方法

1. 自己整理适合自己的“教材”。可以根据考试大纲编写教材，熟记教材中列出的重要知识，对重点内容，要花力气进行深入理解和灵活运用，也就是用公共知识理解当前社会各种现象，并提出解决问题的方法。学会适时温习，防止遗忘，注意在温习的时候不要花太多时间，主要回忆框架体系，发现有记不清楚的，再翻书对照。

2. 重视试卷的作用。真题一定要做，通过真题寻找考试感觉，明确考试的方向。特别是近两三年的真题，一定要仔细研习，认真把握。除了真题之外，在复习过程中也要用其他模拟题或者题库的题进行不定期的练习，保持做题的感觉。定期按时间做一套完整的题，把握做题速度，达到速度和效率相结合的目的，同时，还可以减少正式考试的紧张感，有利于考试的正常发挥。

三、行测

近年来,公务员录用考试《行政职业能力测验》的题型和题量相对稳定,但试题综合难度较大。中公教育专家在深入分析公务员考试行测真题基础上,分四部分为大家讲解各题型的备考建议,希望对广大备战公务员考试的考生有所帮助。

(一)言语理解与表达

言语理解与表达考查选词填空、片段阅读和文章阅读,考查广泛,考生需全面熟知各题型基础知识,并掌握各题型的解题要点。

备考建议:

1. 选词填空部分的考查,实词、成语和关联词均有涉及,主要是考查近义词辨析以及结合语境来选择正确的词语,难度相对较小,但需要考生平时认真积累。

2. 片段阅读的考点集中在主旨观点型题目、细节理解型题目、词句理解型题目中,但寓意理解型题目、推断下文型题目也偶有涉及。考生在重点掌握常考题目的解题方法与技巧基础上,还需熟悉其他型题目的一些解题要领。

3. 文章阅读体裁多为科技说明文,注重考查快速寻找文中细节信息的能力。因此中公教育专家建议考生在平时可多阅读一些科技说明文,有意识地培养自己识别并提炼关键信息的能力。另外,需掌握解答文章阅读题目的一些基本方法与技巧,以提高自己做文章阅读的效率。

4. 近两年来,题目的选材越来越趋向于丰富化、专业化,内容涉及政治、经济、科技、人文、生活等各个方面。这就要求考生在平时要广泛阅读,不仅能够扩展知识面,还可以增强语感,这样可以适应多变的试题选材。

(二)数量关系

近几年公务员考试数量关系部分稳定考查数字推理和数学运算两种题型,整体难度有所提升。

备考建议:

1. 数字推理的复习考生可以从熟悉基本规律、掌握解题方法、模拟提高几个方面入手。复习时要在熟练掌握基本数列及其变式的基础上,开阔思路、举一反三,有意识地培养数字直觉和运算直觉。解题时从分析题干整体趋势和数字特征入手,合理运用各种解题方法。

2. 数学运算的复习则要从数学思维、计算技巧、题型演练和模拟提高四个方面入手。了解六大数学思想的具体内容,并深刻理解相应的解题方法;熟悉各种计算技巧,逐步提高解题速度;了解传统题型,重点掌握每种题型的常用解题方法和步骤;常做模拟练习,提高解题速度和正确率。

(三)判断推理

判断推理主要考查类比推理、图形推理、逻辑判断和定义判断四种题型。

1. 类比推理

备考建议:

类比推理的备考重点在于词项间关系的掌握,尽可能多地了解词项间的各种关系,那么即使出现了关系的组合,也能够"手中有粮,心中不慌"。同时,对于出现的新颖题型也要有一定的研究,这样才能更好地作答类比推理题型。

2. 图形推理

公务员考试中,空间形式图形推理占据主要位置,并且图形种类更加多样、创新,总体考查难度有所增加。

备考建议:

图形推理的备考重点在于全面了解并熟练掌握视觉型图形推理、九宫格图形推理、空间形式图形推理的解题要点,有意识地培养观察能力、辨别能力、推理能力、想象能力。灵活运用特征分析法、求同分析法、对比分析法、位置分析法和综合分析法。

3. 逻辑判断

逻辑判断以分析推理和必然性推理为主。

备考建议:

考生需熟记直言命题和复言命题部分的相关逻辑知识,并掌握找突破口法、假设法等分析推理解题方法。

4. 定义判断

定义判断考查单定义和多定义两种形式,涵盖面广泛,包括心理学、经济学、社会学等多个学科。

备考建议:

定义判断的备考重点在于研究真题,勤做练习,彻底掌握关键词法解题的精髓。

(四)资料分析

资料分析部分材料类型多样,有文字材料、表格材料、图形材料、综合材料等。笔者发现,考查内容多与宏观经济有关,材料信息量较大,概念以计算型为主,理解型为辅。

备考建议:

1. 关注题源,锻炼自己的快速阅读能力。资料分析材料主要涉及经济、人民生活、资源环境、科教文卫等方面,资料主要来源于权威机构的统计公报、分析报告、行业统计、热点时事相关新闻等。考生要对这些题源进行关注，并且在阅读的过程中保持对数字的敏感度，掌握一定的阅读技巧。

2. 加强速算能力的培养。认真研读权威教材的速算技巧，以保证在有限时间内快速解题，将在最后的时间中大大提高资料分析得分率。

第二节 面试

一、面试题型

目前的公务员考试，都是结构化面试。什么叫结构化面试呢？就是考生面对的题目都是一样的，都是提前出好题目，然后抽签决定一个上午或者下午考哪几道题，对于考生是相对公平的。考试时有 1 个主考，另外 6 个考官或者 8 个考官，反正必须是单数。只有主考说话，其他考官是不会说话的，而且主考只说一下开场交代，让你知道怎么回事，然后引导你答题，给你念一下题目。答完一题，再念下一道题目，考生听完题目再答题，如此答完。最后评委总分去掉一个最高，一个最低，平均分即面试成绩。

结构化面试有以下几种题型：1. 综合分析题；2. 协调处理关系题；3. 计划组织类题；4. 处理突发事件题；5. 连词讲故事题。

（一）综合分析题，主要是考当今政治、经济、重大新闻。

例题：“在其位谋其政”，你对这句话如何看待的？

第一，这句话的本意是说在哪个岗位就应该全心全意做好本职工作。

第二，我认为一个人在工作岗位上一定要遵守职业道德，按照职位要求，把本职工作做好，通过自己的努力促使本岗位的工作得到发展。

论述自己对这句话的看法，先论述一个方面，通常是肯定其积极的一面。

第三，同时应该认识到，应遵循职业取向，不能越俎代庖，不能超越职位权限行事。如果本职工作做不好，去议论其他职位的工作，对他人工作指指点点，会造成同事间关系紧张，造成单位管理上的混乱。

论述对这句话另一方面的看法了，通常是消极面或反面。

第四，对这句话应该辩证地看待，一方面，从职位职能来说是值得肯定的，需要将职位上要求的事做好。另一方面，作为一名公务员，不管在不在位，都应该为单位发展多出谋划策，有主人翁的责任感。使本单位、集体的工作有新起色，上新台阶。因此，从这方面来说，不在其位也要谋其政。第一题回答完毕。

这一点就是将上面两点做个总结，同时也可以注入自己一些新的看法，如觉得还不够，可以另加一点论述，这就看个人的思维、语言功底了。注意结合下公务员的工作谈谈，即作为一名公务员应该如何如何云云。

（二）协调处理关系题

这种题型主要是考查考生是否具备作为一名公务员在机关中能协调处理好与领导、同事、群众之间的关系等问题，在回答这类题目时一定要注意使用“机关语言”，何为机关语言呢？顾名思义即是机关里工作时通常使用的语言，与日常生活语言和群众的朴素语言是有区别的，要在语言中体现出一个国家工作人员的素养。这就要求大家在平时注意积累相关理论知识，多看看中央和地方各级政府机关的文件，了解机关语言，这点很重要。

典型例题：领导安排你和张三共同去完成一项任务，明确由你负总责。可张三在具体操作中极不配合你，你该怎么办？

第一，沉着冷静，团结张三，不要轻易表露自己的情绪，更不能责怪张三，以免产生矛盾。

对这点这样概括的：深藏不露，稳定情绪。

第二，认真回顾与张三过去的合作，想想是否有过节。如果是自身的原因，会主动与之沟通，表示歉意，做到与人为善。如果是张三对工作有意见，应与之交流，劝他顾全大局，改变态度，赢得他对自身工作的支持。

这一点就是对题目中各种情况的具体分析了，具体要求就是冷静分析，找出原因，合理应对。这里是作为一点回答的，当然如果你觉得内容充实，也可以分为几点来回答。还可以这一点分析原因，下面再分点解决问题。不过注意不要太冗长，面试答题最忌讳长篇大论。

第三，虽然领导要我负总责，但是必须谦虚谨慎，不摆架子，以谦虚谨慎的作风赢得张三的支持。

这一点还是对关系处理的补充，强调的是谦虚的态度问题，在不同题目中可以突出不同的重点。

第四，如果张三坚持不改正态度，与之沟通也无效果，我会建议领导为使工作圆满完成，对张三的工作进行调整。

考虑最坏结果，做出万不得已之举。而领导是一个公务员面对无法解决的困难时的最后救命稻草，如果是与上级的矛盾，则体现为下级服从上级。无论题目中出现哪种情况都如此。

（三）计划组织类题

这种题型很重要，同时也是面试题里面的难点。

例题:领导准备深入某村就社会主义新农村建设现状进行调查研究,你负责具体组织实施,该如何开展工作?

第一,根据领导指示和这次调研目标、任务,制订本次调研的工作计划。

这种题型首先都是要根据领导指示和目的、任务,制订工作计划或工作方案。点到即可,不用展开,否则没时间答完,具体内容可以留在下面几点再论述。

第二,做好调查研究之前的先期准备工作。向该村发出调查通知,让被调查的单位有所准备,印发调查资料、调查问卷,与办公室协调安排交通工具、食宿,调研前要组织参加人员召开会议,进行宣传发动,明确责任。

这点就是准备阶段,主要包括前期必须安排的一些后勤工作,动员会议等,具体到每道题视情况而定,不过大同小异。回答时需要明确举出几点准备工作,不能如上一点只说到计划、规划即可。

第三,深入开展调查研究。请领导带队,组织调查组人员深入该村,组织村民座谈,通过调查问卷、调查表格统计包括农民收入、农村经济发展、农民对政府的主要希望等问题。最后召开碰头会议,请领导发言,成员分析现状、找出问题和不足、发表对策和总结经验。安排文字工作较好的人员起草调查报告。

第三点是活动的实施阶段,我总结为深入开展,针对性强,步骤详尽十二个字。因为起草调查报告属于调查活动的一部分,所以这道题中起草报告的内容也输入实施阶段,而不列入下一点的总结阶段。

第四,认真做好这次调查的总结工作。调查组再次召开会议讨论修改调查报告,同时我会对这次调查工作形成总结,连同正式调查报告一起向领导汇报。得到领导批准后,在报刊发表,并呈送有关领导参阅,以对新农村建设提供建议。自己还可以进行一个工作小结,善于找到自己成功之处和不足,以便今后更好开展类似工作。

(四)应急事件处理题

例题:有一天,七八个群众上访找你主要领导,而他此时正在接待上级领导,汇报重要工作。如果由你接待,你该如何处理?

第一,热情接待,请上访群众在接待室休息,给上访者沏茶,稳定其情绪。

第二,询问理由,事实。认真做好笔记,了解上访者的姓名、住址、联络方式。

第三,将事由向分管领导汇报,由他报主要领导。

第四,回到接待室解释主要领导不能接见原因,告之我会请主要领导决定,并保证处理好之后会迅速答复。

第五,在职权范围内能马上办理的则迅速答复,不能办理的则说明原因,争取谅解。如果是人命关天,人的生命权高于一切,要直接汇报主要领导。

（五）连词讲故事题

例题："网络，交通，西部，窗户，阻挠"。这种题型需要注意的是，必须讲出一个完整的故事而不只是一句话。故事中出现题中所给的几个关键词，并不要求顺序。适当注意把握篇幅和答题时间即可，这种题目还是比较简单的。

二、面试前的准备

（一）职位调研

面试的结果常常令面试者百思不得其解。有的面试者在面试中高谈阔论，尽显风流，却名落孙山。有的面试者在面试中规规矩矩，不显山露水，却金榜题名。可能你觉得后一种表现过于平稳，然而，稳重却恰恰是此工作岗位最需要的一个素质。所以，在面试前，面试者一定要尽可能多地获得应聘单位和目标职位的各种信息，以做到在面试中有的放矢。

目标职位的各种信息包括工作的性质，中心职能和职责，对工作人员的知识素质结构、能力素质结构、心理素质结构的要求等。

为了获取真实有效的信息，就必须进行调查研究。面试前对应聘单位和应聘职位进行调查研究，是获取有用信息必要的和有效的手段。"没有调查就没有发言权"，在此同样适用。

例如，面试中有一个重要的评价要素，就是应聘动机。主考官经常会问起这类问题：你对我们单位了解吗？你对你要应聘的职位了解吗？你为什么要应聘这个职位？假如你被录用后，将如何开展工作呢？对于这样的问题，回答绝不仅仅是技巧问题。如果你没有进行过调查研究，你的回答很可能不着边际，你可能自以为回答得很得体很巧妙，而实际上犯了重大的错误。假如你所应聘的职位本来就要求循规蹈矩、照章办事，你却大谈标新立异、时尚前卫，结果就可想而知了。

此外，对所要应聘的单位和职位进行调查研究，会减少你应聘的盲目性，从而减少你被录用之后产生的心理反差，也有利于今后顺利开展工作和职业生涯的设计和开发。

既然了解应聘单位和应聘职位如此必要，那调查了解要注意把握哪些事宜呢？

调查了解必须坚持两个原则：一是为自己的职业选择、单位选择、职位选择而服务；二是为面试取得成功而服务。一个人要为自己的前途和命运负责，对象职业选择、单位选择、职位选择这样的问题必须高度重视，使你的选择有科学可靠的根据。

（二）面试成功需要了解的秘诀

接下来，我们就从如何争取面试成功这个角度，提出一些需要调查了解的具体问题。

第一,要调查研究应聘单位的性质、主要职能、组织结构和规模。第二,要调查研究应聘单位的人员结构,如年龄结构、专业结构以及人际关系状况等。第三,了解应聘职位尽可能多的信息。如工作的性质、中心任务和责任,所需的知识结构、能力结构以及对兴趣、爱好、个性特征、技术特长等的专门要求。第四,了解单位主管、你所应聘职位的直接上司以及可能的面试考官的个人情况,如姓名、教育程度、专业、年龄、出生地、民族、信仰、家庭、兴趣爱好等。第五,面试的大约时间、面试场所和环境,面试可能采取的形式等。第六,有关单位的新闻报道,有关可能出现的面试考官的新情况等。

(三)面试前的形象准备

在面试前,面试者应对自己进行全方位的包装,以求以最佳的形象去面对考官。

1. 发式

男性的头发比较好对付,因为可供男性选择的发型不多。如果使用发胶,需要注意临出发前,一定要用梳子把固结成绺的头发梳开。如果男性面试者想简简单单理个发就行了,那他最好回忆一下,刚理过发后,是不是每次你都有点儿羞于上街?如果是,那就应该早几天理发。

女性的头发最忌讳的一点,是有着太多的头饰。在面试这样的场合,大方自然才是真。所以,不要弄什么“爆炸式”的发型,这种膨胀着的带有威胁意味的头发,会使面试官对你有着本能的排斥;高挽的头髻也不可取,它会让面试官倾向于以家庭型女性来评判,这无疑是对你求职的否定;披肩的长发已渐渐被接受,但应稍加约束一下,不要让它太随意。

2. 着装

一般而言,面试官评判面试者服装的标准是:协调中显示着人的气质与风度;稳重中透露出人的可信赖程度;独特中彰显着人的个性。

服饰的最高境界是自然协调,如果你的衣着首先与你自己的个性、品味不协调的话,就很难与面试的气氛相一致。面试的着装是要郑重一点,但也不必为此而改变你在日常生活中一贯的形象。比如,如果你从来不穿西装,大可不必为了面试而开创自己的一个新纪录。要学会从过去你的无数形象中选择与面试相匹配的服装。要相信自己的审美能力和身旁众多“参谋”的审美能力。

3. 面部化妆

面试中,脸部的化妆一定要淡而自然。因为一脸浓妆无异于在向面试官诉说着:“我没有自信,所以我要掩饰我的本来面目”。

在面试中，尤其拒绝浓妆，因为它使人的脸部不自然，它破坏了人脸上的表情，而一张脸最生动的地方就在于它细微生动感人的情绪表达。不要让面试官透过厚厚的化妆，才能捕捉到你的表情。

面试前最好略略将面颊修饰打扮一下，让自己看上去健康、精神焕发就已足够。

4. 杜绝饰物

你天性偏爱那些形形色色、金光闪闪的小饰物；或者你听信了种种服饰小册子中赋予各种小饰物的意义，虽然它们能给你略微增色，但在面试中，最好杜绝它们。

（四）面试当天需要怎么做

1. 如何做到轻松入场

经过一系列精心的准备，面试这一天终于来临了。

到达面试地点时，如果时间尚早，完全可以散散步，然后在面试开始十五分钟前，到达指定的供应试者休息和准备的场所。

在面试开始的前十五分钟，可以参照下面的方法做准备。

第一，找个位子坐下，稍做休息。

第二，再次整理一下仪表。

第三，在心中演练一下面试中自我介绍和可能出现的问题的解答，并且尽力想象实际面试中的气氛，以提高自己的兴奋度。

第四，要文明礼貌。

第五，等待时可以与其他面试者交谈。

第六，不要费尽心思地想从面试完的人那里问出什么来。

一定要信心十足地步入考场。

2. 面试的心态准备

面试的最佳结果是，面试官全面而准确地了解到了考生的优势所在。这是每一位面试者梦寐以求的结果。但在面试的特定情境中，多数的面试者，是一半醒、一半醉。经常是面试远未开始，多数的面试者就已进入这种沉闷的自我混乱状态之中。原因是多方面的，主要是由于认知的偏差、焦虑、恐惧等莫名的情绪引起的。在面试之前，明智的考生就应该试着挖掘自己潜在的力量，用积极的心态来消除负面心理的影响，满怀信心地在未来的面试中一展自己的风采。

（1）切忌苛求完美

一个大公司的老板说，他之所以拒绝考虑一个在各方面都合格的面试者，是因为这样的面试者在仪表方面太注重细节。

绝对的完美主义者即意味着永远的自我否定,因为他永远达不到他为自己所定的任何一个目标;绝对的完美主义者也意味着不知轻重、不分主次,他会强迫自己在每一个细节上做着过分的不必要的停留。

面试前,完美主义者最愿意干的,是给自己制造出数以千计的心理压力;面试中,完美主义者会尽量地掩饰、遮盖自己的不足之处。然而,却忽略了面试的根本目的——全面而准确地展现自己的风采。心理学家研究指出,一个人的缺点必然是越抹越黑,一个人的优点则是越擦越亮。

所以面试时,不必自怨自艾,不必妄自菲薄,多想想自己的优点和长处,也不必在面试官严厉的目光下,怕暴露自己的缺点而动摇信心,成了一个蹩脚的完美主义者。

(2)树立自信心

面试还没有开始,很多人的信心大厦就已经垮掉。他们知道在公务员录用中,面试是最关键的一环,因而习惯性地无限度地夸大面试中的每一个因素,把每一个因素都当成难以逾越的大山。结果,他们不战而败,弃甲投降。

面试前在心理上对各种因素过分夸大,会让他们无法自如地展现自己。一旦在心理上接受某个假设,他将一步一步地踏入自我设定的陷阱中,从而严重地影响到他的理性判断力,而这正是面试中至关重要的内容。

那么,如何跨越这个心理难关呢?我们来分析一下。

面试官的确握有“生杀大权”,但是,面试者和面试官之间、面试者和面试者之间,更有一个核心——面试单位,面试官要为面试单位招录合格的公务员,面试者则希望成为面试单位中的优秀成员,面试者学会站在面试单位的角度来考虑问题,就能够摆脱假想的“敌对状态”。

面试者可以把面试官想象为你的上级,把竞争者设想为你的同事。这时,面试的场景将化为一种互动的人际情境,面试者就能够在一种轻松的心理状态下从容应对。

我们习惯构想出形形色色的“敌人”,是因为我们在日常生活中,常常将自己固定在几种不健康的人际交往模式中。我们习惯性地说:“我不好——你好,我不行——你行”;或者,我们一贯认为“我不好——你也不好,我不行——你也不行”;或者,我们经常以为“我好——你不好,我行——你不行”。承认一方,否认另一方,或否认双方,就必然会将你带入不必要的“敌对状态”中。

真正健康的、成熟的人际交往模式应该是“我行——你也行,我好——你也好”。这种心态的特点是:去发现自己、他人和世界的光明面,从而使自己保持一种积极、乐观进取的精神状态。一旦拥有了这种态度,面试者不必劳神费力地去讨好主考官,压制别人,他将能坦然自若地表现自己的所有优势,他将能理性地绕过自己和主考官有意无意设下的陷阱。

(3)不卑不亢

面试中,最好不要让主考官明显地意识到,你在试图讨好他。原因很简单,不妨设想,现在你代表着某单位去做面试官,你愿意为自己单位招录一个唯唯诺诺、毫无主见的人吗?面试中,自卑的人过于敏感,他很容易就想到了"坏了,进入僵局了",而一旦陷入这种自己设定的社交紧张状态,他可做的就只有一个,那就是——否定自我、讨好别人,尤其是要讨好有权势的人。

面试是一种特殊的人际互动模式。而人际交往的合理原则是,既要顾及他人的需要,亦要考虑自身的需要。自高自大令人讨厌,自轻自贱令人可怜。现在,设想一个自卑的人是你的部下,你会单独交给他一项任务吗?你会让他追讨公司的债务吗?这就是在面试中,唯唯诺诺的人不被看重的原因所在——如果面试者代表个人向面试官让步,那么他也会代表单位向其他团体让步。面试官倾向选择自信的面试者,固然可能是被这样的人吸引,但更主要的则是面试官代表面试单位信任了他。

(4)面试前,正常的人会有正常的焦虑

公务员面试至关重要,而绝大多数的面试者在这个重大关头出现应激性的焦虑,这是正常的,也是必然的。面试者要学会以平常心接纳自己的焦虑,一旦能做到这一点,面试者就会发现,面试焦虑远非那么可怕。

焦虑主要是生理层面的内容,它要来便来,绝不会因你想摆脱它而消失。焦虑给我们带来了不快,我们希望能够摆脱它。一句话,你越想摆脱焦虑,你就会越焦虑,而你越焦虑,你便越想摆脱它,结果便形成了一个恶性循环。摆脱这个恶性循环的唯一办法便是自己在心里暗示自己"由它去吧"。一旦你不再注意你身上的焦虑,焦虑状态便会自然而然地"要去便去"了。

因此,面试前,包括面试中,面试者要学会接纳自己正常的焦虑,带着正常的焦虑去做自己该做的事。

(五)最佳面试状态的调整

部分面试者由于心理承受能力不足,难以承受即将逼近的面试所造成的心理压力,而陷入过度的焦虑之中。如果出现这种情况,面试者就需要进行一些心理训练。过度的焦虑可以从三个方面来诊断:不良的情绪反应,如紧张恐惧、心烦意乱、喜怒无常、无精打采等;不良的生理反应,如肠胃不适、原因不明的腹泻、多汗、尿频、头痛、失眠等;不良的智力反应,如记忆力减退、注意力不能集中、思维迟钝、学习效率下降等。如果出现上述情况,考生可以尝试以下办法来缓解:

1. 积极的自我暗示

在面试前，面试者习惯于叙述一些自身的事情。这些叙述通常是讲给别人听的，然而却无意中在暗示着自己。面试焦虑者的叙述常常是消极的，他习惯对别人讲“我可能通不过面试”“我缺乏应变能力，我恐怕难以对付面试中的应变题”“我表达能力不够好”等。这些消极的暗示会破坏良好的心境，分散注意力，降低面试者的自信，将会把面试者引入胡思乱想之中，致使面试者无法在面试中发挥自己的正常水平，其面试结果不幸被面试者的消极暗示所言中。相反，假如能对自己进行积极的暗示，面试者就会充满自信，心境悠然，注意力集中，思维敏捷，以致在面试中积极地表现自我，面试结果也会常常被自己的积极暗示所言中。因此，面试者必须习惯于多给自己积极的评价，必须学会去积极地自我暗示。当然，积极的自我暗示并不是盲目乐观，脱离现实，以空幻美妙的想象来代替现实，而是客观、理性地看待自己，并对自己有积极的期待。

2. 利用“系统脱敏法”，消除过度焦虑

所谓的“系统脱敏法”是通过一系列的步骤，逐渐训练个体的心理平衡能力，增强心理适应能力，从而消除敏感反应，保持身心的平衡状态。

面试焦虑的系统脱敏可以这样进行：第一步，认真反思自己的情况，依程度轻重将引起面试焦虑的情境排序；第二步，运用想象进行“脱敏”训练。首先从能引起你最轻度焦虑的情境开始想象。尽量逼真地想象当时的各种情景、面试官的表情和自己的内心体验，一旦有身体的紧张反应或内心的焦虑状态出现，便用言语暗示“沉着”“冷静”“停止紧张”，同时进行有规律的深呼吸，尽量放松肌肉，以减弱自身的紧张状态，直至镇定自若。然后想象第二个情境，依次进行训练，最后达到想象最紧张的面试情景时，也能够轻松自如。

3. 充分的自我认识和对面试过程的详尽了解

面试者既能充分地了解公务员面试的要求、题型、时间、地点、类型等具体操作过程，做到心中有数；同时又能正确地评价自己，既相信自己的能力，又实事求是，不好高骛远，也不自轻自贱。这样一来，面试前的焦虑自然会减轻。

4. “暴露冲击法”消除过度焦虑

多去面试，多去锻炼，在成功几次或“碰壁”几次后，再面对面试的场景，你就坦然多了。

5. 要做好充分的准备

预计到自己临场可能会很紧张，应事先请有关的同事或家人充当主试人，进行模拟面试，找出可能存在的问题与不足，增强自己克服紧张的自信心。

应反复告诫自己，不要将一次面试的得失看得太重。应该明白，自己紧张，你的竞争对手也不轻松,也有可能出现差错,甚至可能不如你。同样条件下,谁克服了紧张,谁镇定,谁从容地回答提问,谁就会取得胜利。

6. 面试中不要急着回答问题

主考官问完问题后,应试者可以考虑五至十秒钟后再做回答。在回答时,要注意语速不可太快,太快容易导致思维与表达脱节,快了也易表达不清。而你一旦意识到这些情况,就会更紧张,结果导致面试难以取得应有的效果。所以切记,面试从头到尾应该做到讲话不急不慢,逻辑严密,条理清楚。

7. 任身体放松

身心相通,当你的身体放松时,你的紧张也就得到了缓解。

(1)散步解忧。有一项研究要求面试者分别用三种不同的步伐走路:正常的步伐;摆动双臂昂首阔步;低头懒散行走。结果发现,前两种姿势能使人心情更加愉快。对此,心理学家分析说,摆动双臂时,可产生一种机械运动,使因焦虑而紧张的肩膀、颈部和背部肌肉得以放松。

(2)开怀大笑。开怀大笑可令你紧绷的躯体迅速放松,在开心地笑过之后,由于手臂、脚部的肌肉不再紧张,血压、心跳有所缓和,你会感觉全身如同卸掉了千斤担子,你就会相当轻松。

(3)洗澡化忧。专家指出,理想的洗澡水温为 38 ~ 40℃,比人的体温略高,它能增加血液循环,使人镇定下来。它会使你紧张的肌肉放松,令你睡上一个好觉。

8. 深呼吸

我们不高兴时,常长吁短叹。其实,长吁短叹就是一种无意的深呼吸,它无意中部分地排解了焦虑和紧张。面试前,你不妨主动做做深呼吸来缓和紧张情绪。

(1)首先吸气,尽可能地让自己的肺部充满空气,姿势随意。

(2)双手轻轻置于肋骨的下部,缓缓抬头,同时暗示自己“我很放松”。

(3)吸气要做到缓慢而自然,要用腹部的力量吸气,胸膛不要剧烈起伏。

(4)屏住呼吸,放松全身肌肉,再将空气均匀平缓地呼出。

很多时候,只要一次深呼吸便可让人平静下来。

9. 睡一个好觉

面试前,很多人睡不好觉。固然,这与紧张有关,但多数时候,还是因为他们太重视睡觉的意义了。他们往往喜欢推论:太紧张——睡不好觉——明天精神肯定不好——面试要糟,搞得自己越来越紧张,以至于只能在极度困顿时才能入睡。以轻松的态度对待睡眠的意义,你便能如平时一样自然入睡。另外,如下一些窍门可助你入眠:

(1)适当活动。对于整日伏案工作、静坐不动的人来说,入睡前散散步或做做操有助于睡一个好觉。

(2)尽量松弛。平躺在床上,深呼吸一次,把注意力先集中在一个具体部位,如脚趾,然后从此端开始,放松至全身。

(3)喝杯热奶。奶粉的一些成分可有助于睡眠。

(4)进行冥想。躺在床上,想象一些枯燥无味的事情可以帮助睡眠。在英国,人们常常用羊一只只跳过栅栏这种想象来催眠。

10. 调整饮食

德国生理学家沃尔可·帕顿教授经长期研究后得出结论:香蕉等水果中含有一种可让人脑产生血清基的物质,而血清基有安神和让人愉悦的作用。帕顿教授进一步指出,某些人之所以患躁狂抑郁症,其中一个原因便是血清基的缺乏。所以,面试前的一餐,注意给自己加点水果。饮食专家亦指出,在你的菜谱上除常见的肉、鱼和蛋等高蛋白之外,再加上几片粗面粉做成的面包、马铃薯、丰富的蔬菜和水果等,有助于乐观情绪的产生和保持。

以上几种方法是可通用的。但或许在你以往的经历中,你无意中已形成了自己的调适方法,那最好不过了。如果用一句话来概括面试前的正常的心理调适状态,那就是:放松、放松、再放松。

当然,最根本的一点,我们认为,就是面试者能以平常心去面对自己正常的焦虑,能带着正常的焦虑去坦然面试——这才是对待焦虑最有效的方法。

第三节　报考政策规定

一、关于报考条件(以2015年招生为例)

1. 哪些人员可以报考?

报考人员应符合以下条件:

(1)具有中华人民共和国国籍;

(2)18周岁以上、35周岁以下(1980年10月15日至1998年10月15日期间出生),2015年应届硕士研究生和博士研究生(非在职)人员年龄可放宽到40周岁以下(1975年10月15日以后出生);

(3)拥护中华人民共和国宪法;

(4)具有良好的品行;

(5)具有正常履行职责的身体条件;

(6)具有符合职位要求的工作能力;

(7)具有大专以上文化程度;

(8)具备中央公务员主管部门规定的拟任职位所要求的其他资格条件。

2. 哪些人员不能报考?

现役军人、在读的非应届毕业生、在职公务员和参照公务员法管理的机关(单位)工作人员,不能报考。

因犯罪受过刑事处罚的人员和被开除公职的人员,在各级公务员招考中被认定有舞弊等严重违反录用纪律行为的人员,公务员和参照公务员法管理的机关(单位)工作人员被辞退未满5年的,以及法律法规规定不得录用为公务员的其他情形的人员,不得报考。

此外,报考人员不得报考与招录机关人员有《公务员法》第六十八条所列情形的职位。

《公务员法》第六十八条规定:"公务员之间有夫妻关系、直系血亲关系、三代以内旁系血亲关系以及近姻亲关系的,不得在同一机关担任双方直接隶属于同一领导人员的职务或者有直接上下级领导关系的职务,也不得在其中一方担任领导职务的机关从事组织、人事、纪检、监察、审计和财务工作。"

3. 2017年毕业的定向生、委培生是否可以报考?

2017年毕业的定向生、委培生原则上不得报考。

4. 为什么在职公务员和参照公务员法管理的机关(单位)工作人员不能报考?

近年来,中央机关公开遴选已经逐步制度化、规范化,畅通了基层公务员向上流动的渠道。为此,中央公务员主管部门决定,中央机关公务员录用考试不再面向在职公务员、参照公务员法管理机关(单位)工作人员。

5. 今年对艰苦边远地区基层职位实行了哪些倾斜政策?

为落实党的十八届三中全会关于"完善基层公务员录用制度,在艰苦边远地区适当降低进入门槛"的部署,中共中央组织部、人力资源和社会保障部、国家公务员局2014年印发了《关于做好艰苦边远地区基层公务员考试录用工作的意见》(人社部发〔2014〕61号)。根据意见精神,对地处艰苦边远地区的中央机关直属机构县(区)级以下职位,视情况单独或者综合采取了适当降低学历要求、放宽专业限制、适当调整年龄条件、不限制工作年限和经历、单独划定笔试合格分数线等措施,降低进入门槛,同时,允许从中拿出一定数量的县(区)级以下职位面向本市、县户籍或在本地长期生活、工作的人员招考。

6. 留学回国人员可以报考哪些职位?

留学回国人员可以根据自身情况报考符合条件的职位。其中,2015 年 1 月 1 日至面试前取得国(境)外学位并完成教育部门学历认证的留学回国人员,未落实工作单位的,可以报考限应届毕业生报考职位。

留学回国人员报考的,除需提供《招考公告》和《招考简章》中规定的材料外,还应于面试前向招录机关提供学位和教育部门学历认证材料。学历认证由教育部留学服务中心负责。报考人员可登录教育部留学服务中心网站查询认证的有关要求和程序。

7. 非普通高等学历教育的其他国民教育形式的毕业生是否可以报考?

非普通高等学历教育的其他国民教育形式(自学考试、成人教育、网络教育、夜大、电大等)毕业生取得毕业证后,符合职位要求的资格条件的,均可以报考。

8. 2015 年和 2016 年普通高校毕业生可否以应届毕业生的身份报考?

国家统一招生的普通高校毕业生离校时和在择业期内(国家规定择业期为 2 年)未落实工作单位,其户口、档案、组织关系仍保留在原毕业学校,或保留在各级毕业生就业主管部门(毕业生就业指导服务中心)、各级人才交流服务机构和各级公共就业服务机构的毕业生,可按应届高校毕业生对待。

9. 招录职位表中所要求的学历应如何理解?

招录职位表中所要求的学历为报考人员所获得的最高学历。社会在职人员应以其已经获得的最高学历进行报考,应届高校毕业生以即将获得的最高学历进行报考。如,招录职位表中要求限本科学历的,硕士研究生和博士研究生不能以本科学历报考。

10. 什么是“基层工作经历”?

招考职位明确要求有基层工作经历的,报考人员必须具备相应的基层工作经历。基层工作经历,是指具有在县级及以下党政机关、国有企事业单位、村(社区)组织及其他经济组织、社会组织等工作的经历。离校未就业高校毕业生到高校毕业生实习见习基地(该基地为基层单位)参加见习或者到企事业单位参与项目研究的经历,可视为基层工作经历。在军队团和相当于团以下单位工作的经历,退役士兵在军队服现役的经历,可视为基层工作经历。报考中央机关的人员,曾在市(地)直属机关工作的经历,也可视为基层工作经历。

应届毕业生在校期间的社会实践经历,不能视为基层工作经历。

11. 具有基层工作经历的应届毕业生,以何种身份报考?

具有基层工作经历的应届毕业生,可按应届毕业生身份报考。如果符合职位规定的基层工作年限,也可以报考要求具有基层工作经历的职位。

12. 基层工作经历起始时间如何界定?

(1)在基层党政机关、事业单位、国有企业工作的人员,基层工作经历时间自报到之日算起。

(2)参加“大学生村干部”“三支一扶”(支教、支农、支医和扶贫)、“大学生志愿服务西部计划”“农村义务教育阶段学校教师特设岗位计划”等中央和地方基层就业项目人员,基层工作经历时间自报到之日算起。

(3)到基层特定公益岗位(社会管理和公共服务)初次就业的人员,基层工作经历时间从工作协议约定的起始时间算起。

(4)离校未就业高校毕业生到高校毕业生实习见习基地(该基地为基层单位)参加见习或者到企事业单位参与项目研究的,视同具有基层工作经历,自报到之日算起。

(5)在其他经济组织、社会组织等单位工作的人员,基层工作经历时间以劳动合同约定的起始时间算起。

(6)自主创业并办理工商注册手续的人员,其基层工作经历时间自营业执照颁发之日算起。

(7)以灵活就业形式初次就业人员,其基层工作经历时间从登记灵活就业并经审批确认的起始时间算起。

13. 基层工作经历截止时间如何界定?

基层工作经历计算时间截至 2016 年 10 月。

14. 一般人员报考年龄是如何规定的?

18 周岁以上、35 周岁以下(1980 年 10 月 15 日至 1998 年 10 月 15 日期间出生)的人员,符合报考年龄规定。2017 年应届毕业硕士研究生、博士研究生(非在职)招考年龄可放宽到 40 周岁以下(1975 年 10 月 15 日以后出生)。

15. 录用人民警察招考年龄是如何规定的?

省级及以上公安机关、监狱、强制隔离戒毒管理机关录用人民警察的报考年龄条件按照现行公务员报考年龄规定执行。

地市及以下公安机关录用人民警察的报考年龄条件为,一般不超过 30 周岁(即 1985 年 10 月 15 日以后出生),2017 年应届硕士、博士研究生(非在职)和报考法医职位的,一般不超过 35 周岁(即 1980 年 10 月 15 日以后出生)。

报考公安特警的人员年龄一般不超过 25 周岁(即 1990 年 10 月 15 日以后出生)。

司法行政部门监狱、强制隔离戒毒所一线干警报考年龄一般不超过 30 周岁(即 1985 年 10 月 15 日以后出生),2017 年应届硕士、博士研究生(非在职)及狱医、心理矫正等特殊职位招考年龄一般不超过35周岁(即1980年10月15日以后出生)。

16. 参加“大学生村干部”“农村义务教育阶段学校教师特设岗位计划”“三支一扶”计划、“大学生志愿服务西部计划”等项目的人员如何认定?

参加上述四个项目的人员报考,要提供相应的证明材料。

参加“大学生村干部”项目的,要提供由县级以上组织人事部门出具的证明;

参加“农村义务教育阶段学校教师特设岗位计划”项目的,要提供省级教育部门统一制作,教育部监制的“特岗教师”证书和服务“农村义务教育阶段学校教师特设岗位计划”鉴定表原件和复印件;

参加“三支一扶”计划项目的,要提供各省“三支一扶”工作协调管理办公室出具的高校毕业生“三支一扶”服务证书(此证书由全国“三支一扶”工作协调管理办公室监制)原件和复印件;

参加“大学生志愿服务西部计划”项目的,要提供由共青团中央统一制作的服务证和“大学生志愿服务西部计划”鉴定表原件和复印件。

以上材料在面试时与其他材料一并交招录机关审核。

17. “大学生村干部”等服务基层四项目人员在服务期内被借调到县市级机关工作,借调时间是否计入服务年限?

若“大学生村干部”等服务基层四项目人员在服务期内被借调到县市级机关工作,借调(帮助工作)时间不计入服务年限。“大学生村干部”等服务基层四项目人员在岗服务时间累计不满一个服务期的,不享受定向招考优惠政策,不得报考定向职位。

18. “大学生村干部”等服务基层四项目人员在服务期内就读全日制研究生,或在其他企事业单位工作,应如何处理?

“大学生村干部”等服务基层四项目人员在服务期内就读全日制研究生、在其他企事业单位工作的,就读和工作时间不计入服务期;其在岗工作时间累计不满一个服务期的,不享受定向招考优惠政策,不得报考定向职位。

19. 如果报考人员在报名参加中央机关及其直属机构公务员招考时符合报考条件,但在招考过程中,被地方机关录用为公务员(或参照公务员法管理事业单位工作人员),应如何处理?

报考人员在参加中央机关及其直属机构公务员招考过程中,被地方机关录用为公务员(或参照公务员法管理事业单位工作人员),报考人员应如实报告情况,并中止中央机关及其直属机构参考行为,招录机关不再将其列为面试、体检或考查人选。

20. 报考资格条件中要求的各项资质(资格)的截止时间是如何确定的?

基层工作经历计算时间截止到2016年10月。

2017年应届毕业生一般应在2017年7月底前取得相关学历、学位。

职位要求的其他资格条件(如政治面貌、学历、学位、相关基层工作经验等)应在2016年10月15日前取得。

二、报名时间、方式和基本步骤

1. 报名时间为何时?

参照具体公告。

2. 报名方式是什么?

在上述时间内,报考人员可以在网上提交报名信息,进行报名,报名工作主要在网上进行,不设现场报名。报名网址为中央机关及其直属机构××年度考试录用公务员专题网站(以下简称考录专题网站)。也可以通过人力资源和社会保障部网站或国家公务员局网站上的相关链接登录考录专题网站。

3. 报考的基本步骤包括哪些?

报考基本步骤一般包括:

第一,认真阅读《招考公告》《招考简章》,了解基本的政策和要求,特别是报考条件,选择与自己条件相符的招录机关和职位。

《招考公告》《招考简章》可通过以下网站查询:

中央机关及其直属机构2017年度考试录用公务员专题网站

人力资源和社会保障部门户网站

国家公务员局门户网站

中国政府网

新华网

中国网

中青在线网

新浪网

搜狐网

网易

中华网

中国教育在线

第二,"报考人员注册"。报考人员报考前,登录考录专题网站进行"报考人员注册"。注册前,请报考人员认真阅读题为《诚信报考　从我做起》的致广大考生的一封信,并签署《报考公务员诚信承诺书》。

第三,报考人员填写报名信息并提交上报。报考人员要认真如实填报相关信息,遇有问题及时咨询。

第四,查询资格审查结果。提交报名信息后,报考人员可于报名次日起 2 日内登录考录专题网站查询是否通过资格审查。

第五,查询报名序号。通过资格审查的报考人员,可登录考录专题网站查询报名序号。

第六,报名确认。通过资格审查的报考人员需要在期间内登录所选考试地考试机构网站进行网上报名确认。报名确认主要包括:报考人员承诺遵守考试纪律、上传照片、缴纳考试费用。

未进行报名确认的报考人员,视为自动放弃考试资格。

第七,打印准考证。报考人员需要在期间内登录所选考试地考试机构网站自行下载并打印准考证。

第八,参加公共科目笔试。考生须携带准考证、与报名时一致的本人有效居民身份证到指定考点参加考试。未带本人有效居民身份证的考生不能参加考试。

第九,查询成绩。通常国考为 1 月中旬,考生可以登录考录专题网站查询公共科目笔试成绩和是否进入面试范围。

第十,按规定参加面试、体检和考查等。未按规定的时间参加面试、体检的考生,将视为自动放弃相应的资格。

三、关于报考职位

1. 报考人员可以报考几个职位?

报考人员只能报考一个职位。

2. 什么情况下报考人员可以更改报考职位?

招录机关在对报考人员报考信息进行资格审查之前,报考人员可以更改报考职位。

没有通过招录机关资格审查的报考人员,在报考期间内,可以改报其他职位。

3. 报考某一职位资格审查未通过后,还可以再次报考该职位吗?

报考人员报考某一职位资格审查未通过后,不可再报考同一职位。

4. 资格审查通过后,还可再报考其他职位吗?

通过招录机关资格审查的报考人员,不可再改报其他职位。

四、关于考试考务费用

1. 考试考务费用是多少?

考试考务费用以当地财政、物价部门核定的标准为依据。具体费用标准可以向承担此次考务工作的当地考试机构咨询。

2. 哪些人员可以减免考务费用?

建档立卡贫困家庭人员和城市低保人员,可以直接与当地考试机构联系办理报名确认和减免费用的手续。建档立卡贫困家庭的报考人员凭其家庭所在地的县(市、区)扶贫办(部门)发放的档案卡、手册或出具的贫困证明(原件及复印件)等材料,享受最低生活保障城镇家庭的报考人员凭低保证(原件及复印件)或其家庭所在地的县(市、区)民政部门出具的享受最低生活保障的证明,经各省(自治区、直辖市)负责考务工作的部门审核确认后,办理减免考务费用的手续。

五、关于资格审查

1. 报名期间,资格审查工作由谁负责?

报名期间的资格审查工作由招录机关负责。

2. 资格审查的时间有规定吗?

招录机关应在报考人员报名次日起 2 日内提出资格审查意见。

3. 资格审查的主要依据是什么?

招录机关根据公务员录用相关法律法规和公布的报考资格条件、拟任职位所要求的资格条件对报考申请进行审查,审查意见包括“合格”“不合格”“退回补充资料”三种情形。

4. 对职位要求的资格条件有疑问的,如何咨询?

对《招考简章》中职位要求的资格条件和其他内容有疑问的,请直接与招录机关联系,招录机关的咨询电话可通过考录专题网站查询。

六、关于填写《报名登记表》和《报名推荐表》

1. 填写《报名登记表》和《报名推荐表》需要注意什么?

填写《报名登记表》和《报名推荐表》,必须真实、全面、准确。主要信息填报不实的,按弄虚作假处理;信息填报不全导致未通过招录机关资格审查的,后果由报考人员自负。所有报考人员均需填写《报名登记表》,但《报名推荐表》仅限普通高等院校应届毕业生填写。

2.《报名登记表》和《报名推荐表》何时提供?

进入面试或专业能力测试的人员,在参加面试或专业能力测试前应提交《报名登记表》,普通高等院校应届毕业生同时应提交《报名推荐表》。面试或专业能力测试将于 2017 年 3 月底前进行,请报考人员提前准备好相关材料。

3. 社会在职人员是否需要填写在校期间的学习成绩?

社会在职人员不必填写在校期间的学习成绩。个别招录机关有专门要求的,从其要求。

七、关于笔试

1. 公共科目笔试科目是如何设置的?

公共科目笔试包括行政职业能力测验和申论两科。

所有考生均参加行政职业能力测验和申论两科考试。

2. 什么时间进行公共科目笔试?

公共科目笔试的时间为上午 9:00—11:00 进行行政职业能力测验考试,下午 14:00—17:00 进行申论考试。

3. 如何查询公共科目笔试成绩?

考生可凭本人身份证号和准考证号登录考录专题网站,查询公共科目笔试成绩、最低合格分数线和进入面试人员名单。

4. 如何划定公共科目笔试最低合格分数线?

公共科目笔试结束后,中共中央组织部、人力资源和社会保障部、国家公务员局研究确定最低合格分数线。

省级以上职位和地市以下职位合格分数线会有所区别。

西部地区和艰苦边远地区职位、基层职位和特殊专业职位等,在划定最低合格分数线时将予以政策倾斜。

5. 关于 8 个非通用语专业的考试安排情况?

报考中共中央对外联络部、中央编译局、外交部、文化部、商务部、国家旅游局、国家外国专家局、全国友协、中国贸促会等部门日语、法语、俄语、西班牙语、阿拉伯语、德语、朝鲜语(韩语)、葡萄牙语等 8 个非通用语职位的人员,先参加外语水平测试,然后参加公共科目笔试,其外语水平测试成绩与公共科目考试成绩一同公布,并按各占 50% 的比例合成笔试综合成绩。考试地点均在北京。请报考 8 个非通用语职位的报考人员在网上报名时,务必将公共科目笔试考点选择为北京。

6. 关于中国银监会及其派出机构特殊专业职位的考试安排情况?

报考特殊专业职位(银监财经类)、特殊专业职位(银监综合类)、特殊专业职位(银监法律类)、特殊专业职位(银监财会类)、特殊专业职位(银监计算机类)的人员,先参加专业科目考试,然后参加公共科目笔试,其专业科目考试成绩与公共科目考试成绩一同公布,并按各占50%的比例合成笔试综合成绩。考试地点设在全国各省会城市、自治区首府和直辖市,不在其他城市设置考点。请以上报考人员在网上报名时,选择合适的公共科目笔试考点。

7. 关于中国证监会及其派出机构特殊专业职位的考试安排情况?

特殊专业职位(证监财金类)、特殊专业职位(证监会计类)、特殊专业职位(证监法律类)、特殊专业职位(证监计算机类)的人员,先参加专业科目考试,然后参加公共科目笔试,其专业科目考试成绩与公共科目考试成绩一同公布,并按各占50%的比例合成笔试综合成绩。考试地点设在全国各省会城市、自治区首府和直辖市,不在其他城市设置考点。请以上报考人员在网上报名时,选择合适的公共科目笔试考点。

8. 关于公安机关人民警察职位的考试安排情况?

报考公安机关人民警察职位的人员,先参加专业科目考试,然后参加公共科目笔试,其专业科目考试成绩与公共科目考试成绩一同公布,并按行政职业能力测验、申论、专业科目考试成绩各占40%、30%、30%的比例合成笔试综合成绩。考试地点设在全国各省会城市、自治区首府和直辖市,不在其他城市设置考点。请以上报考人员在网上报名时,选择合适的公共科目笔试考点。

八、关于面试和专业能力测试

1. 如何确定参加面试和专业能力测试人员名单?

笔试成绩公布后,中央公务员主管部门将根据《招考简章》确定的面试人员比例,从通过笔试最低合格分数线的考生中,按照成绩从高到低的顺序,确定各职位参加面试和专业能力测试的人员名单。

2. 是否所有职位都要在面试阶段进行专业能力测试?

不是。只有《招考简章》事先公布的需要在面试阶段进行专业能力测试的职位,才进行专业能力测试。

3. 如何查询是否进入面试和专业能力测试?

各职位参加面试和专业能力测试的人员名单将在考录专题网站上统一公布,考生可登录该网站查询是否进入面试和专业能力测试。

4. 什么时间进行专业能力测试?

专业能力测试的时间、地点、考试大纲及要求等内容由招录机关确定。考生可在公共科目笔试成绩公布后,登录考录专题网站或招录机关网站查询。

5. 专业能力测试如何组织实施?

专业能力测试由招录机关负责组织实施。考生可登录招录机关网站查询专业能力测试安排情况。

6. 什么时间进行面试?

面试具体时间由招录机关确定,一般在 3 月底前进行。考生可登录考录专题网站或招录机关网站查询招录机关面试公告,也可直接向招录机关电话咨询。

九、如何进行调剂?

招考职位上通过公共科目最低合格分数线的人数达不到面试人员比例时,将通过调剂补充人选,调剂面向社会公开进行。具体办法在公共科目笔试成绩公布后可以在考录专题网站上查询。调剂结束后,进入面试和专业能力测试的人选名单将在考录专题网站上统一公布。进入调剂人选名单的,不得参加其他职位递补。

十、关于体检和考查

1. 如何确定体检和考查的人选?

招录机关按照综合成绩从高到低的顺序确定参加体检和考查的人选。

2. 综合成绩如何计算?

一般职位综合成绩的计算方法为:公共科目笔试、面试成绩各占 50%,进行专业能力测试的,面试成绩和专业能力测试成绩共占 50%,公共科目笔试、面试、专业能力测试成绩均按百分制折算。专业能力测试成绩一般不超过综合成绩的 15%,具体各职位所占分值比重见《招考简章》。

3. 体检和考查由谁负责?

体检和考查由招录机关负责。

4. 体检依据什么标准进行?

体检按照公务员录用体检标准及操作手册等组织实施。

5. 对体检结果有疑义的,如何提出复检申请?

考生对非当日、非当场复检的体检项目结果有疑问时,可以在接到体检结论通知之日起 7 日内,向体检实施机关提交复检申请,体检实施机关应尽快安排考生复检。体检实施机关对体检结论有疑问的,在接到体检结论通知之日起 7 日内决定是否进行复检。复检只能进行 1 次,体检结果以复检结论为准。《公务员录用体检特殊标准(试行)》中的所有体检项目均不进行复检。

6. 哪些部门执行《公务员录用体检特殊标准(试行)》?

公安机关、国家安全机关、监狱、强制隔离戒毒管理机关的人民警察和人民法院、人民检察院的司法警察职位,以及外交、海关、海事、检验检疫、安监等部门对身体条件有特殊要求的职位录用公务员,应按照《公务员录用体检特殊标准(试行)》的规定检查有关体检项目,该特殊标准未做规定的职位或项目,其公务员录用的体检标准仍按照公务员录用体检通用标准执行。

7. 录用人民警察需要测评体能吗?

公安机关录用人民警察需进行体能测评,按照《公安机关录用人民警察体能测评项目和标准(暂行)》执行。国家安全机关、监狱、强制隔离戒毒管理机关的人民警察和人民法院、人民检察院的司法警察职位招录时需测评体能的,参照《公安机关录用人民警察体能测评项目和标准(暂行)》执行。

8. 在什么机构进行体检?

在京的招录机关,在中央公务员主管部门指定的体检医疗机构进行体检。京外的招录机关,在中央公务员主管部门或当地省级公务员主管部门指定的体检医疗机构进行体检,尚未指定体检机构的,要在市(地)级以上综合性医院进行体检。

9. 考查主要了解哪些内容?

招录机关要按照好干部的标准,根据拟录用职位的要求,采取多种形式,全面了解考查对象的政治思想、道德品质、能力素质、遵纪守法、自律意识、学习和工作表现以及需要回避的情况等内容。

10. 考查时需要对报考人员进行资格复审吗?

录用考查是对考生资格条件认定核实的关键环节,需要对考生进行资格复审。录用考查阶段资格复审,主要是核实考查对象是否符合规定的报考资格条件,提供的报考信息和相关材料是否与真实经历背景相一致,是否具有报考回避的情形等方面的情况。

十一、关于违纪违规考生处理

1. 哪些行为记入公务员录用考试诚信档案?

考生有违纪违规和其他不诚信行为的,记入公务员录用考试诚信档案库,作为公务员录用考查的一项重要参考。

2. 对违纪违规行为,有哪几种处理方式?

在本次招考中,考生有违纪违规行为的,根据《公务员考试录用违纪违规行为处理办法》(人社部发〔2016〕85 号),按照有关规定分别给予取消报考(考试)资格、考试成绩无效、不予(取消)录用等相应处理。其中,违纪违规情节严重和特别严重的，由中央公务员主管部门进行认定和处理。被认定为严重或特别严重违纪违规的考生，不得确定为拟录用人选。公务员主管部门或公务员考试机构将视情况向考生所在单位（学校）进行通报。

3.《刑法》对于考试作弊有哪些新规定？

《刑法修正案（九）》在第二百八十四条规定："在法律规定的国家考试中，组织作弊的，处三年以下有期徒刑或者拘役，并处或者单处罚金；情节严重的，处三年以上七年以下有期徒刑，并处罚金""为他人实施前款犯罪提供作弊器材或者其他帮助的，依照前款的规定处罚""为实施考试作弊行为，向他人非法出售或者提供第一款规定的考试的试题、答案的，依照第一款的规定处罚""代替他人或者让他人代替自己参加第一款规定的考试的，处拘役或者管制，并处或者单处罚金"。

考生和其他人员违反《刑法修正案（九）》构成犯罪的，将依法追究刑事责任。

4. 对雷同答卷如何处理？

在阅卷过程中发现报考者之间同一科目作答内容雷同，并经阅卷专家组确认的，由具体组织实施考试的考试机构给予该科目（场次）考试成绩无效的处理。报考者之间同一科目作答内容雷同，并有其他相关证据证明其作弊行为成立的，视具体情况按照《公务员考试录用违纪违规行为处理办法》第七条、第八条的规定处理。

十二、关于考试辅导教材

1. 是否有指定的公务员考试教材和培训班？

中共中央组织部、人力资源和社会保障部、国家公务员局从未指定任何单位和个人编写过有关公务员考试的教材，也不委托任何单位和个人举办有关公务员考试的培训班。本次考试不指定考试辅导用书，不举办也不委托任何机构举办考试辅导培训班。目前社会上出现的假借公务员考试命题组、考试教材编委会、中央公务员主管部门授权等名义举办的有关公务员考试辅导班、辅导网站或发行的出版物等，均与本次考试无关，敬请广大报考人员提高警惕，切勿上当受骗。

2. 报考人员如何备考？

公务员考试主要测查从事机关工作所应具备的基本能力和基本素质，这些能力和素质主要靠平时学习、工作和生活的长期积累，很难在短期内取得很大提高。考试前，报考人员应仔细阅读《中央机关及其直属机构考试录用公务员公共科目考试大纲》，并结合职位需求和自身条件，有针对性地准备考试。

十三、关于《中央机关及其直属机构2017年度考试录用公务员报考指南》的适用范围

《中央机关及其直属机构2017年度考试录用公务员报考指南》仅适用于此次2017年度中央机关及其直属机构公务员招考。

第四节　报考的网络程序

一、网上报名应注意哪些事项?

1. 报考人员应仔细阅读《招考公告》和《报考指南》等内容,熟悉公务员招考的相关政策。对需要填写的每一项内容要认真考虑,慎重填报,严肃对待。

2. 由于需要填写的注册及报名信息较为详细,为了确保报名资料提交成功,加快报名速度,建议报考人员在网上报名前,先将需要填写的内容用Word或记事本等软件编辑录入。在网上填写报名表时,将已准备好的资料一一粘贴到表中即可。

3. 考生报名截止前,退回补充资料的考生,需按招考部门要求修改或补充完所需信息后,再进行一次报考职位操作,如不执行报考职位操作,招考部门将无法审核考生信息。考生报名截止后,审核状态为退回补充资料的考生将无法修改个人信息和报考职位。

4. 为防止他人修改报考人员的个人资料,报考人员注册或登录完毕后,必须退出系统并关闭浏览器。

二、网上报名及查询的具体步骤是什么?

1. 查询招考职位

报考人员应认真了解基本的政策和要求,仔细阅读《招考简章》,结合自身条件,慎重选择适合自己的招考职位。

2. 进行“报考人员注册”

报考人员报名前,必须进行“报考人员注册”,注册时注意按要求填写有关内容,特别是“身份证”“密码”“姓名”“学历”“报考人员类别”、固定电话或手机号码、“邮箱”等信息的录入一定要准确,一个身份证只能注册一次,切勿重复注册!

3. 进入“报名情况浏览”

报考人员登录后,选择“报名情况浏览”后,可选择“查看部门报名情况”或

“查看本人所报考职位情况”，报名情况定时刷新，供选择职位时参考。

4. 进入“填写详细信息”

报考人员登录后，进入报考人员首页，选择“填写详细信息”，请先按照表格和给定的格式填写有关信息。注意：标有“ * ”的项目必须填写，报考人员填写的文字内容不要超过限定的字符数，填写完毕检查无误后点击保存即可返回首页。

5. 进入“报考职位”

选择“报考职位”即可进入下一步，输入部门代码或者选择部门名称为查询条件，然后点击“查询”进入下一步。选择报考人员拟报考的职位，选择是否同意调剂，按下“报考此职位”按钮即可完成报名。报考人员如需改报其他职位，只需使用已注册的身份证号和密码登录，进入“报考职位”一栏重新报考其他职位即可。

考试所在地是报考人员选择参加公共科目笔试的地点。

6. 进入“确认报考信息”

报考人员报考完成后，可点击“确认报考信息”检查自己是否报考成功。

7. 职位退订功能

报考人员在报考职位后，未审查之前，可以用退订职位功能退订原有的职位变成未报考状态。如报考人员需在审查之前修改报考信息，系统会根据当前报考人员报考的职位要求对学历、政治面貌、具有基层工作经历的年限、相关基层工作经验这四项信息进行判断，若报考人员修改的结果不符合当前报考职位的要求则提示报考人员先退订职位后再做修改，此功能在报考人员确认报名信息及报考人员报考信息修改页面提供。（注：退订职位功能仅在报考人员报考职位未审查及退回资料时可以使用，若职位已审查通过或未通过均不可退订。）

8. 进入“资格审查结果查询”

报考人员报名次日起 2 日内，登录考录专题网站，选择“资格审查结果查询”，可以看到报考申请审查结果。

9. 进入“注册信息修改”

报考人员登录后，选择“注册信息修改”，按下按钮，进入下一页面，即可更改相应的内容。

10. 报名资料更改

报名资料更改有一定的条件：

更改个人资料——仅限报考人员处于未审查或审查不合格时（更改个人资料含更改考试地点）；

更改报考职位——在“未审查”时可浏览报名情况进行改报；或“资格审查不通过”时改报其他职位；

更改考试地点——修改时间截至资格审查结束。

考生如对当前资格审核状态(合格或不合格)有疑问,请与招考单位沟通后再在系统中进行操作,在此之前请不要改报职位或退订职位或修改任何个人信息。

11. 个人密码管理

报考人员登录后,选择“个人密码管理”按钮,修改相应的内容之后,点击“确定”按钮。

报考人员请牢记密码,忘记密码时,可凭借注册时所填写的密码提示问题或邮箱找回密码。

12. 查询报名序号

报考人员登录后,选择“报名序号查询”,可查询自己的报名序号。

13. 下载和打印准考证

报考人员登录所在考区考试机构网站,进入公务员考试首页,选择“准考证下载和打印”按钮,在网上填写报考人员的身份证号和报名序号,即可下载和打印准考证。

14. 笔试成绩查询

报考人员进入报考人员首页,点击“公共科目笔试成绩查询”,填写身份证号和准考证号,即可查询本人笔试考试成绩。此功能在笔试成绩公布时方可使用。

15. 面试成绩查询

报考人员进入报考人员首页,点击“面试成绩查询”,填写身份证号和准考证号,即可查询本人面试考试成绩。此功能在面试成绩公布时方可使用。

三、报名之后可否浏览、修改报名信息?

报考人员填写的报名信息在招录机关未审查报考申请之前和资格审查未合格的情况下,可以修改。报考申请审查合格人员不允许修改除考试地点外的其他信息,所以请在报名时务必准确填写报名信息。

四、网页内容总不刷新怎么办?

为保证随时看到最新的网页内容,请在每次使用本系统前,按以下步骤操作:

1. 请点屏幕上方菜单的[工具]-[Internet 选项];
2. 在“常规”页“浏览历史记录”栏中点[设置];
3. 在“检查网页的较新版本”栏中选“自动”选项;
4. 点[确定]-[确定]。

五、报名资料提交后，成绩等栏为什么会截取部分内容？

截取部分内容是因为填写内容过长，请适当缩减。

六、下载后的文件如何打开？

报考人员从《招考公告》公布的网站下载文件类型有：

.rar、.zip、*.doc、*.xls。

*.rar 文件用 WinRAR 打开，

*.zip 文件用 WinZIP 打开；

*.doc 文件用 Word 打开，

*.xls 文件用 Excel 打开。

注："*"代表文件名称。

七、关于网上报名信息安全问题应注意哪些情况？

1. 为确保信息安全，避免被他人篡改，请在每次使用本系统前，按以下步骤操作：

(1)请点屏幕上方菜单的[工具]-[Internet 选项]；

(2)在"内容"页中点[自动完成]；

(3)在"自动完成设置"窗口中撤销"表单""表单的用户和密码"选项；

(4)点[清除表单]-[确定]-[确定]-[确定]。

(5)为了保证您的报名信息安全，每台机器不允许两个或两个以上账户同时进行报名操作。请在登录完成相关操作后，点击"退出系统"按钮。如未按要求退出，当前账户 20 分钟内将无法在本机登录系统。

2. 要避免多人在同一台打开的机器上报名，如需多人使用同一台机器，则应注意：一人报名完毕并安全退出系统后(或关机重启机器后)，第二人方可开始报名。

3. 请尽量不要通过其他网站跳转的方式进入报名网站，防止进入假的"钓鱼"网站，造成个人信息泄露，影响正常报名。请在浏览器地址栏中直接输入网址，进入考录专题网站。

4. 推荐使用 IE 浏览器访问考录专题网站，如 IE 浏览器版本较高(IE10 及以上)，请选择兼容模式浏览。

第五节 考务安排及常见相关问题

一、什么是报名序号？何时可以查询报名序号？

报名序号是报考人员报名确认和上网打印准考证的关键号码，务必牢记。通过资格审查的报考人员可在规定的时间凭本人身份证号和注册密码登录考录专题网站查询自己的报名序号。

二、报名确认的方式、时间和地点是怎样的？

参加公共科目笔试的报考人员，均需进行报名确认。报名确认一般采取网上确认的形式。

各地考试机构网上确认的网址、咨询电话，可在考录专题网站查询。

无法办理网上确认的报考人员，需到考试机构现场确认。

三、如何办理报名确认？

网上确认的基本程序：

1. 报考人员通过报名序号和身份证号登录所在考区网上确认系统；

2. 阅读、熟悉考场规则、相关考试违法违纪违规行为处理的规定，并做出诚信考试的承诺。

3. 报考人员上传本人近期免冠正面电子照片[蓝底证件照，jpg 格式，二寸(35 毫米×45 毫米)、20Kb 以下、以当地考试机构网上明示的规格要求为准，对不符合规格的数码照片建议用图像处理软件另存为符合要求的照片]；

4. 上传照片审核通过后，报考人员网上支付考试费用，报名确认结束。

以下报考人员还需要现场办理相关手续：

①更改姓名中错别字或身份证号中不涉及出生年月的个别错误数字的报考人员；

②建档立卡贫困家庭和享受最低生活保障城镇家庭报考人员；

③其他经当地考试机构确认需现场办理的事项。

这些报考人员应关注确认网站发布的信息或拨打咨询电话，按考试机构指定的时间、地点和要求办理相关手续。

未按期参加报名确认者视为放弃考试资格。

四、报名确认时可不可以更改考试地点?

确有特殊原因可以更改考试地点。报考人员想到哪个省(自治区、直辖市)参加考试,应关注该省(自治区、直辖市)报名确认网站发布的信息或电话咨询,获知办理更改及确认手续的时间、地点和要求。

报名确认后,报考人员不能再更改考试地点。

五、报考人员可否更改个人信息?

报名确认中,有两类报名信息经当地考试机构同意后可以修改:姓名中的错别字、身份证号中不涉及出生年月的个别错误数字。其他报名信息,未经招录机关同意,不得更改。

报考人员更改报名信息均应填写《报名信息更改申请表》。

报考人员要修改姓名中明显的错别字时,须出示本人有效居民身份证,只有身份证号与报名信息库中身份证号一致时才可以更改。同样,在姓名一致的情况下,当发现信息库中的身份证号与报考人员出示本人有效居民身份证中的身份证号有个别数字出入时,若该数字不涉及出生年月,才可以更改。

六、如何办理减免考试费用手续?

减免考试费用的报考人员,必须携带以下材料,由各省(自治区、直辖市)负责考务工作的部门审核确认后,办理减免考试考务费用的手续:

1. 建档立卡贫困家庭的报考人员须携带家庭所在地的县(市、区)扶贫办(部门)发放的档案卡、手册或出具的贫困证明(原件及复印件)等材料;

2. 享受最低生活保障城镇家庭的报考人员须携带低保证(原件及复印件)或其家庭所在地的县(市、区)民政部门出具的享受最低生活保障的证明。

办理减免手续的方式和时间由各地考试机构自行确定。

七、如何打印准考证?

完成报名确认后,报考人员应在期间内登录所选考试地考试机构网站,通过报名序号和身份证号自行查询、下载并打印准考证,也可通过考录专题网站查询打印网址。打印中如遇问题请与当地考试机构联系解决。

八、笔试时要注意哪些事项?

1. 必须带齐准考证、本人有效居民身份证,方可进入考场。进入考场时要服从工作人员的安排。

2. 监考人员将在考前20分钟左右宣读有关的考试注意事项,建议考生提前到达考场。

3. 行政职业能力测验一律用2B铅笔在答题卡上填涂作答,申论一律用黑色字迹的钢笔、签字笔作答。报考人员自备橡皮、2B铅笔、黑色字迹的钢笔、签字笔。

4. 严禁将各种电子、通信、计算、存储或其他有关设备带至座位。

5. 考试开始30分钟后,不得入场;考试期间,不得提前退场。

6. 不能将答题卡、试卷、草稿纸等带出考场。

7. 必须遵守考场规则,若有违纪违规行为的,将按违纪违规行为处理办法进行处理。

请报考人员在考试前一天熟悉考场地址和交通路线。

九、考试前遗失了身份证怎么办?

遗失本人有效居民身份证的报考人员,需及时到公安部门补办临时身份证。其他证件不能代替居民身份证。

十、如何查询笔试成绩?

1月中旬,报考人员可通过身份证号和准考证号在考录专题网站上查询自己的笔试成绩。

十一、如何获得笔试成绩单?

考试有时不下发考试成绩单。报考人员确实需要的,可在规定时间向当地省级考试机构申请,由当地省级考试机构负责出具成绩证明。

常见相关问题

一、基层工作经历

招考职位明确要求有基层工作经历的,报考人员必须具备相应的基层工作经历。

基层工作经历,是指具有在县级以下党政机关、国有企事业单位、村(社区)组织及其他经济组织、社会组织等工作的经历。

离校未就业高校毕业生到高校毕业生实习见习基地(该基地为基层单位)参加见习或者到企事业单位参与项目研究的经历,可视为基层工作经历。在军队团和相当于团以下单位工作的经历,可视为基层工作经历。

报考中央机关的人员，在地(市)直属机关工作的经历，也可视为基层工作经历。

如何判断？

人员	经历
高校毕业生	离校未就业高校毕业生到高校毕业生实习见习基地(该基地为基层单位)参加见习或者到企事业单位参与项目研究的经历，可视为基层工作经历。
军队	在军队团和相当于团以下单位工作的经历，可视为基层工作经历。
报考中央机关	在地(市)直属机关工作的经历，也可视为基层工作经历。
四项目人员	招考职位要求有农村基层服务项目工作经历的，报考人员应为服务期满且考核合格的“大学生村干部”、“农村义务教育阶段学校教师特设岗位计划”“三支一扶”计划和“大学生志愿服务西部计划”等服务基层项目人员

如何计算年限？

<table>
<tr><th>报考人员</th><th>考试时间</th><th>截止时间</th></tr>
<tr><td>基层党政机关、事业单位、国有企业工作的</td><td>自报到当日算起</td><td rowspan="5">相应的公务员考试公告中都会明确规定。2017 年国家公务员考试基层工作经历截止时间是 2016 年 10 月 31 日</td></tr>
<tr><td>“选聘高校毕业生到村任职”“三支一扶”“大学生志愿服务西部计划”等中央和地方基层就业项目人员</td><td>自报到当日算起</td></tr>
<tr><td>其他经济组织和社会组织等单位工作的人员</td><td>自报到当日算起</td></tr>
<tr><td>自主创业并办理工商注册手续人员</td><td>自营业执照颁发之日算起</td></tr>
<tr><td>灵活就业形式初次就业人员</td><td>自登记灵活就业并经审批确认起始时间算起</td></tr>
</table>

基层工作经历常见问题

1. 什么是基层工作经历？

基层工作经历，是指具有在县级以下党政机关、国有企事业单位、村(社区)组织及其他经济组织、社会组织等工作的经历。离校未就业高校毕业生到高校毕业生实习见习基地(该基地为基层单位)参加见习或者到企事业单位参与项目研究的经历，可视为基层工作经历。在军队团和相当于团以下单位工作的经历，可视为基层工作经历。报考中央机关的人员,在地(市)直属机关工作的经历,也可视为基层工作经历。

应届毕业生在校期间的社会实践经历,不能视为基层工作经历。大学生在校期间参加相关工作的,即使与单位签订劳动合同并开始缴纳社会保险,也不视为基层工作经历。

2. 具有基层工作经历的应届毕业生,以何种身份报考?

具有基层工作经历的应届毕业生,可按应届毕业生身份报考。如果符合职位规定的基层工作年限,也可以报考要求具有基层工作经历的职位。

3. 哪些属于参加基层项目的人员? 如何认定?

招考职位明确要求有基层工作经历的,报考人员必须具备相应的基层工作经历。

考生应该严格对比个中详细规定,如遇此规定不能很好解释的情况,一定要打电话向招考单位确认。

4. 基层工作经历起始时间如何界定?

在基层党政机关、事业单位、国有企业工作的人员,基层工作经历时间自报到之日算起。

参加“选聘高校毕业生到村任职”“三支一扶”(支教、支农、支医和扶贫)“大学生志愿服务西部计划”“农村义务教育阶段学校教师特设岗位计划”等中央和地方基层就业项目人员,基层工作经历时间自报到之日算起。到基层特定公益岗位(社会管理和公共服务)初次就业的人员,基层工作经历时间从工作协议约定的起始时间算起。

离校未就业高校毕业生到高校毕业生实习见习基地(该基地为基层单位)参加见习或者到企事业单位参与项目研究的,视同具有基层工作经历,自报到之日算起。到其他经济组织、社会组织等单位工作的人员,基层工作经历时间以劳动合同约定的起始时间算起。

自主创业并办理工商注册手续的人员,其基层工作经历时间自营业执照颁发之日算起。以灵活就业形式初次就业人员,其基层工作经历时间从登记灵活就业并经审批确认的起始时间算起。

5. 由于是聘用制,没转档案,毕业的时候签的是另一家单位,该如何证明工作经验?

如果单位可以出具工作证明,可以算做基层工作经验。

二、报考专业问题

（一）就“小”不就“大”

在职位表里会看到各种各样的专业要求，其中有些职位要求不说明具体专业名称，而是设置一个大的专业框架，比如财经类、管理类、教育类等，这种设定外延很大，通常一个类别之下包含了十几个乃至几十个具体专业，符合条件的考生人数就会大量增加，客观上也会加剧竞争，中公教育专家建议考生们要慎重考虑这类专业要求宽泛的职位，而转向一些明确具体专业的职位，尤其是一些细化到研究方向的职位，要求越细则门槛越高，竞争力度也会降低。

（二）避“热”趋“冷”

考生所学专业热门选择性大当然是绝对优势，但对于公务员考试选职位来说，“弱水三千也只能取一瓢”。尽管眼前尽是“落英缤纷”“数不胜数”，也要舍本求末采撷最宜。中公教育专家建议想在本次考试中一举成“公”的考生可避开一些热门职位而选择一些相对“冷”的职位，这样概率会更大一些。

留学篇

目前,根据相关调查显示,大学生群体仍是中国留学生的主要群体。为什么大学生要选择留学?大学生留学的目的是什么?对于当代大学生来说,拓展视野、学习知识和提高个人能力一直都是主要目的。

第一节　留学美国

一、为什么选择美国留学?

近年来,随着我国对外开放的不断深化以及国民经济水平的不断提高,赴美留学群体不断扩大,越来越多的本科毕业生会选择到国外高校深造。选择去哪个国家留学深造,其实最重要的问题是——我为什么要选择去这个国家留学?要回答这个问题不仅要综合考虑该国的高等教育体系,还要结合自身情况,包括选择的专业、家庭实力等情况做出最优决定。

(一)美国高等教育体系

大多数人对于美国高等教育的印象是宽进严出,但这可能是人们对美国普通大学的印象。实际上美国的社区大学一般都是宽进宽出,而美国知名顶尖大学由于录取名额十分有限,却是一种严进严出的状态,不仅申请竞争激烈,而且入读后依然要保持较高的 GPA(Grade Point Average,即平均成绩点数,美国普通课程的 GPA 满分是 4.0 分,即 A = 4,B = 3,C = 2,D = 1。而一些高级课程,如荣誉课程,AP 课程等,单科 GPA 满分可达 5 分,甚至 6 分。GPA 的精确度往往达到小数点后 1 到 2 位,如:3.0、3.45)。

链接:社区大学

社区大学是美国 2 年制学院,为毕业学生提供副学士学位。通常学生通过社区大学完成两年的本科通识课程,再升入综合性大学完成后两年的专业课程,最后拿到学士学位。

社区学院通常会和当地大学签订升学协议,只要学生达到升学要求,就可以直接进入协议院校继续专业课程的学习。

美国共有1200多所社区大学,拥有一千多万注册学生。社区大学的学生平均年龄是29岁,40%的学生21岁以下,60岁以上的老人大学生也十分常见。其中60%的学生是边工作边读书,只有很少的社区大学附带学生宿舍。社区大学38%的资金来自州政府,学费收入占20%左右,地方政府的资金接近20%,剩余的由其他形式的资金来源补足。

社区大学的年平均学费为2000多美元,普通公立大学的年均学费接近6000美元,社区大学的学费不足公立大学的一半。不仅如此,如果学生上社区大学,学校离家较近,食宿费用上也可以节省很多。

著名的纽约城市大学就是一所社区大学,并且提供大学本科和研究生教育。美国前国务卿鲍威尔是该校的毕业生。

20世纪美国的城市化、工业化和经济高速发展对人才的需求促进了社区大学的发展。“二战”后,很多退伍兵返回校园读书,也促进了社区大学和成人教育的发展。60年代,“婴儿潮”一代大量涌入社区大学;70年代,越战退伍兵也曾是社区大学的重要生源。80年代后,社区大学加强了和社区以及当地中学的互动。

在假期,社区大学专门为中小学生开办一些课程,从音乐舞蹈、绘画、体育、烹调、写作,到科技、计算机、甚至企业管理,样样都有。除了学位课程,社区大学还提供大量的成人培训课程。有接近一半的学生并不是为了拿学位,他们的主要目的是提高自己的知识水平或获得所需的职业技能。社区大学也常常为社区居民举办知识讲座。

社区大学的优势:

①学费较低,每年学费生活费总额在15万人民币左右。

②与当地学校有升学协议,是进入综合性大学的跳板。例如加州很多社区大学就和加州大学及加州州立大学各个分校都有升学协议,只要学生达到入学要求即可升入UC(美国加州大学)的学校。

③录取要求不高。申请社区大学,通常只要求托福80分左右的成绩,不需要参加SAT(Scholastic Assessment Test,即学术能力评估测试。由美国大学委员会(College Board)主办,SAT成绩是世界各国高中生申请美国名校学习及奖学金的重要参考)考试。对于没有时间准备SAT又想进入名校的学生,是很好的选择。

④申请录取快,截止日期晚。通常情况下,7月份申请当年秋季入学都还来

得及。

社区学院劣势：

①如果学生无法保证在读 GPA，就无法顺利升入综合型大学。

②签证通过率与综合大学相比较低，但是每年也有很多学生申请社区学院并顺利拿到签证，只要准备充分，就没有问题。

美国的教育体系按照不同的标准，可以划分为各种类型：按照资金来源不同，可以分为私立大学和公立大学；按照学校规模不同，可以分为综合大学和文理学院，前者一般人数多、规模大、师资配备完善，能都提供本科及以上学位课程，后者人数少、规模小，仅提供本科教育，但也有极少数学院可提供研究生课程；按照是否能够提供奖学金，可分为提供奖学金的大学和全自费大学。对于中国本科学生和家长来说，了解美国大学最好的方法可以通过参加国际游学或者美国大学的暑期课程，也可以通过相关网站、书籍、亲友或留学服务机构等获得一些信息。

与本科课程更加注重学生的语言表达能力不同，美国的研究生教育对写作的重视程度很高。本科教育倾向于让学生在阅读文章后在课堂上陈述观点，而研究生和博士教学，更注重学生研究和分析能力的培养。所以，你会感觉到在国外获得硕士或博士学位的人，他们的口语能力可能并没有特别好。相比来讲，人文类专业对英语口语的要求较高，而理工类专业对英语口语的要求相对低一些。

在美国大学里，选课是一门学问，也需要一定的技巧。首先，学生自身也必须了解自己的专业中哪些课程是必修课，哪些课程需要辅修。其次，现在网络技术在校园的应用，让学生很方便地能够通过平台系统了解学校老师的教学水平和受欢迎度。如果要选择很受欢迎的老师的课程，必须要尽早注册和选课，因为这些课程往往很快就会爆满。

（二）留学美国优势

1. 美国学校众多，可选择面广，在这里几乎每个人都能选到合适自己的大学。

2. 专业优势突出，很多美国大学在不同领域的科研和教学都处于世界领先水平。

3. 奖学金丰厚。但 2008 年以后，金融危机对美国大学的影响很明显，很多公立大学的资助被削减，学校不仅提高了学费，而且发放的奖学金也减少了。

4. 学制灵活，可转专业和学校。

从留学的国家选择来说，其实美国是个不错的选择。选择大学阶段留学，对于家庭有一定经济实力、个人有一定追求的学生来说，是非常好的选择；对于无法承担留学费用的家庭来说，出国读研更合适。鉴于上述所说的削减奖学金，美国大学在招生时对于申请奖学金或者助学金的国际学生录取要求更严格。因此，工薪阶层家庭的学生，应当将学费、生活费等内容考虑进去，在能承受的范围内选择学校更为理性。

美国大学的最大优势就在于研究生院。美国大学的研究生院不仅水准高而且可供选择的专业多，医学、法律、商学、工程、教育等都囊括其中。在美国读研究生是进入研究领域的必要途径，没有研究生学位是很难在专业领域里有所发展的。读研究生的费用相对于本科来说要高一些，以 MBA 为例，一年的学费加上生活费至少要 10 万美元，但研究生获得资助的机会也是相当高的。研究生教育对英语要求侧重于专业领域，所以相对于留学生来说，英语一般不是特别大的问题。

二、美国高校及专业介绍

（一）美国大学最佳研究生院排名（2014 年）

商科：哈佛大学和斯坦福大学同时位列第一，宾夕法尼亚大学沃顿商学院位列第三。麻省理工学院斯隆管理学院和西北大学凯洛格管理学院并列位居第四。芝加哥大学布斯商学院位列第六。

教育：范德堡大学皮博迪教育与人类发展学院以其学科优势登顶最佳教育学院第 1 名，位于第 2 位的约翰霍普金斯大学排名在持续攀升——去年从第 18 位上升至第 6 位，再到今年的第 2 位。名次有所起伏的哈佛大学和得州大学分别居于第 3 位和第 4 位，哥伦比亚大学教师学院的排名挤到了第 5 位。

工程：麻省理工学院、斯坦福大学和加州大学伯克利分校仍然位列工程学院排行榜前 3 位。加州理工大学列于第 4 位，其排名上升了 1 位。卡内基梅隆大学与佐治亚工程学院和伊利诺伊大学厄本那 - 香槟分校同时位居第 5 位。

法学：耶鲁大学仍然位居最佳法学院排行榜首位，哈佛大学商学院与斯坦福大学同时位列第 2 位。

最佳商学院排名：

1. 哈佛大学
2. 斯坦福大学
3. 宾夕法尼亚大学沃顿商学院
4. 麻省理工学院斯隆商学院
5. 西北大学凯洛格商学院
6. 芝加哥大学布斯商学院
7. 加州大学伯克利分校哈斯商学院
8. 哥伦比亚大学
9. 达特茅斯学院塔克商学院

10. 纽约州立大学斯特恩商学院
11. 杜克大学富科商学院
12. 弗吉尼亚大学达顿商学院
13. 耶鲁大学
14. 加州大学洛杉矶分校安德森商学院
15. 密歇根大学安娜堡分校罗斯商学院

最佳教育学院排名：

1. 范德堡大学皮博迪教育学院
2. 约翰霍普金斯大学
3. 哈佛大学
4. 德州大学奥斯汀分校
5. 斯坦福大学
6. 哥伦比亚大学教师学院
7. 宾夕法尼亚大学
8. 加州大学洛杉矶分校
9. 俄勒冈大学
10. 威斯康星大学麦迪逊分校
11. 密歇根大学安娜堡分校
12. 加州大学伯克利分校
13. 华盛顿大学
14. 西北大学
15. 密歇根州立大学

最佳工程学院排名：

1. 麻省理工学院
2. 斯坦福大学
3. 加州大学伯克利分校
4. 加州理工大学
5. 卡内基梅隆大学
6. 佐治亚理工学院
7. 伊利诺伊大学厄本那－香槟分校
8. 普渡大学西拉法叶分校
9. 密歇根大学安娜堡分校
10. 南加州大学维特比工程学院

11. 得州农工大学德怀特工程学院
12. 得州大学奥斯汀分校科克雷尔工程学院
13. 康奈尔大学
14. 加州大学圣地亚哥分校雅各布斯工程学院
15. 哥伦比亚大学 FU 基金工程基础与应用科学学院

最佳法学院排名：

1. 耶鲁大学
2. 哈佛大学
3. 斯坦福大学
4. 哥伦比亚大学
5. 芝加哥大学
6. 纽约州立大学
7. 宾夕法尼亚大学
8. 弗吉尼亚大学
9. 加州大学伯克利分校
10. 密歇根大学安娜堡分校
11. 杜克大学
12. 西北大学
13. 康奈尔大学
14. 乔治城大学
15. 得州大学奥斯汀分校
16. 范德比尔特大学

最佳艺术学院排名：

1. 耶鲁大学
2. 罗德岛设计学院
3. 美国芝加哥艺术学院
4. 加州大学洛杉矶分校
5. 弗吉尼亚联邦大学
6. 加州艺术学院
7. 卡内基梅隆大学
8. 克兰布鲁克艺术学院
9. 马里兰艺术学院
10. 哥伦比亚大学

11. 阿尔弗雷德大学

12. 美国加州艺术学院

13. 巴德学院

14. 纽约城市大学亨特学院

15. 天普大学

16. 加州大学圣地亚哥分校

17. 圣路易斯华盛顿大学

（二）几所知名院校推荐

1. 麻省理工学院

麻省理工学院（Massachusetts Institute of Technology），简称麻省理工（MIT），坐落于美国马萨诸塞州剑桥市（大波士顿地区），是世界著名私立研究型大学，被誉为“世界理工大学之最”。麻省理工学院素以世界顶尖的工程学和计算机科学而享誉世界，位列2015—2016年世界大学学术排名（ARWU）工程学世界第一、计算机科学世界第二。

麻省理工学院与斯坦福大学、加州大学伯克利分校一同被称为工程科技界的学术领袖，在工程学和计算机科学方面，3所学校长期占据世界大学学术排名、US News最佳研究生院等权威排名的前3名；而据相关资料统计，麻省理工还拥有16位图灵奖（计算机界最高奖）得主，仅次于伯克利（20位）和斯坦福（18位）位列世界第三。

2015—2016年度，麻省理工学院位列QS世界大学排名世界第一、世界大学排名（US News）世界第二、世界大学学术排名（ARWU）世界第三、泰晤士高等教育世界大学排名世界第五。截至2015年，先后有85位诺贝尔奖得主在麻省理工学院工作或学习过，在全球高校中位列第5名；另据泰晤士高等教育（THE）统计，麻省理工学院在21世纪获得的诺贝尔奖人数位列世界第八。另有两位菲尔兹奖（数学界最高奖）得主曾在麻省理工学院工作过。

麻省理工学院虽然是一所著名的理工学院，但它并不忽视人文学科的教育。罗杰斯院长在1865年建校之初，为学院规定的宗旨之一便是“提供一般的教育，使其在数学、物理、自然科学、英语和其他现代语言以及心理学和政治学的基础上，为学生在毕业后能适应任何领域的工作做好准备。沃克院长加强了课程设置中的社会科学内容，康普顿院长通过建立人文学研究室又给了社会科学以新的重要地位。刘易斯报告否定了学院要像医科和法律学校那样仅为毕业班开设适应职业要求课程的传统看法，认为：“技术的和社会的问题如此错综复杂地交织在一起，以致人文学和社会科学必然成为人的职业所需要的部分”。吉里安院长也指出“需要在科学与人文学之间创造更好的联系,从而能从现代社会的各种问题所形成的障碍中找出一条道路”。因此 MIT 于 1948 年成立了人文学与社会科学分院,后来又增设了政治学系、心理学系和哲学系,分院拥有一批人文学家和社会科学家。人文学系开设历史、文学、写作、人类学、音乐等人文课程,人文课是理工各科学生的第二主修课。内森·西林、西里尔·S. 史密斯、威廉·C. 格林都是 MIT 培养出来的著名人文学者。MIT 拥有世界上第一流的语言学家(罗曼·雅各布逊、乔姆斯基),在语言研究方面一直处于世界领先地位。在社会科学方面,MIT 也拥有一批出类拔萃的专家学者。国家科学基金会在一篇论述 21 世纪社会科学领域中最伟大成就的文章中,曾公布了一批杰出学者的名单,其中有 11 人为 MIT 现任或离任的教师。它表明科技与社会科学之间的相互影响已为人们所承认。这种相互影响在 MIT 的教学和科研工作中,历来体现的很明显。格雷院长曾预言:MIT 对工程技术人员进行人文学科教育的做法,“很有可能对美国的教育产生深远的影响”。以培养工程技术人才为主的 MIT,越来越重视文科教育,目的是为了学生毕业后能顺利地承担高级工作。在 MIT,通识教育与专业教育相结合,为本科生提供了一种平衡的教育。MIT 认为仅发展熟练的技术是不够的,高等教育应使个体有能力和有效地参与集体文化。因而一种整合的教育计划仍是 MIT 本科教育的原则。在 MIT,“越少是越多”指导着本科生课程的设置,给予学生基础知识以帮助他们进行终身的自我教育。更好地学习和掌握有限的基本概念与专业主题比掌握一堆事实更有助于培养未来的专家。尽管内、外部的压力要求 MIT 拓宽课程,但 MIT 仍强调基本原理,不增加课程量。

麻省理工学院要求申请人有强大的科研背景和优秀的成绩,并有一定的研究成果,同时申请时必须与导师取得联系。本科生在申请时申请的学位类型是 MS/PhD,该校的理学硕士(Master of Science)。MIT 每年录取的学生,对其数学、物理及专业课的成绩要求都很高,大部分课程成绩都要在 90 分以上。另外,教授会要学生提供学生本人公开出版或发表的研究成果和论文。申请硬件上,TOEFL 要求最少 100 分或者雅思达到 7 分。MIT 提供秋季招生,入学前一年的九月开放网申,12 月 15 日左右申请截止。

2. 斯坦福大学

斯坦福大学(Stanford University),全名小利兰·斯坦福大学,或译作史丹佛大学,通常直接称作斯坦福大学,坐落于美国加利福尼亚州斯坦福市,是一所享誉世界顶尖的私立研究型大学。该校校区位于加利福尼亚州的帕罗奥图(Palo Alto),与旧金山相邻,占地 35 平方公里,是美国面积第二大的大学,与哈佛大学并列为美国东西两岸的学术重镇。

该校培养了众多高科技产品的领导者及具有创业精神的人才，这其中就包括惠普、谷歌、雅虎、耐克、罗技电子、特斯拉汽车、Firefox、艺电、太阳微系统、NVIDIA、思科、硅谷图形及eBay等公司的创办人，校友涵盖30名富豪企业家及17名太空员，亦为培养最多美国国会成员的院校之一；斯坦福校友创办了众多著名的公司机构，共58名诺贝尔奖得主现或曾于该校学习或工作。根据美国《福布斯》杂志2010年盘点的亿万富翁最多的大学，斯坦福大学名列第二，亿万富翁数量达28位，仅次于哈佛大学，诺贝尔奖得主最多的前十所世界名校之一。

斯坦福是一所大型、拥有高住宿率及招收研究及专业学科生为主的研究型大学。以文理学科为主（美国大多数专业学科，如医学及法律学，多只录取本科毕业生而非高中毕业生），亦有很多与研究生交流的机会。其教学获得西部学校和学院协会的认可。

斯坦福长期以来也是最难入读的高等学府之一。在36631名2016年的本科课程申请者当中，只有2427人获得录取（比率只为6.6%），而2017年录取率更创历史新低，仅为5.7%。本科生于2013—2014年需缴付的学费为42,690美元。斯坦福录取援助的对象并不是美国公民及永久居民，而是国际海外生。这些学生有64%为平均获得31411美元的需要性援助的接收者。在2011—2012学年，大学共给予了一亿二百六十万美元资助3485名学生，每人平均获得40460美元。当中8%的人士是透过一些财政援助计划获得这些资助。斯坦福的无贷款资助政策使多数年收入低于60000美元的家庭不用缴交学费及住宿费。另外，多数年收入低于100000美元的家庭则因此获得了学费豁免（收入达150000美元的也获得一定的学费减免）。有17%的学生获得佩尔助学金（美国大学通用的低收入家庭资助措施）。

斯坦福大学开设的硕士学位不少，中国每年都有很多优秀学生被斯坦福大学的计算机、电子工程、机械工程等专业录取。斯坦福大学提供秋季招生，一般于入学前一年的12月截止招生。该校重视英语成绩，GPA是斯坦福招生过程中最重视的内容。

3. 加利福尼大学伯克利分校

加利福尼亚大学伯克利分校（University of California - Berkeley，简称UC Berkeley、Berkeley，加州大学伯克利分校，伯克利加州大学）是美国顶尖公立研究型大学，也是世界上最负盛名且最顶尖的公立大学。加州大学伯克利分校是加利福尼亚大学中最老的一所，也是美国大学协会（Association of American Universities）创始会员之一，其吉祥物蜕变自加州州旗，故其学生亦自称“小金熊”。加州大学伯克利分校与斯坦福大学、麻省理工学院一同被誉为美国工程科技界的学术领袖,常年位居上海交通大学世界大学学术排名(ARWU)前4名,泰晤士报高等教育期刊(Times Higher Education,THE)全球大学排行前10名,美国新闻和世界报道(US News)首次发布的世界大学排名中位列全球第3名(2015年)。该校是美国最为自由激进的两所大学之一(另一所为哥伦比亚大学)。

加州大学伯克利分校以传统的多学科综合为主,以新兴学科和专业学院为辅。全校共有14个学院,涵盖170个系所。14个学院中,Colleges包括本科和研究生教育,而Schools只有研究生,唯一的例外是商学院。

文理学院是西方教育体制中一种传统的分学科综合教育组织,以系为主干,伯克利的文理学院是14个学院中最大的,学生人数最多的,也是最重要的一个学院,它共有6个学部,46个系。文理学院的许多系都提供辅修学位。

伯克利的工程专业在研究生阶段设置的学位有PhD、MS(理学硕士)、MENG(工程硕士)三类。由于MS学位一般不单独招生,只针对本科生直接申请读博的一种过渡。因此,要想申请伯克利的硕士,一般都是申请MENG学位,MENG学位在就业市场上很有竞争力。伯克利分校一般硕士招生在入学当年一月停止接受申请,至于TOEFL成绩至少100分以上。

三、如何选择适合你的院校

(一)专业排名是选校第一指标

赴美读硕士,专业排名比综合排名更值得我们重视。

因为美国研究生学习是对专业的深度挖掘,要求学生选择自己的专业细分方向,并做长久的研究和努力,从而上升到一定的学术高度。并且对于就业来说,研究生阶段所接触的专业高精尖知识,将是支撑你将来职业发展最重要的"撒手锏"。因此,研究生选校,学校的专业实力才是最重要。

(二)录取要求和自身优势匹配起来

每个学校的录取要求和录取偏好差异很大,且不同专业的研究生可能对申请者有非常细致的背景要求,而这些要求背后的素质一般是这所学校所重点强调的录取优势的取向。

(三)拿奖概率需考虑

对于许多中国学生来说,想要实现赴美留学的愿望,一个重要的考虑因素就是能否获得美国大学提供的奖学金。建议大家要充分了解美国的奖学金形式,以及能够发放奖学金的专业。如果你的专业侧重于工程方向和生物科技,那么拿到奖学金的比例会比较高;如果是文科类专业和商科类专业,获取奖学金的可能性会很小。

（四）仔细留意各校费用开支

在美国，不同专业、不同学校、不同地区的收费标准各有不同，而生活费也因地区差异有所差别。一般商学院、法学院和医学院的费用相对较高，而理科、文科、体育学院等的学费相对较低，私立学校的学费会比公立学校更贵，大城市的生活费会比小城市更贵，美国东、西海岸学校学费较高，而某些州如阿巴拉马州等，则费用较低。因此我们在选校的时候，要提前做好留学费用的预算。

（五）结合地理位置进行选校

地理位置对于赴美留学申请者来说还是非常重要的。一般来讲，对于中国学生到美国读书，得到的不仅仅是一个学位，还有很多很多。在一些地理位置好的城市，比如纽约、芝加哥、洛杉矶，这些地区的商业氛围很浓，经济非常发达。如果你在这些地区学习商科，将会有很多的机会进入当地的企业实习，可以快速了解和学习现代企业成熟的运营模式和管理流程，对自身是十分有益处的。

四、申请研究生所需准备工作

（一）大学成绩和标准化分数

申请美国研究生，首先需要重视的因素就是大学成绩和标准化分数，即 GPA、TOEFL 和 GRE/GMAT。GPA 就是我们通常说的大学成绩，这部分在申请中占重要位置。大学成绩好坏、成绩排名高低会直接影响学生择校的档次，因此，想去美国名校读研，好的 GPA 是必备条件。只要成绩好，即使二本、三本学生也有可能进入美国常青藤名校就读。TOEFL 是衡量学生英语水平的重要依据。GRE 是美国研究生入学水平考试，而 GMAT 是美国商学院的入学考试。从近些年的数据可以看出，要想申请到全美排名前 50 的学校，TOEFL 的分数最好超过 100 分。而 GRE、GMAT 的分数也是越高越好。

（二）申请者的素质

除了分数以外，美国大学在录取学生时候也很看重申请者的素质，也就是申请者做了哪些和该专业相关的事情，这就要求申请者有充实的在校经历、丰富的个人简历等。比如，一个申请商学院的学生，除了成绩优秀，最好还有在银行、投行或者证券业机构实习的经历。申请文科的学生也应该有教育、传媒等领域的实习经验。简单来说，提升自身背景，理工重科研，文科重经历。

与中国的硕士研究生教育不同，美国的硕士教育主要是培养职业性人才，其专业设置更紧密地结合社会发展的迫切需求，根据市场的变化随时做出调整，比较重视实用性和专业性。建议各位同学，在选择申请赴美读研时，要清楚自己的未来职业发展的定位，做好全面的职业发展规划，在大学四年中，尽早确立目标，完成学业和科研，参加社会实践，提升自身素质，并根据专业有针对性地训练。

（三）推荐信和推荐表格

一般美国大学要求三封推荐信。推荐信的提交有两种方式：网推和纸推。纸推是由老师写好推荐信并附上签名和推荐表格一起放入信封，并在信封封口处签字。网推是在网申表格中登记推荐老师的电子邮件联系方式，推荐老师会收到学校发过来的网推地址和用户名密码，然后登录后在线填写提交。目前，越来越多的学校采用网推方式。

（四）PS（Personal Statement）自述

自述在申请美国研究生的材料中占很重要地位。通过自述，教授可以了解你的经历、科研情况等，换言之，申请文书就是你的能力证明。因此，在申请文书中要充分展示你的各种能力，而且还要投教授之所好。一篇出色的自述需要经过一两个月甚至更长时间的反复修改。总而言之，自述要本着为申请服务的原则来写。

第二节　留学欧洲

一、英国篇

从近年来的数据显示，英国依然是最受欢迎的留学目的国之一，且赴英留学的学生人数处于持续稳定攀升阶段。从留学群体类型上看，申请硕士研究生的学生人数依然是最多的。

（一）为什么选择英国留学？

1. 教育质量高，名校众多

只有24万平方公里的英国，却云集了众多享誉世界的名校。3所院校位居全球大学前10名，6所院校居全球大学前20名，19所大学位居世界前100名。这里既有世界闻名的牛津、剑桥，也有新兴的华威、约克等，都是众多学子梦寐以求的学术殿堂。英国课程质量标准严格，而且课程领域广，学生学习任何专业都能在英国找到适合自己的课程。

2. 硕士学制一年，费用低

英国学制设置紧凑而严谨，学生可以花更少的时间和金钱来完成学业。另外，英国大学的一些课程会提供实习机会，帮助学生获得工作经验和实用技能。

3. 纯正的英语环境

在英国留学,还有机会能充分提升自己的英语水平。此外,英国良好的社会治安,深厚的文化底蕴等都非常吸引外国留学生。

4. 学生签证政策宽松

相比其他留学国家,英国的签证材料是最简单的。而且,英国学生签证通过率一般都在99%以上,基本不会出现学生被学校录取后签证很难通过的情况。

5. 申请材料简单

英国的申请材料要求非常简单。这一点非常吸引人。其基本申请材料包括:学术材料、文书材料、实践经历以及辅助性材料。英国硕士课程一般为提前一年申请,而且申请时一般不强制要求提供雅思成绩。另外,任何背景的学生都有机会进入世界级名校学习。

(二)英国高校及专业介绍

在选择留学学校和专业时,对各校知名专业的了解是非常必要的。留学选择专业和学校是一个非常复杂和重要的过程,一定要在充分全面掌握信息的基础上做考虑。从某种程度上来说,不亚于高考时的择校选专业。

1. 2017年US News英国经济学与商学专业世界排名TOP 10的院校如下:

①伦敦政治经济学院(London School of Economics and Political Science)世界排名第九。

伦敦政治经济学院为伦敦大学联盟成员,与牛津大学、剑桥大学、伦敦大学学院、帝国理工学院并称"G5超级精英大学",也是英国金三角名校和罗素大学集团成员。伦敦政治经济学院是一所专注于社会科学领域的世界顶尖学校,是经济金融领域的全球先驱。

②牛津大学(University of Oxford)世界排名第14

牛津大学建校于1167年,位于英国的牛津大学具有世界声誉,它在英国社会和高等教育系统中具有极其重要的地位,有着世界性的影响。英国和世界很多的青年学子们都以进牛津大学深造作为理想。

③伦敦商学院(London Business School)世界排名第20

伦敦商学院是一所国际化商学院,为伦敦大学的两个研究生院之一,不提供本科教学,只提供金融和管理学方向的研究生课程。伦敦商学院历来被认为是欧洲最顶尖的商学院,同时也是全球最顶尖的10所商学院之一。

④剑桥大学(University of Cambridge)世界排名第23

剑桥大学成立于1209年,剑桥大学和牛津大学齐名为英国的两所最优秀的大学,由于这两所古老的大学在办学模式等很多方面都很相似,故常被合称为

"Oxbridge"("牛剑"),90位诺贝尔奖得主出自此校(实际来此校工作或执教过的人数可能更多,有超过100位)。

⑤华威大学(University of Warwick)世界排名第31

华威大学是世界百强名校,英国顶尖研究型大学,常年位居英国大学排名前十,位于英国英格兰中部华威郡和考文垂市的交界处。华威大学创立于1965年,以其高水准的学术研究和教学质量而闻名,在世界各大主流大学排名中,常居全球前百名乃至前五十名。

⑥帝国理工学院(Imperial College London)世界排名第41

帝国理工学院建立于1907年,曾是联邦大学伦敦大学的一个加盟学院。伦敦帝国理工学院与牛津大学、剑桥大学、伦敦政治经济学院、伦敦大学学院并称为"G5精英大学",代表着英国大学的最高学术水平。帝国理工学院在世界上享有和麻省理工同等的声誉,研究水平被公认为是英国大学的三甲之列。

⑦伦敦大学学院(University College London)世界排名第44

伦敦大学学院是英格兰继牛津、剑桥后第三所成立的大学,也是第一所允许学生来自任何种族、宗教和阶层的大学,还是第一所提供女性受高等教育平等权利的英国大学,历史上第一个学生会和大学剧院也诞生于此。

⑧曼彻斯特大学(University of Manchester)世界排名第45

曼彻斯特大学位于英格兰中北部,英国第三大城市曼彻斯特市中心的大学村内。曼彻斯特大学是最受欢迎的英国大学,每年收到的本科生申请数量超过其他所有英国大学。曼彻斯特大学拥有世界级的文化资产,包括天文台,博物馆,剧院,艺术馆和全英第三大图书馆。

⑨诺丁汉大学(University of Nottingham)世界排名第54

诺丁汉大学1881年在诺丁汉创建,1948年以其出色的教学质量赢得了国际声誉成为诺丁汉大学。该校还有多个校区分布在其他国家。诺丁汉大学提供超过350种的本科学位,学生可以通过他们自己的兴趣爱好来选择所要学习的科目。

⑩伦敦城市大学(City University London)世界排名第73

伦敦城市大学是英国伦敦地区在校学生规模最大的综合性大学,也是全英招生数量最多的大学之一。伦敦城市大学系英国政府正式批准成立的国立大学,还是首批通过中国政府教育部认证的国外大学之一。长期以来,学校备受英国王室和政府的支持。

对中国留学生来说,最受欢迎的研究生课程中,选择商业管理与金融的人约占总数的50%,远远超过其他课程,因此,上述这些在商业管理专业具有优势的大学是学生的热门选择。其他常见相关热门专业还有:会计、管理、国际贸易、市场营销、金融、投资等。

2. 工程学专业

英国工程专业名校有布里斯托大学、谢菲尔德大学、曼彻斯特大学、南安普敦大学、帝国理工学院等。

3. 建筑学专业

英国的建筑学在国际上享有极高的声誉和地位,其代表是谢菲尔德大学和爱丁堡大学。谢菲尔德大学建筑学的教学水平和研究水平在国际学术界中享有很高声誉,教学水平获评“优异”,研究水平得到5分。爱丁堡大学的建筑专业高居专业排名前十强,教学涵盖建筑设计、建筑史和建筑学等方向。另外,曼彻斯特大学、贝尔法斯特女王大学、利兹城市大学、卡迪夫大学等都在建筑学专业拥有很高水平。

谢菲尔德大学(The University of Sheffield)位于英国谢菲尔德市,是英国最著名的“红砖大学”之一,也是有着英国常春藤之称的英国名校联盟“罗素大学集团”成员。作为英国最顶尖的老牌名校之一,谢菲尔德大学以其卓越的教学质量与科研水平而享誉全球,并培养出了5位诺贝尔奖获得者,素来是英国最受学生欢迎的世界著名大学。在最具权威性的QS世界大学排名中,2013—2014年度谢菲尔德大学位列全球第71名。

4. 计算机与网络信息技术专业

英国政府非常重视计算机和IT产业的发展,英国高校研发的许多国际水准的计算机技术都得到了广泛应用,尤其在并行处理、人工智能和多媒体等领域尤为突出。

5. 法律专业

英国是英美法系的起源,许多国家的法律制度都是以英国法律为基础构成的,因此法律专业在英国也有着悠久的历史。但是中国属于大陆法系国家,与英美法系的法律有着一些差别,因此,中国留学生到英国学习法律要了解这种差别,选择适合自己的学习方向。

英国法律专业排名前十的院校是:剑桥大学、牛津大学、杜伦大学、诺丁汉大学、爱丁堡大学、伦敦大学、斯特拉斯克莱德大学、曼彻斯特大学、伦敦大学亚非学院、阿伯丁大学。

6. 新闻传媒专业

众所周知,英国新闻传媒业非常发达,各种形式的新闻传播媒介无处不在,深深根植于英国人文化基因之中。英国高校的新闻传媒专业也处于世界顶尖行列。

英国有众多新闻传媒专业排名世界领先的高等学府:华威大学、伦敦政治经济学院、伦敦国王学院、皇家霍洛威学院、东安格利亚大学、拉夫堡大学、谢菲尔德大学等。

大多数英国大学的新闻传媒专业要求申请者具备相关专业的学士学位。此外,传媒专业接受转专业,这个专业需要有更多专业背景的人来做不同角度的研究。因此,有转专业打算的学生不妨考虑传媒专业。

另外,英国传媒专业对学生的英语口语和英文文笔都有很高的要求。英语要求一般为雅思 6.5 ~7 分,但是新闻专业的要求基本是在 7 ~7.5 分。除了对英文的要求高,传媒领域对从业者的文化和综合素质的要求也比较高,因此,要求学生对时事、文化、艺术等方面有较强的敏感性。同时,沟通能力强的学生在这个领域也会比较有优势。

(三)选择适合你的院校和专业

相比国内的考研压力,高品质、实用的英国高等教育,尤其是授课型硕士课程(Master Degree)愈发受到国内学生青睐。这种硕士学制仅为一年,在很大程度上节省了留学时间和留学成本。

英国高等教育非常严谨,而研究生阶段的课程有着很强的针对性,需要学生投入大量的经历。为了能够找到适合的专业,我们需要从一开始就明确自身的需求。

1. 了解自己的兴趣爱好,切忌盲目跟风,扎堆热门专业。学生要在自己已学专业背景基础上,结合自身未来发展,充分认识自己在研究生阶段会有哪些提升,这一点十分关键。

2. 关注就业前景及政策的变化,热门专业不代表热门就业。在选择研究生阶段的课程时,眼光应当放长远,要在综合考虑后做出选择。

(四)留学前准备

1. 英国硕士研究生分类

①按照学制长短和教学方式不同,分为一年制的授课型硕士课程和两年以上的研究型硕士课程。后者通常是为读博士课程做准备的,所以也称为副博士,基本申请模式与申请材料的要求和申请博士一样;而授课型的硕士课程一般为“短、平、快”的学位课程,一般定位为硕士毕业之后直接就业的学生。

②按照学科可以分为文学硕士(MA)、理学硕士(MSc)和法学硕士(LLM)等。

2. 授课型硕士申请材料准备

中国留学生 90% 以上会选择授课型的硕士课程,因此,我们重点来看一下如何申请授课型硕士,在准备上需要注意哪些方面。

①时间准备

英国硕士的申请时间一般需要提前一年。但是这不等同于只需要提前一年开始准备。一般在申请之前必须要留出半年到一年的时间进行各方面的材料准备。英国高校每年录取的学生数量很有限,在这里要提醒想要去英国留学的各位同学,在准备时间上一定要做好合理的规划与安排,尽早着手准备申请事宜并开始英语学习,增强自己的竞争力。如英语学习需要提前开始,虽然雅思不是申请时必备的条件,但是拥有过硬的英语雅思成绩能为申请锦上添花。

②材料准备

学术材料。本科在读学生需要提供在读证明和三年以上完整的成绩单。已毕业的学生需要提供学位证、毕业证以及完整的成绩单。英国院校对学生的录取要求也很高,他们会更加看重学生本科阶段就读学校的国内排名以及学生在本科阶段的成绩,他们对于国内"985""211"高校的学生会更加青睐。

文书材料。包括一封个人陈述以及两封推荐信。在校本科生需要提供两封学术推荐信,参加工作一年以上的学生可以提供一封学术推荐信加上一封工作雇主推荐信。申请牛津商学院硕士则需要三封推荐信。文书最主要的是用文字展现出个人优势。个人陈述是以第一人称来写,对于学校和专业发表见解、陈述个人申请优势以及职业规划的材料,而推荐信则是以老师或者雇主等第三方的角度,基于对学生个人情况和优势的了解而向学校进行推荐的材料,二者缺一不可。

辅助材料。包括雅思成绩、实习证明、获奖证明以及相应的研究经历或者发表的学术论文。不要小看这些辅助材料,有的时候甚至可以左右学生的申请结果。

工作材料。已经工作的学生需要提供工作证明。一般来讲,拥有三年以上的工作经验对于申请相关专业的学生来说都是比较有优势的,而且可以在一定程度上弥补一些学校背景或者平均成绩上的不足。

另外,相同专业不同学校的要求并不一样,提醒各位同学在择校时一定要充分了解该校的录取要求、课程设置和考核方式等重要信息,提前进行准备。

③其他准备

住宿申请。英国学校研究生住宿需要申请,原则是先到先得。一般学校开放申请的时间为入学当年的 3 月左右。每个学校的官网上会有相关的住宿介绍,包括住宿类型、位置、价格等信息,学生选定之后直接提交自己的选择就可以了。一般伦敦地区的住宿会非常紧张。

签证办理。上文中已经说过英国的学生签证相对于其他国家比较简单,而且通过率高。需要的基本材料包括 CAS(签证邀请函)和 CAS 上要求的材料,一般要求学术材料、语言成绩单、保证金材料和护照等。英国的学生签证首先需要网上预约，然后学生本人进行递签。递签的过程中会有英国使馆的签证官进行视频面签。相比于美国签证的面签来说，英国签证的视频面签要简单得多。

体检办理。英国研究生申请一般需要两个体检。一个是签证时需要提供的肺结核检测证明，一个是入境前需要拿到的健康证明。前者有效期为 6 个月，后者有效期一般为一年。

④花费费用

申请英国研究生的学生大多数集中在英格兰地区，基本花费在 25 ~ 30 万元/年，其中伦敦地区的学生花费较高，一般是在 30 万元/年以上。

二、法国篇

法国的公立大学免收学费。同时，留学生享有的助学金和名目繁多的奖学金也使得大批学生选定了法国，因此竞争日趋激烈。

(一)申请条件

首先，成绩越高意味着签证通过和录取的概率越高。

其次，法语学习程度。签证阶段只要求 500 ~ 800 课时的学习，但具备良好的语言能力是成功获签、顺利在语言课程以后进入专业学习的重要保证。

最后，学生要有合理的近期学习规划和远期职业规划。招生官和签证官都很重视这一点，因为它代表你去法国学习是经过深思熟虑的，他们希望把有限的教育资源提供给有潜力的学生。

(二)为什么选择法国留学

对中国留学生来说，法国有着悠久的历史和传统。简单来说，法国优质的教育质量，广泛认可的学历，纯正的法语授课，价格低廉，进入专业后免收学费再加上申请方式灵活，使得法国留学备受青睐。

1. 良好的语言环境。纯正的法语授课氛围，有利于学生学习法语，这是法国留学的重要优势。法语语言优美，是联合国、奥委会的官方语种，掌握这门语种，可以增加未来的就业方向和竞争力。

2. 学历认可度高。法国公立教育世界认可程度高，不仅法国和欧洲本土广泛认可，世界上其他国家和地区也都认可法国的公立教育学位。

3. 学习成本低，免收学费。法国的公立教育，在进入到专业学习以后免收学费，每年只需要交纳注册费即可。

（三）法国院校及专业介绍

法国的大学是没有排名的，而且不同学校的著名专业都不一样。商科的公立大学除了巴黎的学校外，还有一些学校的独立学院，如里尔一大的IAE，这些学院教学质量都是非常好的，但要求也非常严格，没有一定的法语水平和专业基础是很难读得下来的。

1. 法国巴黎第十一大学

巴黎第十一大学成立于1970年，是在原巴黎大学理学院的基础上发展的一所包含理学、工学、信息与宇宙学、医学与药学、经济与管理学、艺术学、法学、体育运动学等以理工科为主的著名综合性国立大学。该校的自然科学与医学等专业在法国享有盛誉，其规模和知名度在法国名列前茅。

2. 法国巴黎第五大学

巴黎第五大学（也称巴黎笛卡尔大学；法语：Université Paris Descartes 或 Paris - V）是原巴黎大学医学部和部分教育学系的继承者，历史可追溯至12世纪。学校总部位于巴黎第六区历史悠久的巴黎外科学院（建于1774年），坐巴黎地铁四号线可到。巴黎第五大学是一所实力雄厚，声望很高的学府，尤其以医学、生物医学和药学著称，在人文科学领域亦有建树。有几十位诺贝尔奖获得者是该大学的荣誉教授，是欧洲最古老的大学之一。自2010年起，巴黎第五大学与巴黎第三大学、巴黎第七大学、巴黎第十三大学（仅为合作成员），以及巴黎政治学院、巴黎东方语言文化学院、法国公共卫生高等研究学院、巴黎地球物理学院并称为 Université Sorbonne Paris Cité（索邦巴黎西岱联合大学），这是巴黎市内成立的三所“联合大学”之一，也是最先成立的一所。著名校友有前法国总理弗朗索瓦·菲永、阿尔及利亚教育部部长 Nouria Benghabrit - Remaoun、心理学家让 - 皮埃尔·布沙尔、法国政治家凯瑟琳·梅葛等。

3. 法国高等商学院

法国拥有很多世界排名前列的国际知名高等商业学院，在法国留学并成功进入这些世界排名前列的高等商业学院成为专门培养的高级商务人才和社会精英是很多人远赴法国留学的追求。学院排名越靠前，学员就业就越发轻松，最优秀的高等商学院学员刚毕业就可获30万欧元年薪。

①巴黎高等商业学院（HEC）

从目前法国各地的高等商校来说，最好的还是巴黎高等商业学院（HEC）。它对学生的要求极其严格，淘汰率达87%。因此能进入这所学校的学生都是精英中的精英。学生每年需要支付学费为6816欧元，学习期间的实习为9个月。

②高等经济商业学院(ESSEC)

这所位于巴黎西北郊的高等商校在许多企业主眼里地位仅仅次于 HEC。该校淘汰率高达 77.4%。其中 30% 的课程用英语教学。该学校与法国各大企业均有密切联系,同时与英美各名牌大学也拥有密切合作,所以学生获得的学位可媲美英美最著名大学的 MBA。

③欧洲管理学院(ESCP)

淘汰率达到了 78% 以上。学生学费为 6633 欧元一年。实习期为 12 个月。

④法国里昂高等管理学院(EM LYON)

EM LYON 位于里昂,它的淘汰率高达 77.2%,30% 的课程用英文教学。这是外省唯一一家可与巴黎上述三所商校媲美的高商,有着十分严格的筛选制度。

(四)申请准备

1. 研究生体制

在法国,有两类教育体制培养研究生:国立综合大学以及 GRANDE ECOLE“精英学院”(包括:工程师学院、高等商学院、建筑学院等)。国立综合大学专业设置全面,可是理论性较强,各学校之间没有名次、没有重点与非重点之分,其所有专业均用法语授课。

“精英学院”学科设置更详细、更专业化,知名度远高于综合大学,有点类似于我国的一类重点大学,其中部分专业接受全英语。理工类本科毕业生可以选择法国的国立综合大学,要是成绩优异,那么完全可以申请法国的“精英学院”——工程师学院。从教学质量、硬件装备以及毕业生的就业环境来看,工程师学院都远远超过综合大学。

经济管理类本科毕业生,要是成就优秀,那么应该优先选择申请高等商学院,由于很多商学院都有全英文讲课的专业,所以完全不必由于语言问题而放弃留法的念头。

法国硕士研究生是两年,申请原专业相对来说会更容易一些。法国好的商科大多数是私立。申请公立大学,只要提供法语成绩即可。国内能参加的考试只有 TEF 和 TCF。TEF 相对比较容易一些,一般在国内学个 500 学时基本上就能考个好成绩,但是如果想直接申请法国学校,不在法国读法语的话,就必须考 TCF 了,因为法国大学认可的法语考试是 TCF,DELF,DALF,目前国内只能考 TCF,这是国际认可的法语等级水平考试,考试难度也比较大一些。

2. 花费费用

近 20 年来,法国留学的商科质量也有了大幅度的提高,出现了十几所欧洲闻名的高等商学院,同时法国留学费用远远低于去英联邦国家的费用,要是在公立院校就读,三年总费用不超过 20 万人民币;要是选择私立院校,两年总费用不超过 25 万元且经济担保要求不高,有 7 万以上人民币存款便可。

3. 申请流程

申请学校基本上都是一个套路,学校要求的材料基本上是高中会考成绩,高中毕业证,大学成绩,大学毕业证,学士学位证等这些材料的公证件,还有法语成绩,银行存款证明(一个学年 4000 多欧元),还有申请学校的动机信和个人简介。把这些材料寄到学校招生办(每个学校的网站上都有一个专门的招生版块,那里有详细的说明及电话地址)。不管是否录取,都会把结果寄到你留的地址那里。如果是上英语授课的学校或专业,还另外要求提供英语成绩,一般都是托福或雅思,各个学校各个专业要求都不一样。

三、德国篇

近年来,德国留学一路走俏,德国留学生的就业情况也更是蒸蒸日上。越来越多的学生认为德国有着严谨的教学和专业的态度。德国的教学质量在世界范围内得到承认,这也意味着接收留学生的门槛在相应提高。

(一)申请条件

首先,在“211”或者“985”院校就读满一学期则具有申请德国本科的条件。在其他院校则需要就读满三个学期。

其次,德国大学不接受转专业。也就是说你在中国大学读什么专业,去德国就继续就读本专业。

最后,去德国学习需要参加德福考试。当然,如果你语言学习能力一般的话,可以先行前往德国进行半年到一年的语言学习再进入大学。

(二)德国高校及专业介绍

德国高等教育历史悠久,数百年来培养了诸多人才。这离不开德国高校严谨治学的态度,浓厚的学习氛围,不断创新的精神,同时,在录取外国留学生时坚持严格高标准,专业教学与实践教学相结合。

1. 车辆工程专业

德国汽车制造业发达,拥有众多顶尖汽车品牌,如奔驰、宝马、奥迪、保时捷、大众等,无数世界各地的有志青年怀揣梦想赴德学习。汽车相关专业的高校有:

亚琛工业大学

慕尼黑工业大学

慕尼黑工业大学(Technische Universitaet München)坐落于德国南部巴伐利亚(拜恩)州首府慕尼黑,是该州唯一的工业大学也是德国最古老的工业大学。慕尼黑工业大学是国际享有盛誉的德国顶尖大学和稳定的“诺贝尔奖制造工厂”。该校因其卓越的创新精神和优异的科教质量被德国科研联合会(DFG)评为首批三所“精英大学”(Elite - Uni)之一,同时也是德国 TU9 联盟大学之一,被德国政府列为“未来计划”中重点资助和扶植的对象。在德国教育部的大学科研排行榜(CHE)上,慕尼黑工业大学已经连续多年排名第一。

斯图加特大学

柏林工业大学

2. 材料类专业

当今各国都在探寻和研制新能源材料,未来材料类专业毕业的高端人才将更受市场欢迎,就业范围广。

慕尼黑工业大学

达姆施塔特工业大学

奥格斯堡大学

拜罗伊特大学

3. 电气工程类专业

电气工程的发展程度往往代表着国家的科技进步水平,因此电气工程一直在德国大学中占据十分重要的地位。电气工程几乎涵盖了所有与电子、光子有关的类别,就业十分广泛。即使在德国这样的高科技输出国家,电气工程专业人才也供不应求。

慕尼黑工业大学

亚琛工业大学

达姆施塔特工业大学

4. 企业经管类专业

这类专业涵盖了企业管理、市场经济、劳资关系、金融、保险、计量经济、微观经济学、政治经济学、工业经济学、经济管理、商业管理研究、统计学、商业经济学、组织理论、工业会计、管理经济学与保险、会计学与审计学、社会经济结构、博弈论等。

曼海姆大学

法兰克福大学

科隆大学

明斯特大学

慕尼黑大学

5. 计算机工程专业

我国现如今缺少计算机高端人才。中国每年要向发达国家支付高额的知识产权专利费,而国内的软件行业却只能做低层次的代码加工。计算机行业是一个值得加入的行业。

慕尼黑工业大学

亚琛工业大学

纽伦堡大学

(三)申请准备

1. 申请准备注意事项

留学德国一定要提早规划,至少比计划上学的时间早一年。基础德语的学习更是越早越好。因为德语授课的课程一般需要德语通过四级。

英文考试不容忽视。雅思或托福应当准备好。许多德文授课的课程依然需要提供雅思或托福成绩。

大学期间的平均分很重要,最好是75分或者80分以上。这是一个学生学习能力的重要体现。

留学德国的理由需要描述自己对申请专业的热爱以及所做的准备,有着深远的兴趣。

2. 德国硕士留学费用

进入许多发达国家的大学不仅要负担高昂的生活费,还有负担高昂的大学学费。而在德国,大学是基本免学费的,且生活费比英美等国家低。留学生还可以每年工作90天整或180个半天,所得工资可完全支付全年生活费用,所以其家庭除支付首期语言学习和生活费外,不须继续提供资助。申请德国的硕士课程必须具有德国认可的中国大学本科学历,并只能申请相关专业的硕士课程,每年的学费加生活费大约10万人民币,不需要保证金,而且允许合法打工。

3. 申请流程

学生应该在入学时间之前12到18个月开始着手准备申请,这样可以了解各个学校并完成各种必需的测试。

准备申请材料→寄送申请材料至审核部→参加审核部审核面谈→通过审核,确定申请院校→寄送资料至申请院校→等待录取通知书。

第三节　留学澳大利亚、新西兰

一、澳大利亚篇

澳大利亚是一个十分重视教育的国家，几乎集中了世界一流的教育资源。澳大利亚共39所大学，其中7所院校排名居全球前100。根据澳大利亚教育部公布的数据显示，2015年中国赴澳留学生人数达到48318人，其中读研学生占23%。目前，赴澳洲留学人数也在不断增长。澳洲出台的快速签证通道政策、毕业生工作签证政策以及简化签证审理级别框架政策等，这些都对赴澳留学市场有积极影响。

（一）为什么选择澳洲留学？

1. 课程实用。国外硕士比较实用，贴近实际。

2. 选择多。留学澳洲方案很多，直接报读硕士，一般只要1～1.5年，比国内研究生时间短，学费约10万元/年；资金少的，甚至可以报读技工课程2年，全部学费花费不到20万人民币，打工赚生活费肯定没有问题。

（二）澳洲院校及专业介绍

1. 澳洲国立大学

澳大利亚国立大学（ANU）位于澳洲首都堪培拉，成立于1946年，是澳大利亚唯一一所由联邦议会法案确定建立的大学，也是澳大利亚最顶尖的研究型大学之一。其校区占地145公顷，毗邻堪培拉市中心，校区内建筑多达200多栋，为学生提供了安全、愉快和友好的学习环境。此外，该大学在堪培拉附近的Mount Stromlo，以及新南威尔士西部的Siding Spring还设立了天文气象观察站。与此同时，该大学在达尔文市开设了北澳大利亚研究所，并且在新南威尔士南部沿海地区的Kioloa设立了研究中心。谈到生活方式，该校坐落于澳大利亚最开放、休闲及便利的城市。学校良好的声誉每年吸引了澳大利亚本土及世界各地的学生前来就读。该校科技学院的研究报告被诺贝尔奖所认可。并与许多国家的名校均有学术上的交流。在2000年亚洲太平洋十佳大学排名中列第四。

作为Group of Eight（八校集团，由澳洲最好的八所高校组成）的领军成员，ANU是一所在教学和研究方面均卓有成效的世界一流大学，可以与哈佛、剑桥、麻省理工等著名学府比肩。澳大利亚的诺贝尔奖获得者中，有四人出自ANU。2000年6月，《亚洲周刊》将澳大利亚国立大学评为亚洲和澳大利亚地区综合类大学第一名以及金融资源类第一名。《澳大利亚优秀大学指南 2000 年》也在声望、金融资源、毕业生起薪、学生需求、研究成果等八大方面给予澳大利亚国立大学五星级的高度评价。

优势学科：数学、地球及海洋科学、现代语言、社会学、法律、会计与金融、经济、心理学。

2. 悉尼大学

悉尼大学(University of Sydney)是澳大利亚历史最悠久和最负盛名的大学，被称为“澳洲第一校”，在世界范围内亦是最优秀的高等学府之一。该校创建于 1851 年，目前的在校学生达到 40000 人，是澳大利亚最大的高校之一。160 多年来，悉尼大学为澳洲和世界的人类发展事业做出了巨大的贡献。其悠久的历史和显赫的成就为它赢得了“南半球牛津”（Oxford in South Hemisphere)的美誉。悉尼大学共有八个校区，主要校区 Camperdown/Darlington Campuses 紧靠新南威尔士的首府悉尼市中心西南，占地 72 公顷，开办医学、文科、工程等课程。学校共设有 16 个学院，其中申请比较热门的学院有：悉尼大学文学院、悉尼大学商学院、悉尼大学工程和信息技术学院。

3. 墨尔本大学

澳大利亚“墨尔本大学”(The University of Melbourne，UM)坐落于澳大利亚的“文化之都”墨尔本市的市中心，大学位于考顿这座大都市的近郊内，占地 22.5 公顷。被公认为澳洲最卓越的研究性学府之一，也是全澳第二所历史最悠久的大学。1853 年建立的校园，为人们讲述着这个城市和这所大学的悠久历史。在 UM 读书本身就是一个文化之旅，因为墨尔本城市和 UM 是一个完美的文化、艺术和经济中心。那些坐落在大学校园内或离大学不远的艺术馆、博物馆将给予您文化和精神生活的满足。

UM 拥有 13 个院系，为学生提供广泛和一流的大学课程及研究生课程，具体分为艺术、建筑和设计、经济与商业、教育、工程、土地和食品资源、法律、医学、牙齿和健康科学、音乐、兽医科学等。

4. 昆士兰大学

澳大利亚昆士兰大学位于澳大利亚东部海滨，是澳大利亚首屈一指的教研类大学，也是昆士兰州规模最大、历史最悠久的大学。该大学是澳大利亚八大重点高校之一，也是进入 21 所大学联盟的三所澳大利亚大学之一。

澳大利亚昆士兰大学是澳洲研究经费最充足的大学，在澳洲大学中的地位相当于斯坦福大学在美国的地位，有研究性质的研究生和博士 3200 人，占研究生总数的 55%，该校毕业生的就业率和收入水平远超过全澳平均水平。

澳大利亚昆士兰大学拥有三个校区，分别是圣鲁西亚校区、伊普斯里其校区和加顿校区。其中圣鲁西亚主校区位于昆士兰州布里斯本市，该市具有国际化大都市的气息和世界一流的现代化设施，为那里的学生提供了一个安全、多文化、友好的生活环境。

（三）申请准备

1. 硕士类型介绍

一般来说，基本上大家在申请澳洲研究生留学的时候，都是申请的授课类（course work）硕士。但是很多同学注意到在澳洲留学其实是有两种硕士类型，一种是授课类硕士，还有一种是研究类（research）硕士，二者有什么区别？

①授课型硕士 Master by Coursework

研究生学位课程通常设置时间是 1.5～2 年，少数学校专业为一年制，入学要求由于学校和专业的不同而变化。一般需要本专业背景，如非本专业学生需要有相关工作背景，或是需要加上半年基础课程。由于澳大利亚属于英联邦国家，教育体系与英国相似，英国硕士课程基本上是 1 年学制，澳大利亚经过长时间的教学经验摸索，很多有经验的大学把课程学制时间延长为 1.5 年或 2 年，增加一些基础课程或实习时间，学生学分修满，可以同时获得毕业证书和学位证书。其中包括研究生证书阶段课程和研究生文凭课程。

研究生文凭课程 Graduate Diploma：

澳大利亚大学的研究生文凭课程设置通常为 1 年，个别学校的部分专业为 0.5 年。完成课程后学生可获研究生文凭，加读一定学分即可获得硕士学位。适应人群：国内本科成绩不理想，学校非“211”和“985”但希望入读一流大学的同学。

研究生证书课程 Graduate Certificate：

澳大利亚大学的研究生证书课程设置通常为 0.5 年，学生毕业后获得研究生证书，并可减免相应学分入读研究生文凭或硕士学位课程。适应人群：本科学校成绩不好或学校名气不大或本科所学的专业不喜欢或就业形势不好的同学。

②研究型硕士 Master by Research

研究型硕士课程以研究某专项课题为主，学生通过完成学科论文得到学位；其学制相对较长，入学要求较高且要求学生有相关学科的研究背景，但更容易申请到奖学金。该课程招生学生的数量和质量都有很高要求，一般需要学生本人和教授联系，看学校是否有相关项目课题，有些大学某些专业甚至需要在申请时提交 5000 字左右的开题报告进行评估。难度根据不同学校、不同导师差别较大。

2. 申请材料准备

大部分学校要求学术材料在入学前都必须做公证，小部分不要求做成绩单公证的学校也是必须有机构认证的。还有特殊的两所学校,悉尼大学和昆士兰大学要求中国的非"211"院校及敏感地区学生除了公证以外还必须做清华认证:悉尼大学要求做学位证和成绩单的清华认证,昆士兰大学要求做学位证认证。虽然有大部分的澳洲院校和大部分专业对于申请硕士也不要求提供简历、个人陈述和推荐信等文书材料,但也有例外,比如工作经历背景比较复杂的学生,学校会要求提供简历;对于本科和硕士课程有重叠的学生,学校会要求学生写个人陈述或者声明来表明自己为什么还要就读这个硕士课程或者说已经做过研究并充分知晓此种情况。对于个人陈述的撰写,有以下要求:希望简明扼要地写出为什么要选择本校本专业,你自己的背景怎么能体现出适合这个专业,你未来的职业规划以及这个课程对于你实现未来的职业规划会有什么程度的帮助。

3. 签证申请

2012 年,SVP(签证简化快捷审理)政策实行以后,只要学校在 SVP 列表之内(涵盖了大部分院校),除非使馆在审理阶段提出特殊要求,学生是不需要提供资金方面的正经材料。但这一政策并未放松签证审核标准,只是让符合条件的优质学生能够快速签证。学校承担了更多审查学生留学目的的责任,签证时也不再要求担保金和语言成绩,转由学校审核申请人的资金准备和来源。

另外,使馆的 GTE(真实的临时入境者)审查的概率和力度都在增大,除了学校承担部分审核工作外,使馆也会对学生的真实目的从经济方面、学习计划、移民历史、归国计划等方面做严格的询问。

二、新西兰篇

新西兰被誉为大洋洲最美丽的国家之一,位于太平洋西南部,由南北两大岛屿组成。著名电影《魔戒》就是在这里拍摄的。新西兰的教育更是以品质高、性价比高、工作的保障性高等特点成为留学热点。新西兰作为英联邦的移民国家,其移民政策更是吸引大量学生移民的重要原因。

(一)为什么选择新西兰?

1. 留学门槛低

去新西兰读书无须语言成绩,学生可以先拿到录取书,在新西兰先上英语课,达到一定水平后再转到专业课。同时,新西兰对学历和年龄没有要求,任何人都可以在任何时间申请去新西兰留学。目前,新西兰留学的花费仅为 15 ~ 20 万元/年,这是赴新西兰留学的一大诱人之处。

2. 良好的教育体系

新西兰的教育体系被认为是世界上表现最好的教育体系之一,不少研究中心认为新西兰的教育体系世界领先,近十年中,新西兰的所有大学均排名世界前500强。

3. 教育质量高

新西兰的教育沿袭英国教育体系,立足于培养学生的思考能力、学习能力和创新能力。学生在写论文和创作作品的同时,发展思辨能力和自学能力,课堂上教授也鼓励学生提问题,一些学生还可以在课堂上和老师辩论,以平等的姿态接受开放的教学讨论。尤其是,相对于国内被动式的接受教育模式,新西兰的教育则提倡学生自发研究和探索,教师的职责是激发学习兴趣,解答疑问,调动学生极大的积极性去完成学业,鼓励学生能够主动钻研,真正是“放羊吃草”的教育模式。

4. 教育资源丰富

新西兰教育资源丰富,使得一些专业如生物技术、海洋工程、环境科学、农业等跻身世界顶尖教育之列,法医学、牙医、园艺、经济等也居于世界领先地位。平均23个学生就有一个高等学历的老师,每个班20~30个学生,保持着最佳的教育环境。

5. 重视国际学生,政策较宽松

就读研究生以上学历的学生,如果专业在长期紧缺职业列表上,其配偶可以陪读,且可以打工。在校期间,学生每个星期有20小时的打工时间。就读两年4~6级或一年7级以上的课程,毕业后可以获得开放式工作签证,无工作合同的学生可以获得移民局下发的一年工作许可,找到工作后可以换成2~3年的工作签证或者直接申请技术移民。这种所谓的开放工作签证,给毕业学生的优惠比较明显,持此签证的学生可以与当地人享受同等的税收、养老金等待遇,相较于英国的实习工作签证,限制较少。

(二)院校介绍

1. 奥克兰大学

奥克兰大学位于新西兰北岛的奥克兰市。学校建立于1883年,是新西兰排名第一,也是新西兰最大、专业设置最全的一所综合性大学。同时,作为新西兰唯一一所入围21所大学联盟和亚太大学协会的大学,奥克兰大学与各国的名校进行着广泛的学术交流和科研合作,保持着极高的国际声誉。奥克兰大学现有9个学院,它们分别是建筑设计与美术学院、艺术学院、教育学院、商学院、工学院、法学院、医学院、理学院和神学院。另外,奥克兰大学还下设有很多学术研究机构,这些机构主要从事新兴学科和边缘学科的研究。在此基础上,奥克兰大学提供包括学士、荣誉学士、研究生证书、研究生文凭、硕士和博士等在内的140多种资格课程。学校师资力量雄厚,拥有大量的研究人员、专家、学者以及国际著名的艺术家。奥克兰大学以研究为基础的各类学科在世界各大学中享有极高的声誉,每年吸引着大批的国际学生。学校还为广大学子提供众多的国际交流机会和多种奖学金计划。奥克兰大学的毕业生遍布于新西兰和世界各地的诸如商业、法律、医学、政治等各个领域。学校一直以其在世界各地取得事业成功的毕业生而自豪。

2. 奥塔哥大学

位于新西兰南岛的第二大城市但尼丁。学校建立于1869年,是新西兰最古老,历史最悠久的大学。奥塔哥大学拥有全新西兰第一所医学院,且是南岛的医学研究中心,更是第一个将试管婴儿付诸实际的医学中心,因此在世界上享有盛名。这里还有全新西兰唯一的牙医学校,排名为大洋洲第一,国际排名更是在前十名内。奥塔哥大学是南岛唯一设有药学、理疗、医学实验等科系的学校。这所医学院至今依旧闻名,其入学的要求与一般大学相同,第一年所有学生都要学习必修科目,然后依成绩决定之后的专业科系。学校其他非医学科系,如生理、解剖等也是世界有名的。新兴科系如生化、基因工程,或者是基础科学如物理、化学、数学等也都有开课。另外还有商学和法学等科目。尤其是商学院,与奥克兰大学的商学院一样闻名于新西兰,每年都有一百多位国际留学生,来此取得奥塔哥大学MBA的学位。

3. 梅西大学

梅西大学的校址位于新西兰北岛的三个主要城市,包括:惠灵顿、北帕莫斯特及奥克兰。梅西大学建立于1927年,现有学生33905人,其中在校生14473人,是新西兰学生人数最多的大学,曾经以全国最大、最成功的农业及园艺业的教学和研究机构而闻名于世。80多年来,梅西大学在各学科领域的教学和研究上所取得的巨大成就得到了全世界的认可。如今,有近千名来自世界60多个国家和地区的留学生在这里求学。梅西大学与许多专业研究机构合作,各学位的课程可应用最新的研究成果。梅西大学为学生们提供全套的学习和生活设施,包括计算机实验室、图书馆、娱乐中心、餐厅等,并提供医药、健康、求职等各种咨询服务。学校设有众多研究机构和学生协会、社团。住宿方式包括单人学生宿舍、公寓以及家庭寄宿。梅西大学设有商学院、教育学院、自然科学学院、人文和社会科学学院等五个专业学院。学校设有证书类、专科、本科、硕士及博士学位,同时也为学生们提供大学预备课程及语言课程。在国际留学生中学校最热门的专业包括:商业、计算机、设计、实用工程、食品科学、航空、管理、教育、科学、工商管理、市场营销、社会科学、经济学、数学、英语、法语、日语、德语、历史、语言学、信息科学、社会科学、应用经济学、应用科学、航空、航空管理、生物科学、生态学、环境管理、环境研究、环保技术与可持续能源、成人教育、遗传学、农业、园艺、机电一体化、软件工程、生理学、植物生物学、微生物学、兽医学等。

(三)申请准备

1. 新西兰留学读研类型

研究生预科文凭(Graduate Diploma):即学士后文凭,一年的全日制课程,主要针对已取得学士学位的大学毕业生而设计的,修读其所选专业在新西兰大学里才有设置、在中国没有修读过的部分本科课程,该文凭与学士学位的就读领域与专业并不一定要相同。

研究生文凭(Postgraduate Diploma):一年的全日制课程,主要针对已取得学士学位的大学毕业生设计的,该文凭与学士学位的就读领域或专业一定要相同,修读课程相当于新西兰硕士课程第一年。

硕士学位(Master):主要针对已取得学士学位的大学毕业生设计的,第一年是研究生文凭(Postgraduate Diploma),第二年是硕士(Master Degree)。对于本科欲转专业的申请人而言如果在新西兰完成硕士学位可能时间要三年之久。

2. 申请要求

申请硕士一般要求:统招本科毕业,有学位证,相关专业背景,雅思要求6.0~6.6分。

第四节　留学加拿大

加拿大是一个幅员辽阔、物资丰富、科技发达的国家,同时拥有着世界上最高的生活品质,它以其雄厚的经济实力和多元的移民文化,每年吸引着数以万计的国际学生赴加拿大求学。

一、为什么选择加拿大?

1. 学费低廉。公立大学每年学费和生活费大约15万人民币。一些省份还提供毕业以后工作返学费的相关政策。

2. 不以教育为产业。加拿大公立学校都是由政府出资创立运营的,教学设施完备,师资力量强大。学校秉承宽进严出的原则进行教学,学习质量和个人能力的培养都有相应的保障和提升。很多商学院都具备AACSB认证,学历含金量高。

3. 入学方式灵活。大学每年一、五、九月三次开学。无论是有语言成绩可以直申的学霸还是暂时还没准备好语言考试的双录取学生都能找到合适的入读方式。

4. 就业前景好。

5. 移民政策优惠。在公立院校就读两年以上,可获得三年毕业工作签证。尤其像安大略、魁北克这些省份,学生在满足一定的学术要求的情况下,毕业即可申请移民。

6. 签证获签率高。由于加拿大学习签证无须本人面签,对于一些学术成绩很优秀但表达能力薄弱的同学,无疑增加了签证申请的成功率。

二、加拿大院校及专业介绍

1. 加拿大经济学与商学专业世界排名

2017 年 US News 加拿大经济学与商学专业世界排名院校有着较强的实力。

①多伦多大学(University of Toronto),世界排名第 19

多伦多大学是加拿大一所著名的公立大学,始建于 1827 年,是加拿大最古老的大学之一。多伦多大学科研水平高,规模大,师资力量强,教学质量高,具备最新的教学方法和先进的教材,拥有世界级教学设备,被公认为是加拿大综合实力数一数二的优秀大学。凭借其规模、声望以及影响力,多伦多大学正吸引着加拿大国内及世界各地的顶尖学生。

②英属哥伦比亚大学(University of British Columbia),世界排名第 42

英属哥伦比亚大学是一所创建于 1908 年的位于加拿大卑斯省的公立大学。UBC 大学现在共有两个校区。学校总区位于温哥华市,为卑斯省最古老的大学,起初为研究性合作机构,后来逐渐发展为闻名国际的综合大学;另外位于基隆拿市的校区在 2005 年成立。学校提供的专业和课程非常广泛,很多学科如生物等在加拿大甚至世界上均属一流。

③阿尔伯塔大学(University of Alberta),世界排名第 80

阿尔伯塔大学是全加拿大五所最大的以科研为主的综合性大学之一,其科研水平居加拿大大学队伍的前列。在全国大学中,阿尔伯塔大学占皇家学者协会会员人数以及申请美国技术专利和技术转让总数均居第五位,其科研收入与所得资助总额居全国第五。

④约克大学(York University),世界排名第 84

约克大学位于加拿大第一大城市多伦多北郊,是全加拿大综合规模第三大的大学。一直以来约克大学以工商管理、法律、艺术设计、计算机科学、社会科学等专业而闻名。其附属的舒立克商学院的高级管理人员工商管理硕士(EMBA)在伦敦《金融时报》排名中名列全加拿大第一名。

⑤蒙特利尔大学(University of Montreal),世界排名第93

蒙特利尔大学是加拿大名列前茅的综合性大学,该校建立于1878年,如今已有130多年的历史。近几年来,学校各种学术研究成果在全加拿大综合排名第二。现有人数52631人,它是世界上最大的法语授课学校。

2. 其他优势院校及专业介绍

(1)曼尼托巴大学

曼尼托巴大学是一所综合性研究大学,拥有36所研究中心,涉及的范围包括:伦理学、年龄学、细胞生物学、健康政策之高等教育、地质勘探学、理论物理学。曼尼托巴省的大多数专业人士都毕业于曼尼托巴大学,学校毕业生在该省各个领域从事着护士、建筑师、律师、药剂师、工程师等专业性工作,且许多毕业生已成为曼尼托巴省的政治和商业方面的领袖。

(2)麦吉尔大学

麦吉尔大学有超过250个博士和硕士项目,并且始终致力于为研究生教育提供更多优秀、全面的学科及专业。研究生和博士后研究(GPS)负责研究生的入学和注册、管理研究生奖学金、管理毕业过程(包括检查论文)等。

麦吉尔大学和世界上众多国家与地区顶尖大学有学术往来,包括哈佛大学、剑桥大学、普林斯顿大学、加州大学伯克利分校、澳洲国立大学、北京大学等。与魁北克其他大学如蒙特利尔大学有学分转换协议。每年,很多科学、政治、文学及社会运动领域的杰出人物会到麦吉尔大学演讲。

三、申请准备

1. 硕士申请流程

(1)申请,处理文书,网申及寄送材料(具体时间以具体学校的截止日期为准),托福/雅思/GRE/GMAT送分。

(2)等待校方消息确定,看是否缺某项材料并及时补齐。

(3)各大学发布录取结果。

(4)如确认被录取,可以着手准备签证。

2. 硕士课程申请注意事项

(1)千万要注意申请时间

加拿大硕士课程通常在每年九月开学,但是申请的时间一般从前一年的九月开始。而在同一年的二月左右,申请就截止了,对于申请奖学金的学生,截止的时间更早。由于录取名额非常有限,尽早申请才不会错过录取机会。所以,把握好申请时间非常重要。

(2)申请技巧、文书写作很重要

申请技巧主要是指选择学校和专业方向,学校的选择应拉开档次,量力而行。专业也应与本科相近。

而文书写作则主要由个人陈述和本科教授的推荐信组成。在这两部分内容中,应充分地将个人的能力、兴趣爱好、未来的研究方向、对专业研究的认识一一客观地陈述出来,使未来的导师对自己有个全面的了解,增加申请的竞争优势。

(3)不鼓励学生转专业申请

加拿大高校不鼓励学生转专业读硕士学位,大多数情况下都要求申请的学生有相关的专业背景,因此转专业申请硕士学位的难度较大。在进行转专业申请之前,一定要对将要就读的专业进行详细了解。对于一些想转热门专业的学生,要在申请之前对于转专业申请的难度了解清楚。

最后,加拿大研究生院对于硕士申请者的录取要求比较高,申请者需要做好充分的准备。加拿大研究生院对申请人的大学平均考试成绩比较看重,申请加拿大硕士留学时,大学的平时成绩往往是重要的判定标准,其次不同大学语言要求不同,申请中要突出实践经验,这将成为申请亮点。

第五节　留学亚洲

近年来,亚洲留学热潮也备受关注。无论从费用、性价比还是教育质量等方面,亚洲都受到越来越多的学生和家长的青睐。在最新出炉的 QS 世界大学排名(2015—2016 年)中,亚洲各院校均有不错的名次,15 所入围前 100 名,近 60 所入围世界前 300,排名最高的为新加坡国立大学,世界排名 12。值得一提的是,香港城市大学,名次升至 57 名。另外,在 QS 亚洲大学排名中,新加坡国立大学、香港大学、韩国先进科技学院名列前三,远远高于排名第 7 的北京大学、排名第 11 的清华大学。由此可见,亚洲各院校完全不亚于欧美高校。

一、亚洲留学优势

1. 花费低廉。亚洲留学在保证高质量教育的同时,花费却相对低廉。与留学热门的美国、加拿大、英国和澳大利亚相比,亚洲留学性价比高,花费仅为这些国家的一半,甚至更少,每年 8—15 万元,这无疑减轻了很多工薪阶层家庭的负担。

2. 教育资源丰富,教学质量高。亚洲教育资源丰富,教学质量高,拥有世界领先的教育质量和前沿科技专业。众多高质量的院校也拥有更广阔的接纳度,无论学生目前的学习状况如何,亚洲留学都有很广阔的空间可以选择。

3. 亚洲留学提供了很好的带薪实习和与不同国家及学校相互交换学习的机会,给学生提供了充实自我、完善自我的平台,也为日后的工作和就业奠定了坚实的基础。其中部分国家和地区还实行无条件延签一年、移民政策优惠等有力措施,确保留学生及优秀人才的发展和引进。

纵观整个亚洲留学,已经形成了良好的生态循环,各个国家和地区之间文化相通,交流通畅。

二、日本篇

日本大学院针对留学生的申请方式有两种:一种是通过语言学校的方式直接报考大学院,参加院生考试及面试通过之后进入日本大学院正式的修士或博士课程。另一种在国内申请对应大学的"研究生",类似于大学院预科,赴日后在对应大学先进行学习和简单的研究工作,再通过考试的方式成为正式的院生。

理工科、医学、商科、法律等方向建议报考托福考试,另外提供英语成绩。申请材料以研究计划书为主,成绩单、推荐信、语言成绩都是必不可少的准备材料。

"二战"后,日本以科技立国,投入巨资振兴高等教育,使得日本科学家诺贝尔奖获得者数量位居亚洲第一。日本大学注重基础研究,以研究型的大学为主体,相对灵活的入学方式以及高额奖学金等对于留学生来说颇具吸引力。以东京大学为例,目前大学院的留学生在籍比例为 19.39% 。另外,为使 30 万留学计划能够顺利进行,并促进国际交流,日本选定包括东京大学、早稻田大学在内的 13 所日本国内顶尖大学,使用全英语授课,面向全球招收留学生的项目,称为"Global 30 Plan",简称"G30",所涉及学科包含文理科等 300 多个专业。申请 G30 全英文授课,学生要求提供托福或雅思成绩,参考在中国设置的考试和面试,对学生的英文成绩要求也在逐年提高。另外,成绩单、推荐信、高考及 SAT 成绩也成为重要的参考依据。硕士阶段可选择的专业增多,目前开设英文授课的学校多和国内"985"院校有合作,此类院校的背景学生申请成功率相对较高。

1. 东京大学

东京大学(The University of Tokyo),简称"东大",是一所本部位于日本东京都文京区的世界级著名研究型国立综合大学。作为日本最高学术殿堂和帝国大学之首,其在全球享有极高的声誉。东大诞生于 1877 年,初设法学、理学、文学、医学四个学部,是日本第一所国立大学,也是亚洲最早的西制大学之一。学校于 1886 年更名为"帝国大学",这也是日本建立的第一所帝国大学。1897 年,易名

“东京帝国大学”,以区分同年在京都创立的京都帝国大学。“二战”后的1947年9月,其正式定名为“东京大学”。

东京大学部分科系最早可以溯源到灵元天皇时期,学校主体由“东京开成学校”与“东京医学校”在明治维新期间合并改制而成。作为资本主义文明浪潮冲击下的直接产物,东大在日本社会有着举足轻重的历史性地位。截至2014年,东大培养了包括一名菲尔兹奖得主、六名沃尔夫奖得主、八名诺贝尔奖得主、16位日本首相、21位(帝国)国会议长在内的一大批学术名家、工商巨子、政经精英,在日本国内的影响力和知名度都无可比拟。

2. 早稻田大学

早稻田大学(Waseda University),简称“早大”,本部设在日本东京都新宿区,是日本久负盛名的顶尖大学之一。1882年伴随着“学问要独立”的宣言声,早稻田大学于东京诞生。而今,风雨走过134年的早稻田大学,已发展成为一所世界知名学府。

早稻田大学共有五处校区。由地处东京市中心西北部新宿附近的西早稻田校区(本部)、户山校区、北九州校区、大久保校区和30公里以外的所泽校园构成。早稻田大学的“稻门会”与东京大学的“赤门会”是日本建筑学两大学阀。

早稻田大学以追求学术的独立、学术的活用、造就模范国民为建校宗旨。

3. 京都大学

京都大学(Kyoto University),简称“京大”,是一所本部位于日本京都市左京区的世界级顶尖研究型国立综合大学。1897年,其被设立为“京都帝国大学”。“二战”后,正式更名为“京都大学”。京都大学作为日本第二所设立的旧制帝国大学,与东京大学分处日本东西两方,两校一直以来都是日本国内齐名的最高学府。但是,两校的传统与办学目标迥然不同。东大以培养治国人才为主,京大则以培养科学家见长。在科学研究方面,作为日本近畿地区最高学府的京都大学,其培育出的人才和成果可以说是享誉世界,因而被誉为“科学家的摇篮”。

迄2014年为止,京都大学已经诞生了10位诺贝尔奖得主、两名菲尔兹奖得主、一名沃尔夫奖得主、四名拉斯克奖得主、四名芥川奖得主、日本唯一的达尔文-华莱士奖章得主,以及两位日本首相,世界500强企业CEO校友数全球第18名,可谓巨擘辈出,其毕业生在科研学术界普遍拥有举足轻重的地位。

CWUR 2015年世界大学排行榜全球排名第17名。

三、韩国篇

在中国直接申请韩国研究生的群体中,大部分为韩语专业毕业的本科学生,他们大多数韩语基础良好,在大学初期就已经做好了留学的准备,对学校情况十分了解,韩语专业毕业的本科生倾向于申请“商科”“传媒”类的韩国热门专业。此外,韩国发达的传媒业和电视业吸引了很多学生去韩国学习相关专业,也有在韩企工作的白领阶层想要重回校园提升职业能力。

韩国的研究生一般称为“大学院”,学制为两年。韩国大学院分为一般大学院、特殊大学院和专门大学院,它们本质上没有太大的区别,毕业证也都是相同的。

1. 首尔大学

首尔大学又称首尔国立大学,原名汉城大学,是韩国综合排名第一的高等学府。首尔大学位于韩国首尔市,是韩国成立最早的国立综合性大学(其前身为旧京城帝国大学),一直是韩国高等教育的典范,被称为“韩民族最高学府”。首尔大学的世界排名一直为韩国首位,是亚洲顶尖的高等学府。近几十年来,首尔大学得到了划时代的发展,现今已成为享誉国际的教育与研究机构。

2. 延世大学

延世大学(Yonsei University)作为韩国大学中历史最悠久的大学,是一所以基督教精神为准则而设立的高等学府。延世大学成立于1885年,它的前延世大学本馆身是延禧大学,广惠院和世博兰斯医科大学。1957年1月,延禧大学和世博兰斯医科大学正式合并,从原名中取首字,组成了延世大学。

四、新加坡篇

新加坡的课程主要以理工科类见长,在国际上知名度很高,并且新加坡院校与北美以及欧洲世界顶尖的理工科院校都有深度的合作。新加坡政府大力引进国际型人才,针对中国学生单独设计了政府助学金计划,只要学生可以接受在毕业后留在新加坡工作,最高可获得80%的学费减免,极大程度地降低了学习成本。

新加坡学校从性质上分为公立和私立两类。新加坡拥有五所公立大学:新加坡国立大学、南洋理工大学、新加坡管理大学、新加坡科技设计大学和新加坡新跃大学。其中,新加坡新跃大学不招收国际学生。剩余的四所公立大学,中国学生最熟悉的是前两所,新加坡国立大学和南洋理工大学,目前在QS世界综合大学排名中分别为第12和第13名。这两所大学同样以理工科类专业闻名于世界。其中像材料科学、化学、电气工程、机械工程、航空航天工程、土木及结构工程、计算机科学、生物科学、环境科学等专业的排名都在世界前10名。其他像会计、金融、法律、统计、经济、语言学等专业也都在世界前20名,另外还有其他多项排名前50名的专业。新加坡管理大学主要专业以商科为主,比如金融、金融服务、管理等,多个专业都和世界前20强的商学院有合作,像卡斯商学院、沃顿商学院等,管理大学的主要目的就是以培养商业精英为主。

1. 新加坡国立大学

新加坡国立大学(National University of Singapore),简称国大(NUS),是新加坡首屈一指的世界级顶尖大学,为东亚 AACSB 认证成员、东亚 EQUIS 认证成员、国际研究型大学联盟成员、Universitas 21 大学联盟成员、环太平洋大学协会成员,在工程、生命科学及生物医学、社会科学及自然科学等领域的研究享有世界盛名。

新加坡国立大学前身为 1905 年成立的海峡殖民地与马来亚联邦政府医学院;1912 年,该校改名为爱德华七世医科学校。1928 年,莱佛士学院成立。1949 年,爱德华七世医学院与莱佛士学院合并为马来亚大学。1955 年,新加坡华人社团组织创立了南洋大学。1962 年,马来亚大学位于新加坡的校区独立为新加坡大学。1980 年,新加坡大学和南洋大学合并,校名定为新加坡国立大学。

根据 2015 年 4 月学校官网显示,学校建有肯特岗、武吉知马和欧南园三个校区;设有 16 所学院,包括一所音乐学院;有教学人员 2374 人,在校学生 37972 人,其中本科生 27975 人、研究生 9997 人。

2. 南洋理工大学

南洋理工大学(Nanyang Technological University),简称南大,是新加坡的一所公立研究型大学。此大学的主要校园,也被称为"云南园",位于新加坡的西南部。南大的任务是通过不同的学科培养具有创造力的人才和企业的领袖。

新加坡硕士和博士的申请都是择优录取,本科院校的级别、成绩的高低、专业的对口程度、语言成绩的高低、工作经历、科研经历、比赛经历等都是学校的考核点,学生可以根据自身的能力,来做申请准备。

求职篇

第一节　简历的准备

每个毕业生在求职的过程中，都会有投递简历的经历，有的人是一击即中，但是有的人海投了无数简历后仍然一无所获。找工作的第一步就是写出一份漂亮的简历，因为对一个不了解你的企业来说，简历是与这些企业进行交流、让其了解你的唯一途径。没有吸引人的简历，也许你连面试的机会也没有，更别说得到一份工作了。如何制作一份成功率比较高，同时又比较适合自己的简历？

一、简历的基本构架

简历其实可以解释为简单的个人履历或经历。绝大多数的用人单位都在追求效率，因而没有必要将自己的简历编成厚厚的一本。讲清楚实质内容即可，诸如小学在哪里上的就无须说明了。需要的是要把毕业于某某学校某某专业写清楚，而用较大的篇幅来体现你其他的优点，比如你的特长、爱好，当然是要和你应聘的职位相关的，有助于你做好这份工作的。

在撰写简历时不能突兀地直接描述，而应该一项一项来，从名字，到国籍、性别、年龄、出生地、婚姻状况、家庭地址、教育经历等逐步展开。这样也符合正常人认识事物的规律。

一般来说简历可以分成四个部分。

（一）个人基本情况

应列出自己的姓名、性别、年龄、籍贯、政治面貌、学校、系别及专业，婚姻状况、健康状况、身高、爱好与兴趣、家庭住址、电话号码等。这部分通常安置于简历最前端，让主考官一目了然应征者背景、年龄、性别等。一般来说，个人基本情况的介绍越详细越好，但也没有必要画蛇添足，一个内容要素用一两个关键词简明扼要地概括说明一下就够了。以简洁、扼要为原则。联络电话千万别忘记，包括手机号码，务必要让面试单位易于联系。

（二）学历情况

个人学历情况主要是个人从高中阶段至就业前所获最高学历阶段之间的经历，应该前后年月相接。应写明曾在某某学校、某某专业或学科学习，以及起止期间，并列出所学主要课程及学习成绩，在学校和班级所担任的职务，在校期间所获得的各种奖励和荣誉。尤其是要体现与你所谋求的职位有关的教育科目、专业知识。不必面面俱到（如果用人单位对你的大学成绩感兴趣，可以提供给他全面的成绩单，而用不着在求职简历中过多描述这些东西），要突出重点，有针对性。使你的学历、知识结构让用人单位感到与其招聘条件相吻合。

学历可以勾勒求职者过去的学习背景，当然影响到面试官的判断。建议从最高学历写起，依次往下推，例如：研究所、大学、高中等，并注明取得学位的日期。请注意，将来工作一段时间之后如果要换工作，由于上班族终身学习的重要性，相关的短期进修或是专业机构研习也可以列入，如能得到相关证照，必能为履历加分。学历栏请去除无关紧要的资料，只记录重要部分就好。

（三）工作资历情况

若有工作经验，最好详细列明，首先列出最近的资料，后详述曾工作单位、日期、职位、工作性质。

针对工作经验这一部分，很多求职者不知具体该如何填写。总的原则是：善于让事实说话，用充分的事实来征服用人单位，来取信于用人单位。比如说自己成绩优秀，不如说你在班级的成绩名次；说自己写作能力强，不如说发表过几篇文章；说自己组织能力强，不如说组织过某次活动。有分量的求职材料，一定要把自己的才华充分展示出来，使自己在应聘时多一些优势，从而增加被录用的机会。如应聘推销员，就应展示你学习营销专业、推销实践技能、推销能力等方面的才华。有分量的求职材料，巧于“货比货”，把自己的成绩巧妙放在学校或专业的排位上来进行比较，从而达到更加突出自己的优势的目的。

应届毕业生缺乏工作经历，该如何填写自己的工作经历？

应届毕业生工作经历不足，别担心，只要是正当的打工经历你都可以列入。而社团经验、担任班级或院系学生会干部等，也可以突显你的企划及执行能力。写清楚你曾担任怎样的职务，同时强调获得哪些成果。例如，只写经办某些系列讲座显然不够完整，你可以在附注中写上经办讲座的内容、邀请哪些人、制作文案宣传、安排场地等，就可以突显你有办大型活动的执行力。

应届毕业生有其特有的职场竞争力，招聘企业更看重的是求职者的整体素质和职业道德，工作经历并不是决定因素。简历包装如果从适度演变成过度，即使个人当时被单位录取，在以后的工作中也很可能被解雇，反而得不偿失。所以，对应届毕业生求职，提个建议：与其在简历中掺杂水分，不如加强自己的综合素质，增强职场竞争力。

（四）求职意向

即求职目标或个人期望的工作职位，表明你通过求职希望得到什么样的工种、职位，以及你的奋斗目标，可以和个人特长等合写在一起，主要表明本人对哪些岗位、行业感兴趣及相关要求。

二、简历中照片的挑选

在简历制作中有一个细节不容忽略，那就是照片。那么，该如何挑选自己的简历照片呢？

一般很多应届毕业生多以黑白学生照为履历上的照片，原则上是可以接受的。如果拍彩色照片就必须注意穿着，例如：男士要穿西装打领带，头发梳理整洁；如果是女生最好画淡妆，穿正式一点的服装。

照片带给招聘单位的第一印象很重要。招聘的时候经常发现一些应聘者在这点上犯错。比如觉得一般的照片不够精彩，就选择唯美的艺术照，希望用更好的形象吸引招聘人员的注意。但这样的照片虽然反映了应聘者的认真态度，但显得太艺术，不够真实和正式，让人担心应聘者的职业风范。还有的应聘者不够重视，随便找个照片贴上。比如有的用几年前拍的照片，显得人不够成熟；有的用的照片质量太差，上面的人的表情让人难受，这些都不行。简历的照片不宜作怪，穿着打扮和姿势都以端正为佳。一张或热情、或朝气、或思考、或坚毅、或充满信心的年轻面容才是用人单位最想看到的。旅游照、居家照、快照、沙龙照等，都不适宜。粘贴照片的位置宜摆在第一页右上角，邻近个人数据域。

三、简历制作注意事项

简历写好后，在简历制作的过程中有些问题也是需要格外注意的。

（一）简历应朴素

现在学生制作简历的水平越来越高，要打磨好这块敲门砖，注意一些基本事项就可以，“朴素、简练、意向明确，这就是一份好简历”。过分关注简历制作，有时还会顾此失彼，忘了最重要的内容。比如有的简历，封面是全英文的，连应聘者的中文名字都没有，内页却是全中文的，没有英文简历。

（二）个性的运用

个性在简历上如何运用也值得探讨。有专家给一份个性简历“号脉”：这份简历封面精美，内页以个人照片为浅底色，栏目名称也是“关于我”“我上过的学”“我学过的课”等别出心裁的用语。面试专家承认这份简历引起了他的关注，但他认为，简历的个性首先要与求职者的个性、求职的工作风格相吻合。“这位同学学的是思想政治专业，应聘的岗位是辅导员，而他的简历风格，更适合应聘平面设计之类的岗位”。

（三）“ONEPAGE”简历

专家告诉我们，人力资源部门更喜欢简练的“ONEPAGE”（1 页）简历，那种“一目了然”“用一张纸就能把自己的特点描述清楚”的简历是最受欢迎的。人事部在筛选简历的时候，通常在一个简历上最多用 30 秒钟时间，如果没有一个脉络清晰、信息准确的简历，要脱颖而出，确实是很难的。有的学生的简历有五六页，我们要花大量的时间才能找到需要信息，效果适得其反。那些把简历写成“我的前半生”式的淘汰的概率也最大。那究竟什么才算作是一份“一目了然”的简历呢？这样的简历要满足一个最基本的要求——目标明确、有的放矢。

第一，在申请大公司的职位时，一定要在简历最醒目处，明确表述清楚自己希望工作的“目标城市”“目标部门”以及“目标岗位”。

第二，在分析了招聘职位的要求后，明确分析自己是否具备该职位所必需的各项能力。并紧紧依据职位的要求，来给出你认为自己称职的几点理由。

第三，你所参加的实践、项目以及自己写的论文等不要全部写出来，只需描述与应聘职位要求相关的经验、经历就可以了。

第四，如果用人单位收非电子版本简历的话，应聘者最好提供中文、英文简历各一份。如果是在线给用人单位发送简历的话，一般无法提供完整的英文简历。遇到这种情况，应聘者也不要急，只需要按照在线要求一一填写就行了。因为，大的外资公司，初步的简历筛选一般只由中方员工完成，当通知面试时再带去一份英文的简历就可以了，而且一般公司的外方管理者从第一轮面试时才参与人才的选拔工作。

第五，一份“一目了然”的简历，一定是把应聘者的最大特点放在简历的前面突出的位置，千万不要让筛选简历的人，从你的简历里挑选、寻找。这样的简历也是被淘汰的对象。

第六，填写学历时，切记要把最高学历放在最前面，用倒叙的手法来写。

（四）证书的附加

在第一轮投递简历时，最好不要附加各种证书，等到面试时再提供证书。很多学生在第一轮递简历时就附加很多证书的现象,人力资源专家提醒说,千万不要这样做,也无须这样做。一份厚重的简历只会让简历筛选者生厌。所以,最好不要在第一份简历后,附加各种证书。其实公司人力资源部门,以及招聘部门负责人,在第一轮筛选简历时,几乎不会花时间去看简历后附的内容。

最好的做法是:在用人单位通知你参加笔试、面试时,才提交你那些与申请职位相关联的证书,而且必须是如实提供相关证书。

(五)严谨准确的用词

很多学生为了表现自己的组织协调能力,在描述实习经历时常常用到"负责公司某某项目,成功地做过某某项目"这样的语句。其实人事部门都清楚,一个实习生是不可能独立承担公司的项目的。"负责"之类的语句,会给人夸大其词的感觉,用"参与""协助"会更合适。恰当的用语也是一份合格简历所必需的。慎用"负责"二字就是专家们给学生的建议之一。

(六)明确的求职意向

简历首先要给人事部门传达明确的求职意向,你想应聘什么岗位。比如有的求职信,在开头就清楚地表达了应聘与所学专业吻合的财务助理岗位,希望得到面试机会。这样人力资源部门就一目了然了。现在求职竞争激烈,不少学生都在简历上花了很大篇幅去描述自己的专业知识、特长等,却没有表达自己的求职意向、希望应聘的岗位。有的学生会有这样的想法,你们要我就可以了,我做什么工作都可以。但我们的很多岗位都需要有专业知识,你语焉不详,人事部门一不会帮你挑合适的位置,二则以为你在职业追求上没有做很好的考虑。

我们在制作简历时一定要避免过于简单或过于粗略、条理不清、简历的布局不合理、虚假不真实、字迹不清,错字连篇、求职目标不明确等现象。要留心一点的是,正式面试的时候往往也会要求你出示简历,所以一定要注意多打印一至两份,但也别打的太多,要注意应聘不同的企业或岗位时根据实际情况调整自己简历的重点。简历制作要避轻就重,避短就长,突出重点,突出进步。简历的最高目标,就是引起用人单位对你的兴趣。简历本身并无多少真正的禁忌,只看它是否适合你所应聘的职位,并能抓住应聘单位的需求点,恰如其分地表达出你的优势。

四、英文简历

中英文简历齐全是目前求职的基本要求,无论是国企、外企或者政府部门,外语已成为必需工具。因此,中英文简历显然要比一般的简历更具竞争优势。

在英文简历的书写过程中,一定要注意简历中要少用复杂句,精确的简单句更容易打动人事经理,如果为显示自己的英文水平,而屡屡使用复杂长句,不仅会给人留下杂乱的感觉，还容易留下语法错误。英文简历完成后，最好请专业人士检查一下拼写和基本语法是否错误，结构是否有问题。

第二节　职位的选择

对于大多数应届毕业生而言，第一份工作的选择是非常重要的，很多内容都是我们应该认真考虑的。很多毕业生比较犹豫选择职位是坚持自己的兴趣还是坚持自己的专业。其实，选择专业方向还是兴趣方向都不重要，工作和谈恋爱不一样，是一个理性行为。

工作的本质是让自己具备越来越值钱的工作能力。工作根本没有让你更有乐趣、更漂亮、更健康的义务，一切认为“工作应该充满乐趣”的念头都是耍流氓。找工作应该是这样一个决策过程：首先要想清楚什么是好工作，如果要么符合专业，要么符合兴趣的好工作，那世界上就基本不存在离职辞职再入职的浪费时间的事了；其次了解怎么去做出明智的选择。

一、什么样的职位是好的职位

对于大多数毕业生而言，我们眼中好职位、好工作无外乎符合下列条件：能够提高自己的价值、能够改善自己的生活、能够消除对人生意义的怀疑。

（一）能够提高自身价值

好工作首先会显著提高自身价值。只有能力不断提高，你的单位工作时间，才能创造更多的价值，享有更好的价格，从而在未来，当你的体力已经远远不及年轻人的时候，却能过上更自由的生活。人生最好是先抑后扬。奋斗会很累吗？不会比上学累，还不用交学费。

确立了这个标准，来思考哪些因素不属于可能提升你价值的：工作环境好？地段好？美女很多？工资多一千？上班不打卡？年假多三天？这些因素就会变得没有价值，不应该纳入你是否接受这个工作的考虑范畴。

另外一些因素就变得很重要：带你的老板牛不牛？是不是可以学习到行业内最专业的工作方法？是不是能接触到最一流的技术？能不能参与好项目？有没有厉害的合作伙伴？是不是业内最高标准作业？等等。

（二）能够改善生活

要改善生活，这是在一家公司长期发展的必要非充分条件。让自己和家人生活得更好,是你的责任,也是幸福的源泉。特别需要提醒的是,眼界要长远,不要只看到眼前。在一家公司还不到一年的情况下,根本无法正确判断这一点。如何快速判断,也有捷径:去看那些兢兢业业工作、业绩又突出的同事是否在核心岗位上,而那些八卦的、无所事事的是不是处于边缘化;业绩突出的人是否随着年限增加获得了超常规的回报。如果是这样,这必然是个靠谱的公司、靠谱的工作。你要成为什么样的人,就跟什么样的人在一起。

(三)能够消除对人生意义的怀疑

一份好的工作能有助于帮助我们塑造一个健康积极的"三观"。大多数人都曾因为工作怀疑过人生,如果压抑的感觉持续性地不消退,那就迅速撤离。一个公司、一份工作存在的意义在于替人类社会解决了某一个问题。如果是一家好的公司,那么不但解决了问题,还促进了社会的进步和升级。而的确有为数不少的工作,根本没有积极的社会意义。比如那些恶俗炒作的公关公司(配合一些短视的公司提高知名度),在街上发传单的工作,一些靠吃吃喝喝送送礼维护关系的工作,做了就会让你怀疑人生的意义。不管这些是不是正对你的专业,或者正是你的兴趣,都应该迅速放弃。

二、如何选择好的职位

每个毕业生离开学校踏入社会,都会面临形形色色、五花八门的职位和工作。那么怎样从众多选择中,慧眼看到那份让我们更接近幸福和智慧的好工作呢?

(一)从第一份工作开始,就学会看行业大势

有这样一个案例,大概在五年前的时候, ·位年轻人面临着一次换工作的机会,当时给他最高"offer"的是一家做电视购物的公司,他跟那个主管聊的也非常投缘。但是他最终没有去,就是因为他考虑到电视购物是一个夕阳行业。

这样的人还会相信电视购物吗? 并不会。所以这个行业终究会面临转型或者升级换代,或者直接被淘汰。这都非常非常有可能发生。后来这位年轻人搜索了一下,那家电视购物公司现在已经没有任何新闻了,最后的新闻停留在 2012 年。也许这个公司已经关闭了。最终他选择进入互联网行业,从目前来看就是一次对的选择。

(二)要特别关注公司业绩是否在稳定的提升

上市公司的话,近几个季度的财务报表就能够看出来了,如果是非上市公司的话主要是看它的产品销售情况。很多人会认为自己是否升职加薪,取决于自己跟主管的关系,其实最根本的原因是这家公司有没有这个空间给员工升职加薪。

(三)要看主管还想不想奋斗

最后很重要的一点是看自己的直接主管有没有奋斗精神。大家普遍认为的好主管,都是指的好相处,比如脾气温和,批评都是私下的,表扬都是当面的。但其实在现实生活中,你真的会发现一个好的主管,用一句大白话讲就是如果你干得不错,那么这个主管除了给自己加工资,还能想到也给员工加工资,这就已经是一个好主管了。其他的都是些细枝末节。

三、公务员的职位选择

现在,越来越多的毕业生倾向于毕业后考取公务员,这也是一个非常不错的职业选择。报名是重要的一步,有句话道,"考得好不如报的好",虽然有些夸张,但也不乏一定的道理。同样是一样的分数,有的同学就能进入到面试,有的就与面试差之千里,这不能不说与报名时的职位选择有很大的关系。那么,公务员的考试中如何进行有效的职位选择呢?

一般而言,职位选择与三方面的因素有关:一是自身条件;二是职位情况;三是自我规划。其中,自身条件包括爱好、专业、政治面貌、基层工作经验等,又包括考试水平、社会关系、专业情况、潜力因素、心理承受等。职位情况包括地域、部门、薪资、发展空间等,还包括职位要求、职位内情、职位竞争层级等。自我规划主要指自己对将来的发展构想。同时还要考虑到报考因素,如报名人数多少,竞争比例多少。想选一个相对较优的职位,必须对上述三大方面的影响因素进行综合分析,详细思考,否则,会做出一些令自己很被动的选择来。

(一)深入分析自身条件

对自己做一个预估,分析自己笔试水平大概能达到多少分的水平,可通过做历年公务员考试的真题做出比较准确的评估。也可找专门机构或专业人士辅助进行。然后根据自身笔试水平,划定自己所适合的竞争层级范围。一般可把笔试水平分为100以下,100~110,110~120,120~130,130~135,135以上六个档次。相应的职位竞争层级也分为一级(最低)、二级(较低)、三级(一般)、四级(稍高)、五级(较高)、六级(最高)六个层级。根据自己评估水平(级别)对号入座划定适合自己的相应竞争层级职位。

(二)根据自己专业、户籍、年龄等条件,初步筛选能报考职位范围

对筛选出来的职位进行竞争层级分类,按照上述六个级次分类,这一步最好找有经验的或专业人士进行分类,以减少误差。对于职位的竞争层级影响因素,我把其分为职位魅力、职位地域、专业范围、户籍限制、年龄限制、学历限制及其他要求七个变量。对于每一个职位,我们都可以根据这七个变量对其进行竞争层级

评估。

(三)根据自己的考试水平级次和职位竞争层级,选择两者相当的职位。

竞争层级和自身笔试水平级次相当的职位就是基本适合自己的职位。以上分析,忽略了自身规划因素,如果加上自身规划因素,可能又会出现不同的职位选择情形。集合自我规划因素的职位选择类型不外乎有以下三种:只要能考上即可(保稳型)、职位发展潜力优先(开拓型)、充分用足自己的水平(正好型)。对于保稳型而言,只考虑职位竞争层级即可,在自己能报的职位范围里选择竞争层级最低的那个报考就行。对于开拓型而言,只考虑职位竞争层级即可,在自己能报的职位里选择竞争层级较高的那个报考就行。对于正好型而言,选择和自己笔试级次相当的竞争层级职位即可。

具体来讲,如何在两万多个职位中选取到适合自己的心仪职位呢,看懂职位表是重要的一步。以 2015 年国家公务员考试职位表为例,分四个表单:中央党群机关、中央国家行政机关、中央国家行政机关直属机构和派出机构、国务院系统参照公务员法管理事业单位。在这里要提醒考生的是,在国家公务员报名系统里,显示的是五个系统:中央党群机关、中央党群参照公务员法管理事业单位、中央党群机关参照公务员法管理人民团体和群众团体、中央国家行政机关及其直属机构和派出机构、国务院系统参照公务员法管理事业单位。在报名系统里,中央党群机关、中央党群参照公务员法管理事业单位、中央党群机关参照公务员法管理人民团体和群众团体这三个里面的职位其实跟职位表里中央党群机关一样,而职位表里面的中央国家行政机关、中央国家行政机关直属机构和派出机构在报名系统里合成了中央国家行政机关及其直属机构和派出机构。这一点是考生要注意的。

考生可以先选择一个自己想报的系统,然后再在具体的职位里查找适合自己的职位。会使用 Excel 表格的同学在查找适合自己的职位时会更快捷一些。下面教考生一些查找技巧。

第一步:先从“基层工作经验”入手挑选

对于应届生而言,是没有基层工作经历而言的,所以,建议应届生先将基层工作经验一栏为“无限制”的职位挑选出来。

如 2015 年中央党群机关的 252 个职位里,对基层工作经验无限制的职位仅有 57 个,这就大大降低了职位挑选的难度。

在此要提醒考生,离校未就业高校毕业生到高校毕业生实习见习基地(该基地为基层单位)参加见习或者到企事业单位参与项目研究的经历,可视为基层工作经历。应届毕业生在校期间的社会实践经历,不能视为基层工作经历。

对于社会在职人员,基层工作经验一栏应选择自己符合条件的最长年限。比如考生具有六年基层工作经验,他可以选择的是“二年”“三年”“四年”“无限制”“五年及以上”,为了最大降低竞争人数,考生应选择“五年及以上”。

第二步:按照“学历”挑选

剩下的职位,考生可以先选择适合自己的学历,比如一名本科生可以选择:“本科(仅限本科)”“本科或研究生”“本科及以上”。为了最大降低竞争人数,本科考生应选择“本科(仅限本科)”。这样又会剔除掉一批职位,最后剩下的职位就寥寥无几。

第三步:按照“专业”挑选

学历选完之后,考生可以选择专业,比如英语专业的考生,可以筛选包含“英语”两个字的专业。

在专业这一步,会剔除一大批职位。提醒考生,由于很多考生对自己的专业只知道精确名称,比如有考生的专业为“政治学”,但政治学属于法学,因此考生也可以筛选“法学”专业(考生可参考教育部专业指导目录)。但是由于每个部门有自己的特殊情况,考生在拿不准的情况下,建议考生要致电用人司局询问专业详细招录情况。

第四步:注意“其他条件”和“备注”栏

这些职位选择出来之后,考生还需要看的是“其他条件”和“备注”栏。如有一职位要求英语专业八级合格,如果你不是,此职位就得剔除。

第五步:看职位本身条件

当剩下所有职位你都符合标准的时候,这个时候就要看职位本身的条件了。比如“部门名称”“用人司局”“机构性质”“机构层级”“职位属性”“职位名称”“职位简介”,看看此职位属于哪个部门,从事什么方面的工作,是否符合你的心理预期。

第六步:看其他相关栏

比如“是否组织专业考试”“面试人选与计划录用人数的确定比例”“政治面貌”等这些看似不是很重要的选项,可能成为最后的绊脚石。所以考生要三思而后行。如果你的面试很强,而笔试较弱,那么适合报考 5∶1 的职位,反之则报考 3∶1 的职位,二者相当的话就报考 4∶1 的职位。

第七步:查看备选职位报名人数

当你挑选到若干个合适的职位时,就可以去报名系统找到相应的职位了。在这里,考生应该查看关注备选职位的报名人数,从中选择一个竞争较小的职位报考。

首先,登录国家公务员考试录用系统。

点击“报名情况浏览”按钮进入报名情况浏览页面。

根据选择职位所在的系统,选择相应属性后,点击“查询”按钮进入相应系统页面。

找到职位所在部门职位名称,点击“查看详情”进入相应部门具体职位情况页面。

根据职位名称及职位等信息找到相关职位,查看该职位报名人数。

备考建议:对于公务员考试有初步了解的报考人员,此阶段考生要做的是结合辅导资料进行专项复习,查漏补缺。对于没有考试经验的人来说最好是通过系统的国家公务员考试笔试通关班来备战今年的国考。对于大多数报考面授培训的考生来说,时间和区域以及一对多的培训模式都是影响最终效果的因素,建议考生综合考虑后慎重选择。

第三节　面试的技巧

在大学生毕业就业时,面试是一个非常重要的过程,有些大学生在这个过程中感到不知所措,或者做得不好,使自己在求职中因小失大,达不到成功就业的目标。在求职过程中注意以下基本礼仪和技巧,才能达到事半功倍,增强面试的有效性。

一、面试中的基本礼仪

(一)守时

一旦和用人单位约好面试时间后,一定要提前 5 ~ 10 分钟到达面试地点,以表示求职者的诚意,给对方以信任感,同时也可调整自己的心态,做一些简单的仪表准备,以免仓促上阵,手忙脚乱。为了做到这一点,一定要牢记面试的时间地点,有条件的同学最好能提前去一趟,以免因一时找不到地方或途中延误而迟到。如果迟到了,肯定会给招聘者留下不好的印象,甚至会丧失面试的机会。

(二)沉着冷静

进入面试场合时不要紧张。如门关着,应先敲门,得到允许后再进去。开关门动作要轻,以从容、自然为好。见面时要向招聘者主动打招呼问好致意,称呼应当得体。在用人单位没有请你坐下时,切勿急于落座。用人单位请你坐下时,应道声“谢谢”。坐下后保持良好体态,切忌大大咧咧、左顾右盼、满不在乎,以免引起反感。离去时应询问“您还有什么要问的吗”,得到允许后应微笑起立,道谢并说“再见”。

(三)回答问题有条理

对用人单位提出的问题要逐一回答。对方向你介绍情况时,要认真聆听。为了表示你已听懂并感兴趣,可以在适当的时候点头或适当提问、答话。回答主试者的问题,口齿要清晰,声音要适度,答话要简练、完整。一般情况下不要打断用人单位的问话或抢问抢答,否则会给人急躁、鲁莽、不礼貌的印象。问话完毕,听不懂时可要求重复。当不能回答某一问题时,应如实告诉用人单位,含糊其辞和胡吹乱侃会导致面试失败。对重复的问题也要有耐心,不要表现出不耐烦。

(四)举止大方

在整个面试过程中,要保持举止文雅大方,谈吐谦虚谨慎,态度积极热情。如果用人单位有两位以上主试人时,回答谁的问题,你的目光就应注视谁,并应适时地环顾其他主试人以表示你对他们的尊重。谈话时,眼睛要适时地注意对方,不要东张西望,显得漫不经心,也不要眼皮低望,显得缺乏自信,激动地与用人单位争辩某个问题也是不明智的举动,冷静地保持不卑不亢的风度是有益的。有的用人单位专门提一些无理的问题试探你的反应,如果处理不好,容易乱了分寸,面试的效果显然不会理想。

二、面试中的自我介绍

许多企业在面试时自我介绍都是三分钟,那么这三分钟该如何来分配时间呢? 以下,专家介绍了企业面试三分钟自我介绍的有效途径。基本原则是一分钟谈一项内容。自我介绍的时间一般为三分钟,在时间的分配上,第一分钟可谈谈学历等个人基本情况,第二分钟可谈谈工作经历,对于应届毕业生而言可谈相关的社会实践,第三分钟可谈对本职位的理想和对于本行业的看法。如果自我介绍要求在一分钟内完成,自我介绍就要有所侧重,突出一点,不及其余。

在实践中,有些应聘者不了解面试自我介绍的重要性,只是简短地介绍一下自己的姓名、身份,其后补充一些有关自己的学历、工作经历等情况,大约半分钟左右就结束了自我介绍,然后望着考官,等待下面的提问,这是相当不妥的,白白浪费了一次向面试官推荐自己的宝贵机会。而另一些应聘者则试图将自己的全部经历都压缩在这几分钟内,这也是不明智的做法。合理地安排自我介绍的时间,突出重点是首先要考虑的问题。

1. 切勿采用“背诵”口吻

人力资源专家指出,自我介绍可以事前准备,也可以事前找些朋友做练习,但自我介绍应避免书面语言的严整与拘束,而应使用灵活的口头语进行组织。切忌以背诵朗读的口吻介绍自己,如果那样的话,对面试官来说,将是无法忍受的。自我介绍还要注意声线,尽量让声调听来流畅自然,充满自信。

2. 只说与职位相关的优点

自我介绍时要投其所好摆成绩,这些成绩必须与现在应聘企业的业务性质有关。在面试中,你不仅要告诉考官你是多么优秀的人,更要告诉考官,你如何地适合这个工作岗位。那些与面试无关的内容,即使是你引以为荣的优点和长处,你也要忍痛舍弃。在介绍成绩时,说的次序也极为重要,应该把你最想让面试官知道的事情放在前面,这样的事情往往是你的得意之作,也可以让面试官留下深刻的印象。

3. 以说真话为前提

面试自我介绍时,要突出个人的优点和特长,你可以使用一些小技巧,比如可以介绍自己做过什么项目来验证具有某种能力,也可以适当引用别人的言论,如老师、朋友等的评论来支持自己的描述。但无论使用哪种小技巧,都要坚持以事实说话,少用虚词、感叹词之类。自吹自擂一般是很难逃过面试官的眼睛的。至于谈弱点时则要表现得坦然、乐观、自信。

4. 应届生面试如何做好“自我介绍”

面试自我介绍,在人才招聘过程中起到至关重要的作用。应届生面试自我介绍,是一个非常关键的部分,面试如何做好“自我介绍”,需要把握的原则也很重要,因为这将是你留给面试官的最重要的第一印象阶段,它会影响整个面试过程,同时这也是你在整个面试过程中唯一一段可以自由发挥的阶段,自我介绍的时候需要把握的原则,首先根据职位性质不同,所要把握的也将不一样,但一定要明了、突出重点。下面给大家看一下应届生面试自我介绍范文。

您好:非常荣幸能参加这次面试,我叫某某,来自(城市),是大学某专业本科的应届毕业生,希望通过这次面试能寻到我梦寐以求的职位。

在校期间我刻苦学习,不负众望分别获得两次二等奖学金,和一次的三等奖学金,用实际努力报答父母和师长的养育之恩。

除了学习之外,我还积极参加各种社会实践活动。我曾担任班级的宣传委员,组织了几次班级和学院的公益活动:如青年志愿者助残活动,向孤儿院儿童献爱心活动等。组织这些活动以及在活动中和成员的相处让我学到了很多东西,对培养自己的能力和人际关系的处理有很大的好处,为我更快地走向社会提供了良好的平台。

此外,计算机和篮球是我业余最大的爱好,我计算机过了国家二级,除熟悉日常电脑操作和维护外，还自学了网站设计等，并自己设计了个人主页。我是班级的篮球队主力，我觉得篮球不仅可以强身健体，还可以培养一个人的团队精神。

回顾自己大学四年的学习生活，我掌握了专业知识，培养了自己各方面的能力，这些对今后的工作都将产生重要的帮助。除此之外，也应该看到我的一些缺点，如有时候做事情比较急于求成，在工作中实际经验不足，等等。但“金无足赤，人无完人”，每个人都不可避免地存在他的缺点，有缺点并不可怕，关键的是如何看待自己的缺点，只有正视它的存在，通过不断地努力学习才能改正自己的缺点。今后我将更严格要求自己，努力工作，刻苦学习，发扬优点，改正缺点，开拓前进。

选择这个职位一方面和我的专业对口，另一方面它有很强的挑战性，我想依靠自身的努力实现自我的人生价值，为公司尽微薄之力，再次感谢给我这次机会，我感到很荣幸。

以上的这则面试自我介绍，不仅讲出了优点，也标注了自己的缺点，并重点强调了克服的方法，这是面试自我介绍时需要注意的一点，考官在了解你的同时，更会了解到和看到你未来工作的态度，以及一种积极乐观的心态，所以求职者一定要认真地对待自我介绍的这个面试环节。

三、应试者语言运用的技巧

面试场上你的语言表达艺术标志着你的成熟程度和综合素养。对求职应试者来说，掌握语言表达的技巧无疑是重要的。那么，面试中怎样恰当地运用谈话的技巧呢？

1. 口齿清晰，语言流利，文雅大方。

交谈时要注意发音准确，吐字清晰。还要注意控制说话的速度，以免磕磕绊绊，影响表达的流畅。为了增添语言的魅力，应注意修辞美妙，忌用口头禅，更不能有不文明的语言。

2. 语气平和，语调恰当，音量适中。

面试时要注意语言、语调、语气的正确运用。打招呼时宜用上语调，加重语气并带拖音，以引起对方的注意。自我介绍时，最好多用平缓的陈述语气，不宜使用感叹语气或祈使句。声音过大令人厌烦，声音过小则难以听清。音量的大小要根据面试现场情况而定。两人面谈且距离较近时声音不宜过大，群体面试而且场地开阔时声音不宜过小，以每个用人单位考官都能听清你的讲话为原则。

3. 语言要含蓄、机智、幽默。

说话时除了表达清晰以外，适当的时候可以插进幽默的语言，使谈话增加轻松愉快的气氛，也会展示自己的优越气质和从容风度。尤其是当遇到难以回答的问题时,机智幽默的语言会显示自己的聪明智慧,有助于化险为夷,并给人以良好的印象。

4. 注意听者的反应。

求职面试不同于演讲,而是更接近于一般的交谈。交谈中,应随时注意听者的反应。比如,听者心不在焉,可能表示他对自己这段话没有兴趣,你得设法转移话题;侧耳倾听,可能说明由于自己音量过小使对方难于听清;皱眉、摆头可能表示自己言语有不当之处。根据对方的这些反应,就要适时地调整自己的语言、语调、语气、音量、修辞,包括陈述内容,这样才能取得良好的面试效果。

四、应试者手势运用的技巧

其实,在日常生活交际中,人们都在自觉不自觉地运用手势帮助自己表达意愿。那么,在面试中怎样正确地运用手势呢?

1. 表示关注的手势

在与他人交谈中,一定要对对方的谈话表示关注,要表示出你在聚精会神地听。对方在感到自己的谈话被人关注和理解后,才能愉快专心地听取你的谈话,并对你产生好感,面试时尤其如此。一般表示关注的手势是:双手交合放在嘴前,或把手指搁在耳下;或把双手交叉,身体前倾。

2. 表示开放的手势

这种手势表示你愿意与听者接近并建立联系。它使人感到你的热情与自信,并让人觉得你对所谈问题已是胸有成竹。这种手势的做法是手心向上,两手向前伸出,手要与腹部等高。

3. 表示有把握的手势

如果你想表现出对所述主题的把握,可先将一只手伸向前,掌心向下,然后从左向右做一个大的环绕动作,就好像用手"覆盖"着所要表达的主题。

4. 表示强调的手势

如果想吸引听者的注意力或强调很重要的一点,可把食指和大拇指捏在一起,以示强调。

以上介绍的是面试中常见的手势,但要达到预期的目的,还应注意因时、因地、因人灵活运用。

五、应试者回答问题的技巧

1. 把握重点,简洁明了,条理清楚,有理有据。

一般情况下,回答问题要结论在先,议论在后,先将自己的中心意思表达清晰,然后再做叙述和论证。否则,长篇大论,会让人不得要领。面试时间有限,神经有些紧张,多余的话太多,容易走题,反倒会将主题冲淡或漏掉。

2. 讲清原委,避免抽象。

用人单位提问总是想了解一些应试者的具体情况,切不可简单地仅以“是”和“否”作答。应针对所提问题的不同,有的需要解释原因,有的需要说明程度。不讲原委,过于抽象的回答,往往不会给主试者留下具体的印象。

3. 确认提问内容,切忌答非所问。

面试中,如果对用人单位提出的问题,一时摸不到边际,以致不知从何答起或难以理解对方问题的含义时,可将问题复述一遍,并先谈自己对这一问题的理解,请教对方以确认内容。对不太明确的问题,一定要搞清楚,这样才会有的放矢,不致答非所问。

4. 有个人见解,有个人特色。

用人单位有时接待应试者若干名,相同的问题问若干遍,类似的回答也要听若干遍。因此,用人单位会有乏味、枯燥之感。只有具有独到的个人见解和个人特色的回答,才会引起对方的兴趣和注意。

5. 知之为知之,不知为不知。

面试遇到自己不知、不懂、不会的问题时,回避,默不作声,牵强附会,不懂装懂的做法均不足取,诚恳坦率地承认自己的不足之处,反倒会赢得主试者的信任和好感。

六、应试者消除紧张的技巧

由于面试成功与否关系到求职者的前途,所以大学生面试时往往容易产生紧张情绪。有些大学生可能由于过度紧张而导致面试失败。因此必须设法消除过度的紧张情绪。这里介绍几种消除过度紧张的技巧,供同学们参考。

1. 面试前可翻阅一本轻松活泼、有趣的杂志书籍。

这时阅读书刊可以转移注意力,调整情绪,克服面试时的怯场心理,避免等待时紧张、焦虑情绪的产生。

2. 面试过程中注意控制谈话节奏。

进入面试场地致礼落座后,若感到紧张先不要急于讲话,而应集中精力听完提问,再从容应答。一般来说人们精神紧张的时候讲话速度会不自觉地加快,讲话速度过快,既不利于对方听清讲话内容,又会给人一种慌张的感觉。讲话速度过快,还往往容易出错,甚至张口结舌,进而强化自己的紧张情绪,导致思维混乱。当然,讲话速度过慢,缺乏激情,气氛沉闷,也会使人生厌。为了避免这一点,一般开始谈话时可以有意识地放慢讲话速度，等自己进入状态后再适当增加语气和语速。这样，既可以稳定自己的紧张情绪，又可以扭转面试的沉闷气氛。

3. 回答问题时，目光可以对准提问者的额头。

有的人在回答问题时眼睛不知道往哪儿看。经验证明，魂不守舍，目光不定的人，使人感到不诚实；眼睛下垂的人，给人一种缺乏自信的印象；两眼直盯着提问者，会被误解为向他挑战，给人以桀骜不驯的感觉。如果面试时把目光集中在对方的额头上，既可以给对方以诚恳、自信的印象，也可以鼓起自己的勇气，消除自己的紧张情绪。

4. 正确对待面试中的失误和失败。

面试交谈中难免因紧张而出现失误，也不可能面试一次就一定成功。此时，切不可因此而灰心丧气。要记住，一时失误不等于面试失败，重要的是要战胜自己，不要轻易地放弃机会。即使一次面试没有成功，也要分析具体原因，总结经验教训，以新的姿态迎接下一次的面试。

七、明确面试前的三要素

明确面试前的三要素——When（时间）、Where（地点）、Who（联系人）：一般情况下，招聘单位会采取电话通知的方式。这个时候可要仔细听，万一没听清，千万别客气，赶紧问。对于一些大公司，最好记住联系人。不要以为只有人事部负责招聘，在大公司里有时人事部不参与面试，只是到最后才介入，办理录用手续。关于地点，若不熟悉，可以先跑去查看位置。

（一）知己知彼

1. 事先了解一些企业背景。

也就是先在家做一些调查。具体了解的问题可包括：企业背景、企业所处整体行业情况、企业产品、企业客户群、企业竞争对手、企业热门话题以及企业的组织结构。若有可能最好再多了解些这个企业老板和部门经理的情况。这些足以显示出对该企业的热爱和向往。在当今这个信息时代，不妨到企业的主页中看看，说不定会有意外的发现。尽管暗地里为自己灌输了这么多企业的信息，自然而然地流露出来才能达到真正的目的，不要有卖弄之嫌。

2. 准备问题仔细考。

在去参加面试之前，自己设想一下，他们会问我些什么呢？选择可能会问到的问题之后，就要想对策，迎接挑战。另外，想一下在面试的过程中，想了解些什么呢？也要把自己想问的问题事先总结出来，在面试的过程中找恰当的机会向面试者提问。

3. 模拟面试练习。

在国企的招聘中也许没必要,但若要应聘外企,模拟面试练习至关重要。而在校学生则应更多地争取这种锻炼的机会。

（二）披挂上阵

1. 着装

力求简洁大方,无论穿什么,都必须充分体现自信。一般来说,所穿的服装要保证干净,而且适合此行业穿着。尤其是去外企,一定要穿比较职业的着装。男士应着西装,女士应穿套装。着装的好与坏非常能左右自信心。只有着装与周围人相融合,才会感到融洽放松,自信心自然也会提升。大的外企不会看重这些,真正看重的是内在素养。

2. 面试所带物品

在面试的过程中一定要带好简历。

一般来说收简历的人和面试的人往往不一定是一个人。

参加面试的人很多,简历容易混淆。

别以为面试考官不紧张,他一紧张把简历搞丢也真说不准。

面试考官有时会要简历,倒不是因为他没有,简历可能就放在他手上,他只是要看看是否细心、周到,是否是有备而来。

（三）心理战术

1. 保证睡眠

一定要按正常作息,保证足够的睡眠。

2. 早饭

按日常习惯最好。

3. 建立自信

对于失业者,再就业并重建自信心是很关键的。尤其是那些从“九重天”跌下来的人,摔得太狠,爬起来亦会更艰难。但一定要记住,阳光总在风雨后,乌云散了有晴空。还有一些人,由于面试了很多次,经常是到最后一轮给刷了下来。久而久之,信心全失,认为自己是等不到“中举”的那一天了。一定要记住,付出了总会有回报,只是时间的问题。成功总属于执着的人。

（四）心理调节

最后要说的是,万一在面试当头的节骨眼,遇上了晦气的事情,怎么办?其实想必大家都有这种体会,当一个人保持一种积极的态度和一个良好的精神状态时,坏事会变好,好事也会变得更好,无论什么事都能泰然处之。但当一个人情绪低落,态度消极时,眼前看到的便全是黑色事件,倒霉的事接踵而至。其实这都是一些心理的主观因素在作祟。用一颗平常心、一颗充满阳光的心去看这个世界，会发现其实这世界很美。乐观一些，会天天充满自信。可以尝试一些建立自信的小方法：

如果擅长某项体育运动，就找一个水平差一些的人比赛，这样轻松地赢得比赛会极大地增强自信心，例如乒乓球、羽毛球等。

（五）良好的第一印象

有人说决定面试能否成功取决于最初的60秒，也有些人说求职面试的头5分钟最关键。如何才能在面试的头几分钟之内就给人留下好印象呢？

1. 事先确定好要穿的衣服，弄清楚面试的地点究竟在哪里。有必要的话，先去一趟。

2. 对接待人员要和蔼；在等候面试时可读杂志，但不要吸烟或嚼口香糖。

3. 说几句话打破沉默，例如赞美一下漂亮的办公室、有趣的图画等。

4. 在对方招呼你坐下以前不要坐下，不要主动和对方握手，除非对方先伸出手来。

5. 在面试时尽量使用对方的姓氏（除非你们是好朋友，否则不要直呼对方的名字），但语气不应该是在哀求对方。通过看着面试者的鼻梁来保持目光的接触（但必须时不时地把目光移开，否则对方会认为你很怪异而不真诚）。

八、求职过程中应注意的问题

1. 填写个人简历时，请不要在规定的表单以外的地方填写你的联系方式，这样会使所有人都看到你的联系方式，从而导致不安全的情况发生；强烈建议求职者只留本人联系电话并保持畅通，勿长时间关机，最好不留家庭电话。

2. 在接到企业的面试时请特别注意：

（1）在收到招聘单位的面试邀请电话时，请务必再上网站核实一下这个企业的资料；对方如果用移动电话与你联系，必须索取对方的固定电话，面试前尽量通过对方的固定电话预约面试时间和了解企业信息。

（2）请认真确认面试地点，正规单位招聘一般会将招聘地点设在单位的办公室、会议室，一些以租用房间作为应聘地点的单位，要警惕；千万别轻信招聘者在指定的街道或酒店接待，应该自己主动找到招聘单位所在办公地址或办事处。

（3）绝大多数招聘单位不会主动派车去接应聘者，应聘时勿与陌生人到偏僻地方，勿将手机等财物借给陌生人。发现被骗应及时报警。

3. 如遇到单位要求必须体检才能上岗的，请求职者注意：单位不应当指定某某医院，而此类医院也不应该是私立医院或者诊所。如遇到此类情况，请求职者不要相信。

4. 拒交各种名义的费用。任何招聘单位，以任何名义向求职者收取抵押金、服装费、产品押金、风险金、报名费、培训费等行为，都属非法行为。招聘单位培训本单位的职工，也不准收取培训费。求职者遇到此类情况，要坚持拒交，并向招聘单位所在地区举报，以确保自己的合法权益不受侵害。

5. 不轻信许诺到外地上岗。对外地企业或某某外地分公司、分厂、办事处的高薪招聘，不论其待遇多么好，求职者千万要保持清醒的头脑和高度的警惕，不要轻信他的口头许诺，一是不去，二是到劳动保障部门咨询，并办理相关的手续，否则会吃大亏，被骗工骗钱甚至被人贩子骗卖，悔之晚矣。

6. 掌握劳动法规和相关政策。求职者在求职前或求职过程中，应主动学习一些劳动法规和相关政策，提高自己的求职素质和独立思考的能力。

7. 多种途径了解公司背景。在求职者正式进入单位之前，想方设法加强对企业的了解以免误入骗子设下的陷阱。比如：注意招聘单位的营业执照等相关证件。

8. 谨慎签订劳动合同。与用人企业签合同时，求职者要"三看"：一看企业是否经过工商部门登记以及企业注册的有效期限，否则所签合同无效；二看合同字句是否准确、清楚、完整，不能用缩写、替代或含糊的文字表达；三看劳动合同是否有一些必备内容，包括劳动合同期限、工作内容、劳动保护和劳动条件、劳动报酬、社会保险和福利、劳动纪律、劳动合同终止的条件、违反劳动合同的责任等。必须签书面合同，试用期内也要签合同。

9. 发觉被骗，及时报案。求职者一旦发觉上当受骗，要及时向招聘单位所在地的人事局、劳动局监察大队或公安局派出所报案，寻求法律保护。但由于劳务诈骗往往涉及公安、工商、劳动、人事等部门，求职者应该根据情况选择最有效的投诉部门，若被投诉对象为合法机构，求职者可以找劳动部门；若求职受骗情况特别严重、诈骗金额大，可以到公安部门进行报案。

九、求职面试中最常见问题的回答技巧及注意事项

面试是公司挑选员工的一种重要方法。面试给企业和应聘者提供了进行双向交流的机会，能使企业和应聘者之间相互了解，从而双方都可更准确做出聘用与否、受聘与否的决定。

面试中的自我介绍，一段简短的自我评价，短短的几十秒或几分钟，你该如何将自己最为闪耀的一面展现给用人单位，这就需要你在面试当中对面试官提出的所有问题从容应对，沉着应答。面试是能否求职成功的最关键一步，你是否已经

掌握了求职谋略,拥有了面试技巧,如果你还为面试失败而发愁,那不妨就来看看求职面试过程中最常见问题的回答技巧及注意事项:

1. 请你自我介绍一下你自己?

回答提示:一般人回答这个问题过于平常,只说姓名、年龄、爱好、工作经验,这些在简历上都有。其实,企业最希望知道的是求职者能否胜任工作,包括:最强的技能、最深入研究的知识领域、个性中最积极的部分、做过的最成功的事,主要的成就等,这些都可以和学习无关,也可以和学习有关,但要突出积极的个性和做事的能力,说得合情合理企业才会相信。企业很重视一个人的礼貌,求职者要尊重考官,在回答每个问题之后都说一句"谢谢",企业喜欢有礼貌的求职者。

2. 你觉得你个性上最大的优点是什么?

回答提示:沉着冷静、条理清楚、立场坚定、顽强向上、乐于助人和关心他人、适应能力和幽默感、乐观和友爱。我在某某权威机构或公司经过一到两年的培训及项目实践,加上实习工作,使我适合这份工作。

3. 说说你最大的缺点?

回答提示:这个问题企业问的概率很大,通常不希望听到直接回答的缺点是什么等,如果求职者说自己小心眼、爱忌妒人、非常懒、脾气大、工作效率低,企业肯定不会录用你。绝对不要自作聪明地回答"我最大的缺点是过于追求完美",有的人以为这样回答会显得自己比较出色,但事实上,他已经岌岌可危了。企业喜欢求职者从自己的优点说起,中间加一些小缺点,最后再把问题转回到优点上,突出优点的部分,企业喜欢聪明的求职者。

4. 你对加班的看法?

回答提示:实际上好多公司问这个问题,并不证明一定要加班,只是想测试你是否愿意为公司奉献。

回答样本:如果是工作需要我会义不容辞加班,我现在单身,没有任何家庭负担,可以全身心地投入工作。但同时,我也会提高工作效率,减少不必要的加班。

5. 你对薪资的要求?

回答提示:如果你对薪酬的要求太低,那显然贬低自己的能力,如果你对薪酬的要求太高,那又会显得你分量过重,公司受用不起。一些雇主通常都事先对求聘的职位定下开支预算,因而他们第一次提出的价钱往往是他们所能给予的最高价钱,他们问你只不过想证实一下这笔钱是否足以引起你对该工作的兴趣。

回答样本一:我对工资没有硬性要求,我相信贵公司在处理我的问题上会友善合理。我注重的是找对工作机会,所以只要条件公平,我则不会计较太多。

回答样本二:我受过系统的软件编程的训练,不需要进行大量的培训,而且我本人也对编程特别感兴趣。因此,我希望公司能根据我的情况和市场标准的水平,给我合理的薪水。

回答样本三:如果你必须自己说出具体数目,请不要说一个宽泛的范围,那样你将只能得到最低限度的数字。最好给出一个具体的数字,这样表明你已经对当今的人才市场做了调查,知道像自己这样学历的雇员有什么样的价值。

6. 在五年的时间内,你的职业规划?

回答提示:这是每一个应聘者都不希望被问到的问题,但是几乎每个人都会被问,比较多的答案是“管理者”。但据了解,最近几年来,许多公司都已经建立了专门的技术途径。这些工作地位往往被称作“顾问”“参议技师”或“高级软件工程师”等。

当然,说出其他一些你感兴趣的职位也是可以的,比如产品销售部经理,生产部经理等一些与你的专业有相关背景的工作。要知道,考官总是喜欢有进取心的应聘者,此时如果说“不知道”,或许就会使你丧失一个好机会。最普通的回答应该是“我准备在技术领域有所作为”或“我希望能按照公司的管理思路发展”。

7. 你朋友对你的评价?

回答提示:想从侧面了解一下你的性格及与人相处的问题。

回答样本一:我的朋友都说我是一个可以信赖的人。因为,我一旦答应别人的事情,就一定会做到。如果我做不到,我就不会轻易许诺。

回答样本二:我觉得我是一个比较随和的人,与不同的人都可以友好相处。在我与人相处时,我总是能站在别人的角度考虑问题。

8. 你还有什么问题要问吗?

回答提示:企业的这个问题看上去可有可无,其实很关键,企业不喜欢说“没问题”的人,因为其很注重员工的个性和创新能力。企业不喜欢求职者问个人福利之类的问题,如果有人这样问:贵公司对新入公司的员工有没有什么培训项目,我可以参加吗?或者说贵公司的晋升机制是什么样的?企业将很欢迎,因为体现出你对学习的热情和对公司的忠诚度以及你的上进心。

9. 如果通过这次面试我们单位录用了你,但工作一段时间却发现你根本不适合这个职位,你怎么办?

回答提示:一段时间发现工作不适合我,有两种情况:

(1)如果你确实热爱这个职业,那你就要不断学习,虚心向领导和同事学习业务知识和处事经验,了解这个职业的精神内涵和职业要求,力争减少差距。

(2)你觉得这个职业可有可无,那还是趁早换个职业,去发现适合你的,你热爱的职业,那样你的发展前途也会大点,对单位和个人都有好处。

10. 在完成某项工作时，你认为领导要求的方式不是最好的，自己还有更好的方法，你应该怎么做?

回答提示：(1)原则上我会尊重和服从领导的工作安排，同时私底下找机会以请教的口吻，婉转地表达自己的想法，看看领导是否能改变想法。

(2)如果领导没有采纳我的建议，我也同样会按领导的要求认真地去完成这项工作。

(3)还有一种情况，假如领导要求的方式违背原则，我会坚决提出反对意见，如领导仍固执己见，我会毫不犹豫地再向上级领导反映。

11. 如果你的工作出现失误，给本公司造成经济损失，你认为该怎么办?

回答提示：(1)我本意是为公司努力工作，如果造成经济损失，我认为首要的问题是想方设法去弥补或挽回经济损失。如果我无能力负责，希望单位帮助解决。

(2)分清责任，各负其责，如果是我的责任，我甘愿受罚，如果是一个我负责的团队中别人的失误，也不能幸灾乐祸，作为一个团队，需要互相提携共同完成工作，安慰同事并且帮助同事查找原因总结经验。

(3)总结经验教训，一个人的一生不可能不犯错误，重要的是能从自己的或者是别人的错误中吸取经验教训，并在今后的工作中避免发生同类的错误。检讨自己的工作方法、分析问题的深度和力度是否不够，以致出现了本可以避免的错误。

12. 如果你做的一项工作受到上级领导的表扬，但你主管领导却说是他做的，你该怎样?

回答提示：我首先不会找那位上级领导说明这件事，我会主动找我的主管领导来沟通，因为沟通是解决人际关系的最好办法，但结果会有两种：

(1)我的主管领导认识到自己的错误，我想我会视具体情况决定是否原谅他。

(2)他变本加厉地来威胁我，那我会毫不犹豫地找我的上级领导反映此事，因为他这样做会造成负面影响，对今后的工作不利。

13. 谈谈你对跳槽的看法?

回答提示：(1)正常的“跳槽”能促进人才合理流动，应该支持。

(2)频繁的跳槽对单位和个人双方都不利，应该反对。

14. 工作中你难以和同事、上司相处，你该怎么办?

回答提示：(1)我会服从领导的指挥，配合同事的工作。

(2)我会从自身找原因，仔细分析是不是自己工作做得不好让领导不满意、同事看不惯。还要看看是不是为人处世方面做得不好，如果是这样的话我会努力改正。

(3)如果我找不到原因,我会找机会跟他们沟通,请他们指出我的不足,有问题就及时改正。

(4)作为优秀的员工,应该时刻以大局为重,即使在一段时间内,领导和同事对我不理解,我也会做好本职工作,虚心向他们学习,我相信,他们会看见我在努力,总有一天会对我微笑的。

15. 假设你在某单位工作,成绩比较突出,得到领导的肯定。但同时你发现同事们越来越孤立你,你怎么看这个问题?你准备怎么办?

回答提示:(1)成绩比较突出,得到领导的肯定是件好事情,以后更加努力。

(2)检讨一下自己是不是对工作的热心度超过同事间交往的热心,加强同事间的交往及共同的兴趣爱好。

(3)工作中,切勿伤害别人的自尊心。

(4)不在领导前拨弄是非。

16. 你最近是否参加了培训课程?谈谈培训课程的内容。是公司资助还是自费参加?

回答提示:自费参加。

17. 你对于我们公司了解多少?

回答提示:在去公司面试前建议先上网查一下该公司主营业务。如回答:贵公司有意改变策略,加强与国外大厂的 OEM 合作,自有品牌的部分则通过海外经销商等。

18. 请说出你选择这份工作的动机?

回答提示:这是想知道面试者对这份工作的热忱及理解度,并筛选因一时兴起而来应试的人,如果是无经验者,可以强调"就算职种不同,也希望有机会发挥之前的经验"。

19. 你最擅长的技术方向是什么?

回答提示:说和你要应聘的职位相关的课程,表现一下自己的热诚没有什么坏处。

20. 你能为我们公司带来什么呢?

回答提示:企业很想知道未来的员工能为企业做什么,求职者应再次重复自己的优势,然后说:"就我的能力,我可以做一个优秀的员工在组织中发挥能力,给组织带来高效率和更多的收益。"企业喜欢求职者就申请的职位表明自己的能力,比如申请营销之类的职位,可以说:"我可以开发大量的新客户,同时,对老客户做更全面周到的服务,开发老客户的新需求和消费。"等。

21. 最能概括你自己的三个词是什么?

回答提示:我经常用的三个词是:适应能力强,有责任心和做事有始有终,结合具体例子向主考官解释。

22. 你的业余爱好是什么?

回答提示:找一些富于团体合作精神的爱好。有人被否决掉,因为他的爱好是深海潜水。主考官说:因为这是一项单人活动,我不敢肯定他能否适应团体工作。

23. 作为被面试者给我打一下分?

回答提示:试着列出四个优点和一个非常非常非常小的缺点(可以抱怨一下设施,没有明确责任人的缺点是不会有人介意的)。

24. 你怎么理解你应聘的职位?

回答提示:把岗位职责和任务及工作态度阐述一下。

25. 喜欢这份工作的哪一点?

回答提示:每个人的价值观不同,自然评断的标准也会不同,但是,在回答面试官这个问题时可不能太直接就把自己心理的话说出来,尤其是薪资方面的问题,不过一些无伤大雅的回答是不错的考虑,如交通方便,工作性质及内容颇能符合自己的兴趣等,都是不错的答案,不过如果这时自己能仔细思考出这份工作的与众不同之处,相信在面试上会大大加分。

26. 为什么要离职?

回答提示:(1)回答这个问题时一定要小心,就算在前一个工作受到再大的委屈,对公司有多少的怨言,都千万不要表现出来,尤其要避免对公司本身主管的批评,避免面试官的负面情绪及印象。建议此时最好的回答方式是将问题归咎在自己身上,例如觉得工作没有学习发展的空间,自己想在面试工作的相关产业中多加学习,或是前一份工作与自己的生涯规划不合等,回答的答案最好是积极正面的。

(2)我希望能获得一份更好的工作,如果机会来临,我会抓住。我觉得目前的工作,已经达到顶峰,即没有升迁机会。

27. 说说你对行业、技术发展趋势的看法?

回答提示:企业对这个问题很感兴趣,只有有备而来的求职者能够过关。求职者可以直接在网上查找对你所申请的行业部门的信息,只有深入了解才能产生独特的见解。

企业认为最聪明的求职者是对所面试的公司预先了解很多,包括公司各个部门,发展情况,在面试回答问题的时候可以提到所了解的情况,企业欢迎进入企业的人是“知己”，而不是“盲人”。

28. 对工作的期望与目标何在？

回答提示：这是面试者用来评断求职者是否对自己有一定程度的期望、对这份工作是否了解的问题。对于工作有确实学习目标的人通常学习较快，对于新工作自然较容易进入状态，这时建议你，最好针对工作的性质找出一个确实的答案。如业务员的工作可以这样回答：“我的目标是能成为一个超级业务员，将公司的产品广泛地推销出去，达到最好的业绩成效，为了达到这个目标，我一定会努力学习，而我相信以我认真负责的态度，一定可以达到这个目标。”其他类的工作也可以比照这个方式来回答，只要在目标方面稍微修改一下就可以了。

29. 说你的家庭？

回答提示：企业面试时询问家庭问题不是非要知道求职者家庭的情况，探究隐私，企业不喜欢探究个人隐私，而是要了解家庭背景对求职者的塑造和影响。企业希望听到的重点也在于家庭对求职者的积极影响。

企业最喜欢听到的是：我很爱我的家庭，我的家庭一向很和睦，虽然我的父亲和母亲都是普通人，但是从小我就看到我父亲起早贪黑，每天工作特别勤劳，他的行动无形中培养了我认真负责的态度和勤劳的精神。我母亲为人善良，对人热情，特别乐于助人，所以在单位人缘很好，她的一言一行也一直在影响我。企业相信，和睦的家庭关系对一个人的成长有潜移默化的影响。

30. 就你申请的这个职位，你认为你还欠缺什么？

回答提示：企业喜欢问求职者弱点，但精明的求职者一般不直接回答。他们希望看到这样的求职者：继续重复自己的优势，然后说：“对于这个职位和我的能力来说，我相信自己是可以胜任的，只是缺乏经验，这个问题我想我可以进入公司以后以最短的时间来解决，我的学习能力很强，我相信可以很快融入公司的企业文化，进入工作状态。”企业喜欢能够巧妙地躲过难题的求职者。

31. 你欣赏哪种性格的人？

回答提示：诚实、不死板而且容易相处的人，有“实际行动”的人。

32. 你通常如何处理别人的批评？

回答提示：(1)沉默是金，不必说什么，否则情况更糟，不过我会接受建设性的批评。

(2)我会等大家冷静下来再讨论。

33. 怎样对待自己的失败？

回答提示：人生来都不是十全十美的，我相信我有第二个机会改正我的错误。

34. 什么会让你有成就感?

回答提示:为贵公司竭力效劳,尽我所能,完成一个项目。

35. 眼下你生活中最重要的是什么?

回答提示:对我来说,能在这个领域找到工作是最重要的,能在贵公司任职对我说最重要。

36. 你为什么愿意到我们公司来工作?

回答提示:对于这个问题,要格外小心,如果已经对该单位做了研究,你可以回答一些详细的原因,例如"公司本身的高技术开发环境很吸引我。""我同公司出生在同样的时代,我希望能够进入一家与我共同成长的公司。""公司一直都稳定发展,在近几年来在市场上很有竞争力。""我认为贵公司能够给我提供一个与众不同的发展道路。"这都显示出你已经做了一些调查,也说明你对自己的未来有了较为具体的远景规划。

37. 你和别人发生过争执吗? 你是怎样解决的?

回答提示:这是面试中最"险恶"的问题,其实是考官布下的一个陷阱,千万不要说任何人的过错,应该知道成功解决矛盾是一个协作团体中成员所必备的能力。假如你工作在一个服务行业,这个问题简直成了最重要的一个环节。你是否能获得这份工作,将取决于这个问题的回答。考官希望看到你是成熟且乐于奉献的,他们通过这个问题了解你的成熟度和处世能力。在没有外界干涉的情况下,通过妥协的方式来解决才是正确答案。

38. 问题:你做过的哪件事最令自己感到骄傲?

回答提示:这是考官给你的一个机会,让你展示自己把握命运的能力。这会体现出你潜在的领导能力以及你被提升的可能性。假如你应聘于一个服务性质的单位,你很可能会被邀请去午餐。记住:你的前途取决于你的知识、你的社交能力和综合表现。

39. 新到一个部门,一天一个客户来找你解决问题,你努力想让他满意,可是始终得不到群众的满意,他投诉你们部门工作效率低,你这个时候怎么做?

回答提示:(1)首先,我会保持冷静。作为一名工作人员,在工作中遇到各种各样的问题是正常的,关键是如何认识它,积极应对,妥善处理。

(2)我会反思一下客户不满意的原因。一是看是否是自己在解决问题上的确有考虑的不周到的地方,二是看是否是客户不太了解相关的服务规定而提出超出规定的要求,三是看是否是客户了解相关的规定,但是提出的要求不合理。

(3)根据原因采取相对应的对策。如果是自己的确有不周到的地方,按照服务规定做出合理的安排,并向客户做出解释。如果是客户不太了解政策规定而造成的误解,我会向他做出进一步的解释,消除他的误会。如果是客户提出的要求不符合政策规定,我会明确地向他指出。

(4)我会把整个事情的处理情况向领导做出说明,希望得到他的理解和支持。

(5)我不会因为客户投诉了我而丧失工作的热情和积极性,而会一如既往地牢记为客户服务的宗旨,争取早日做一名领导信任、公司放心、客户满意的职员。

40. 对这项工作,你有哪些可预见的困难?

回答提示:(1)不宜直接说出具体的困难,否则可能令对方怀疑应聘者不行。

(2)可以尝试迂回战术,说出应聘者对困难所持有的态度——工作中出现一些困难是正常的,也是难免的,但是只要有坚韧不拔的毅力、良好的合作精神以及事前周密而充分的准备,任何困难都是可以克服。

一般问这个问题,面试者的希望就比较大了,因为已经在谈工作细节,但常规思路中的回答,又被面试官"骗"了。当面试官询问这个问题的时候,有两个目的。第一,看应聘者是不是在行,说出的困难是不是在这个职位中一般都不可避免的问题。第二,是想看一下应聘者解决困难的手法对不对,及公司能否提供这样的资源,而不是想了解应聘者对困难的态度。

41. 如果我录用你,你将怎样开展工作?

回答提示:(1)如果应聘者对于应聘的职位缺乏足够的了解,最好不要直接说出自己开展工作的具体办法。

(2)可以尝试采用迂回战术来回答,如"首先听取领导的指示和要求,然后就有关情况进行了解和熟悉,接下来制订一份近期的工作计划并报领导批准,最后根据计划开展工作。"

这个问题的主要目的也是了解应聘者的工作能力和计划性、条理性,而且重点想要知道细节。如果像思路中所讲的采用迂回战术,面试官会认为应聘者在回避问题,如果引导了几次仍然是回避的话,此人绝对不会录用了。

42. 你希望与什么样的上级共事?

回答提示:(1)通过应聘者对上级的"希望"可以判断出应聘者对自我要求的意识,这既是一个陷阱,又是一次机会。

(2)最好回避对上级具体的希望,多谈对自己的要求。

(3)如"作为刚步入社会的新人,我应该多要求自己尽快熟悉环境、适应环境,而不应该对环境提出什么要求,只要能发挥我的专长就可以了。

这个问题比较好的回答是,希望我的上级能够在工作中对我多指导,对我工作中的错误能够立即指出。总之,从上级指导这个方面谈,不会有大的纰漏。

43. 与上级意见不一致,你将怎么办?

回答提示:(1)一般可以这样回答"我会给上级必要的解释和提醒,在这种情况下,我会服从上级的意见。"

(2)如果面试你的是总经理,而你所应聘的职位另有一位经理,且这位经理当时不在场,可以这样回答:"对于非原则性问题,我会服从上级的意见,对于涉及公司利益的重大问题,我希望能向更高层领导反映。"

这个问题的标准答案是思路(1),如果用(2)的回答,必"死"无疑。你没有摸清楚公司的内部情况,先想打小报告,这样的人没有人敢要。

44. 你工作经验欠缺,如何能胜任这项工作?

常规思路:(1)如果招聘单位对应届毕业生的应聘者提出这个问题,说明招聘公司并不真正在乎"经验",关键看应聘者怎样回答。

(2)对这个问题的回答最好要体现出应聘者的诚恳、机智、果敢及敬业。

(3)如"作为应届毕业生,在工作经验方面的确会有所欠缺,因此在读书期间我一直利用各种机会在这个行业里做兼职。我也发现,实际工作远比书本知识丰富、复杂。但我有较强的责任心、适应能力和学习能力,而且比较勤奋,所以在兼职中均能圆满完成各项工作,从中获取的经验也令我受益匪浅。请贵公司放心,学校所学及兼职的工作经验使我一定能胜任这个职位。"

这个问题思路中的答案尚可,突出自己的吃苦能力和适应能力以及学习能力(不是学习成绩)为好。

45. 在前一家公司的离职原因是什么?

回答提示(1)最重要的是:应聘者要使招聘单位相信,应聘者在过往的单位的"离职原因"在此家招聘单位里不存在。

(2)避免把"离职原因"说得太详细、太具体。

(3)不能掺杂主观的负面感受,如"太辛苦""人际关系复杂""管理太混乱""公司不重视人才""公司排斥我们某某的员工"等。

(4)但也不能躲闪、回避,如"想换换环境""个人原因"等。

(5)不能涉及自己负面的人格特征,如不诚实、懒惰、缺乏责任感、不随和等。

(6)尽量使解释的理由为应聘者个人形象添彩。

(7)相关例子:如"我离职是因为这家公司倒闭,从去年开始,由于市场形势突变,公司的局面急转直下。到眼下这一步我觉得很遗憾,但还要面对现实,重新寻找能发挥我能力的舞台。"

除非是薪资太低,或者是最初的工作,否则不要用薪资作为理由。"求发展"也被考官听得太多,离职理由要根据每个人的真实离职理由来设计,但是在回答时一定要表现得真诚。实在想不出来的时候,家在外地可以说是因为家中有事,须请假几个月,公司又不可能准假,所以辞职,这个答案一般面试官还能接受。

46. 为了做好你工作分外之事,你该怎样获得他人的支持和帮助?

回答提示:每个公司都在不断变化发展的过程中,你当然希望你的员工也是这样。你希望得到那些希望并欢迎变化的人,因为这些人明白,为了公司的发展,变化是公司日常生活中重要组成部分。这样的员工往往很容易适应公司的变化,并会对变化做出积极的响应。

47. 如果你在这次面试中没有被录用,你怎么打算?

回答提示:现代社会是一个竞争的社会,从这次面试中也可看出这一点,有竞争就必然有优劣,有成功必定就会有失败。往往成功的背后有许多的困难和挫折,如果这次失败了也仅仅是一次而已,只有经验经历的积累才能塑造出一个完全的成功者。可以从以下几个方面来正确看待失败:

(1)要敢于面对,面对这次失败不气馁,接受已经失去了这次机会就不会回头这个现实,从心理意志和精神上体现出对这次失败的抵抗力。要有自信,相信自己经历了这次之后经过努力一定能行,能够超越自我。

(2)善于反思,对于这次面试经验要认真总结,思考剖析,能够从自身的角度找差距。正确对待自己,实事求是地评价自己,辩证地看待自己的长短得失,做一个明白人。

(3)走出阴影,要克服这一次失败带给自己的心理压力,时刻牢记自己弱点,防患于未然,加强学习,提高自身素质。

(4)认真工作,回到原单位岗位上后,要实实在在、踏踏实实地工作,“三百六十行,行行出状元”,争取在本岗位上做出一定的成绩。

(5)再接再厉,成为国家公务员一直是我的梦想,以后如果有机会我仍然会再次参加竞争。

48. 假如你晚上要去送一个出国的同学去机场,可单位临时有事非你办不可,你怎么办?

回答提示:我觉得工作是第一位的,但朋友间的情谊也是不能偏废的,这个问题我觉得要按照当时具体的情况来决定。

(1)如果我的朋友乘晚上九点的飞机,而我加班到八点就能够完成的话,那就最理想了,做完工作去机场,皆大欢喜。

(2)如果说工作不是很紧急,加班仅仅是为了明天上班的时候能把报告交到办公室,那完全可以跟领导打声招呼,先去机场然后回来加班。

(3)如果工作很紧急,两者不可能兼顾的情况下,我觉得可以有两种选择。一是如果不是全单位都加班的话，是不是可以要其他同事来代替一下工作，自己去机场，哪怕就是代替你离开的那一会儿。二是如果连这一点都做不到的话，那只好打电话给朋友解释一下，相信他会理解，毕竟工作做完了，朋友还是可以再见面的。

49. 谈谈你过去做过的成功案例？

回答提示：举一个你最有把握的例子，把来龙去脉说清楚，而不要说了很多却没有重点。切忌夸大其词，把别人的功劳说成自己的，很多主管为了确保要用的人是最适合的，会打电话向你的前一个主管征询对你的看法及意见，所以如果说谎，是很容易穿帮的。

50. 谈谈你过去的工作经验中，最令你挫折的事情？

回答提示：曾经接触过一个客户，原本就有耳闻他以挑剔出名，所以事先的准备工夫做得十分充分，也投入了相当多的时间与精力，最后客户虽然并没有照单全收，但是接受的程度已经出乎我们意料了。原以为从此可以合作愉快，却得知客户最后因为预算原因选择了另一家代理商，之前的努力因而付诸流水。尽管如此，我还是从这次的经验学到很多，如对该产业的了解，整个团队的默契也更好了。

借此了解你对挫折的容忍度及调解方式。

51. 如何安排自己的时间？会不会排斥加班？

回答提示：如果上班工作有效率，工作量合理的话，应该不太需要加班。可是我也知道有时候很难避免加班，加上现在工作都采用责任制，所以我会调配自己的时间，全力配合。

虽然不会有人心甘情愿加班，但依旧要表现出高配合度的诚意。

52. 为什么我们要在众多的面试者中选择你？

回答提示：根据我对贵公司的了解，以及我在这份工作上所累积的专业、经验及人脉，相信正是贵公司所找寻的人才。而我在工作态度、情商上，也有圆融、成熟的一面，和主管、同事都能合作愉快。

别过度吹嘘自己的能力，或信口开河地乱开支票，例如一定会为该公司带来多少钱的业务等，这样很容易给人一种爱说大话、不切实际的感觉。

53. 对这个职务的期许？

回答提示：希望能借此发挥我的所学及专长，同时也吸收贵公司在这方面的经验，就公司、我个人而言，缔造“双赢”的局面。

回答前不妨先询问该公司对这项职务的责任认定及归属，因为每一家公司的状况不尽相同，以免说了一堆理想抱负却发现“牛头不对马嘴”。

54. 为什么选择这个岗位？

回答提示：这一直是我的兴趣和专长，经过这几年的磨炼，也累积了一定的经验及人脉，相信我一定能胜任这个岗位的。

适时举出过去的“丰功伟业”，表现出你对这份岗位的熟练度，但避免过于夸张的形容或流于炫耀。

55. 为什么选择我们这家公司？

回答提示：曾经在报纸杂志上看过关于贵公司的报道，与自己所追求的理念有志一同。而贵公司在业界的成绩也是有目共睹的，而且对员工的教育训练、升迁等也都很有制度。

去面试前先做功课，了解一下该公司的背景，让面试官觉得你真得很有心想得到这份工作，而不只是探探路。

56. 你认为你在学校属于好学生吗？

回答提示：企业的招聘者很精明，问这个问题可以试探出很多问题：如果求职者学习成绩好，就会说：“是的，我的成绩很好，所有的成绩都很优异。当然，判断一个学生是不是好学生有很多标准，在学校期间我认为成绩是重要的，其他方面包括思想道德、实践经验、团队精神、沟通能力也都是很重要的，我在这些方面也做得很好，应该说我是一个全面发展的学生。”

如果求职者成绩不尽理想，便会说：“我认为是不是一个好学生的标准是多元化的，我的学习成绩还可以，在其他方面我的表现也很突出，比如我在很多地方实习过，我很喜欢在快节奏和压力下工作，我在学生会组织过某某活动，锻炼了我的团队合作精神和组织能力。”有经验的招聘者一听就会明白，企业喜欢诚实的求职者。

57. 你现在最感兴趣的是什么？

回答提示：做个人网站，练习口语，但越做越感到自己知识欠缺。

可以简述你的兴趣，及这个兴趣带给你个性或能力的正面效果。

58. 谈谈如何适应办公室工作的新环境？

回答提示：(1)办公室里每个人有各自的岗位与职责，不得擅离岗位。

(2)根据领导指示和工作安排，制订工作计划，提前预备，并按计划完成。

(3)多请示并及时汇报，遇到不明白的要虚心请教。

(4)抓间隙时间，多学习，努力提高自己的政治素质和业务水平。

59. 工作中学习到了些什么？

回答提示：这是针对转职者提出的问题，建议此时可以配合面试工作的特点作为主要依据来回答，如业务工作需要与人沟通，便可举出之前工作与人沟通的例子,经历了哪些困难,学习到哪些经验,把握这些要点做陈述,就可以轻易过关了。

60. 想过创业吗?

回答提示:这个问题可以显示你的冲劲,但如果你的回答是“有”的话,千万小心,下一个问题可能就是:那么为什么你不这样做呢?

61. 你为何找不到工作?

招聘人员对有人回答这一问题的欺骗行为极为敏感,你应该直截了当,眼睛看着对方。对此,如果你的回答超过了一分钟,那你就算完了。你可以实事求是地回答:“我和新上任的头目们产生了观点分歧。”你也可以这样说:“他们给我的工作不是我想干的,那不适合我。”

62. 你并非毕业于名牌院校?

回答提示:是否毕业于名牌院校不重要,重要的是有能力完成您交给我的工作,我掌握的技能完全可以胜任贵公司现在的工作,而且我比一些名牌院校的应届毕业生的动手能力还要强,我想我更适合贵公司这个职位。

63. 怎样看待学历和能力?

回答提示:学历我想只要是大学专科的学历,就表明已具备了根本的学习能力。剩下的,你是学士也好,还是博士也好,对于这一点的讨论,不是看你学了多少知识,而是看你在这个领域上发挥了什么,也就是所说的能力问题。

一个人工作能力的高低直接决定其职场命运,而学历的高低只是进入一个企业的敲门砖,如果贵公司把学历设定在博士上,我就无法进入贵公司,当然这不一定只是我个人的损失,如果一个专科生都能完成的工作,您又何必非要招聘一位博士生呢?

64. 你能为我们公司做些什么?

面试官要看看你是否对他们公司做过调查研究。那些对公司和企业不甚了解的应聘者,一般都被面试人员认为傲慢自大或“口头表达能力差”而遭淘汰。一位大学生是这样回答的:“我不敢说能做什么‘惊天的伟业’,但我想在贵公司极有发展潜力的前景和老板的领导下,充分发挥我的专业特长和能力,为公司的进一步发展贡献我全部的才力和心血。如果可能的话,这不仅是一种荣誉,更是一种义务。”

65. 你喜欢什么样的老板?

不要自以为幽默地说:“我喜欢我以前的老板。”也不要对以前的老板说三道四。这一问题的目的是想看看你是否会和老板闹别扭。

有位成功的应聘者是这样回答的:“我喜欢那种能力高超,意志坚强,能跟他学到东西，能给我机会，给我指导，必要时又能给我批评的领导。”

66. 除了本公司外，还应聘了哪些公司？

回答提示：很奇怪，这是相当多公司会问的问题，其用意是要概略知道应聘者的求职志向，所以这并非绝对是负面答案，就算不便说出公司名称，也应回答“销售同种产品的公司”，如果应聘的其他公司是不同业界，容易让人产生无法信任的感觉。

67. 何时可以到职？

回答提示：大多数企业会关心就职时间，最好是回答“如果被录用的话，到职日可按公司规定上班”，但如果还未辞去上一个工作、上班时间又太近，似乎有些强人所难，因为交接至少要一个月的时间。应进一步说明原因，录取公司应该会通融的。

面试过程中，面试官会向应聘者发问，而应聘者的回答将成为面试官考虑是否接受他的重要依据。对应聘者而言，了解这些问题背后的“猫腻”至关重要。当然，同一个面试问题并非只有一个答案，而同一个答案并不是在任何面试场合都有效，关键在于应聘者掌握了规律后，对面试的具体情况进行把握，有意识地揣摩面试官提出问题的心理背景，然后投其所好。

第四节　参加招聘会的注意事项

一、了解需求信息，会投简历

有的毕业生会在招聘会前复印许多简历，然后在会上一家家去投；有的毕业生喜欢往热门地方投简历，看到哪里人多就往哪里投，其实这样做的效果不会很好，往往会失去本来可以交谈或者面试的机会。一般大型招聘都会有一两天时间。毕业生应该先抽出时间来把整个招聘会场逛一圈，对于来招聘的单位有个总体了解。比如他们要招聘的人数，对应聘者的要求，以及有多少人投了简历等，然后根据自己的专业、特长、素质来衡量哪些单位是适合自己的，再去投简历，这样命中率会比较高一些。如要研究生，但是如果前去应聘的研究生不多的话，也会破格招收一些优秀的本科生，不妨去试试。一些热门单位要求的虽然是专科以上，但应聘的毕业生可能很多，那么即使挤进去投了简历也不太有用。投简历的关键是，先要确定自己的就业目标，要根据这个目标来投简历。在确定就业目标的时候，要对今年的整个就业形势进行了解，对自己要有充分的认识，正确评价自己，合理确定自己的择业期望值。

二、抓住机会，会交谈

在招聘会现场投了简历后，一般会有一场小小的“交谈”，不要小看这场交谈，对于应聘的学生来说，这是很重要的。要会交谈，首先要通过这场交谈告诉招聘单位：“我是适合你的”，这就需要毕业生对用人单位有一定的了解。如果发现招聘单位对自己比较感兴趣，那你就应该进一步询问企业的发展前景和企业文化，比如用人机制，对员工的关心程度等，这也充分体现了招聘单位和应聘者的双向选择。

在应聘会上一定要小心跨过交谈这道坎。交谈是一个和别人语言沟通的机会，在这个时候，你要会说话，说话得有谱，语调要诚恳、朴实，勿夸张。语速要简洁、明快，根据内容的重要性、难易度以及对方的注意力情况，调节语速和节奏。不要过分使用语气词、口头语，否则容易引人生厌。交谈要看场合，在应聘国有企业、民营企业时，谈话应谦虚一些；而面对一些外资企业、合资企业及许多管理方式较为现代化的用人单位，可大胆表现，灵活随意。细节千万别忽视。交谈时，要拘小节，树立自己良好的形象，要避免以下不良行为：双手总是忙个不停，玩弄领带、抚弄头发、掰关节、玩弄名片等；脚不停地晃动、前伸、翘起等，显得心不在焉；眼惊惶失措，躲躲闪闪，该正视时却目光游移不定，给人缺乏自信印象，极易让人反感，但是死盯着对方的话，又会招人不高兴；脸部呆滞死板，冷漠无生气等。

三、招聘会后要及时总结

在招聘会结束后要及时总结经验。在这次招聘会上哪些因素是成功的，哪些是不成功的，都应该好好总结。另外，就是要好好调整心态，不要在招聘会上被拒绝了几次后，就失去信心，对自己的能力表示怀疑，甚至失去再次参加招聘会的勇气。其实失败的因素是很多的，总结出失败的原因，再去寻找新的机会才是正确的态度。

四、参加大型招聘会注意的问题

1. 会前要明确自身条件，对自己有个正确的定位。不要眼高手低，也不要自卑。事先做好简历，把自己的工作经历及求职意向清晰表述，在简历中把自己的联系方式注明，使用人单位能及时与你取得联系。

2. 参会时最好不要带上过多的证书原件。带上复印件，因为参会人非常多，保管不当易丢失证件，造成损失。

3. 充分利用招聘会的会刊杂志。在招聘会入口处购买一份会刊,上面刊登了参会所有单位及用人情况和条件。应聘者应仔细地查看会刊,把自己的专业和感兴趣的单位画下来,然后直接去其所在场馆,这样能够节省大量时间和精力,提高应聘的效率。

4. 争取良好的第一印象。参加招聘时应着装得体,保持良好的个人形象。交谈要不卑不亢,说话要掌握分寸。不要太着重提到薪金,因为这只是初次交谈,如果用人单位满意,还会与你联系的。

5. 参会时不要被招聘单位列出的条件吓倒,首先要充满自信,敢于表达出自己的条件和愿望。敢于争取,不怕失败。表现出你能很快地适应工作的能力,以及发奋努力,创造出业绩来的信心。

6. 会后要及时与投简历的用人单位进行联系,不能被动等待。如果你感觉双方都很满意,你当时应及时记下这家用人单位的联系方式及负责人电话。应及时电话联系询问什么时间再次面试。一方面表示你对公司的尊重,另一方面表达出你迫切加入贵单位的愿望,给用人单位以深刻的认识。

职场篇

第一节 着装

一、什么是“正装”

很多企业的工作守则中有一条:工作时间请穿着正装。

那么什么是正装呢? 对于很多刚刚毕业的同学来讲,可能是一个熟悉而又陌生的词汇,顾名思义,正装就是正式场合的装束,而非娱乐和居家环境的装束。具体而言,男士正装应当有以下五个特征:

(一)三色原则

三色原则是在国外经典商务礼仪规范中被强调的,国内著名的礼仪专家也多次强调过这一原则,简单说来,就是男士身上的色系不应超过三种,很接近的色彩视为同一种。

(二)有领原则

有领原则是指,正装必须是有领的。无领的服装,比如T恤、运动衫一类不能称为正装。男士正装中的领通常体现为有领衬衫。

(三)纽扣原则

绝大部分情况下,正装应当是纽扣式的服装,拉链服装通常不能称为正装,某些比较庄重的夹克事实上也不能称为正装。

(四)皮带原则

男士的长裤必须是系皮带的,通过弹性松紧穿着的运动裤不能称为正装,牛仔裤自然也不算。即便是西裤,如果不系腰带就能很规矩,那也说明这条西裤腰围不适合你。

（五）皮鞋原则

正装离不开皮鞋，运动鞋和布鞋、拖鞋是不能称为正装的。最为经典的正装皮鞋是系带式的，不过随着潮流的改变，方便实用的懒式无带皮鞋也逐渐成为主流。

最常见的男士正装，是我们常常在白领们身上看到的“衬衫 + 西服 + 领带 + 西裤 + 皮鞋”。实际上，在夏天只穿着衬衫和西裤也是正装的体现，立领的中山装样式西服也属于正装范畴。

二、衬衫

衬衫是男士正装几乎不可缺少的组成部分，构成整个男士正装的亮色部分基本上依靠的是衬衫。有句俗话“白领男士没有一打以上的衬衫，根本无法出门”。虽然话有些夸张，但是也足以体现了衬衫的重要性。衬衫通常被分为休闲衬衫和正装衬衫，下文讨论的是后者。

（一）衬衫的面料

上等的商务衬衫应当是亚麻或者纯棉面料的。这类衬衫做工精良，而且含有某些高科技成分。但是即便如此，他们由于采用纯棉或者亚麻面料，也摆脱不了易皱易变形的特点。如果要保持刚刚买回来那样的笔挺效果，那必须要有良好的护理，比如干洗、手洗，而不能机洗，更重要的是每次洗涤之后都必须要经过熨烫。因为买得起这类衬衫的用户通常也花得起这样的成本，所以他们的衬衫总是光鲜亮丽笔挺。而对于刚刚工作的学生，通常只能购买相对低价的衬衫，而且也不可能干洗和熨烫，因此纯棉或亚麻衬衫很快就会皱的不成样子，不明事理者还照常穿着，实际上引人笑话。

因此，最适合面料为纯棉 + 涤纶混纺。而这其中又以棉涤比例为 7：3 到 6：4 之间的为最佳。这类面料，有着涤纶面料抗皱、免熨的特点，能够随便地机洗，同时也有着与纯棉面料类似的良好的视觉质感。能够适应需求一定的档次，而又希望维护简单的想法。

（二）衬衫的衣领

衬衫的衣领是衬衫最为重要的地方，穿着男式西服的时候，衣领是衬衫暴露给他人视线的黄金区域，因此衣领的款式，质量，直接决定衬衫的好坏和穿着的效果。正装衬衫的衣领应当是整洁平顺笔挺的。目前流行的是较短的八字大翻领，而尖长领的衬衫适合于不系领带的时候穿着。

（三）衬衫的颜色

经典正装衬衫一定是纯白色的，但是作为通常的上班环境以及年轻人的要求,我们也不用这么苛刻。通常建议选择浅色系的衬衫,视各人的喜好和实际情况而定,浅蓝色是永远不会出错的经典,浅粉红、浅黄则是时尚的颜色,皮肤较黑的人士可以选择颜色稍深的衬衫。条纹和花纹衬衫也可以选择,但是更讲究和西服与领带的搭配。但是过于花哨的衬衫在正装领域是不适合的,实际上正规的正装衬衫厂商也不会生产这样的产品。

(四)短袖衬衫

短袖衬衫原本是不能算在经典正装领域的,但是炎热的夏天如果办公室的空调开得不是很够,短袖衬衫也并不失格,不过要记住一点,短袖衬衫是不需要系领带的。

(五)衬衫的穿着和维护

穿着衬衫一定要将下摆扎入裤内,这是最基本的要求。系领带前一定要将领部纽扣系上,保证领带结将纽扣部分遮住。有领尖扣的一定要扣上。如果不系领带,则必须将领口解开,而有领尖扣的仍然必须扣上。正规厂商生产的衬衫衣袖一定是有两粒可调节的袖口,按照手臂粗细选择,原则是不能让衣袖粗过手腕。当然如果不合适可以请裁缝改钉。袖口是必须扣的纽扣。

勤换洗,这点非常重要,保证衣领袖口不能看到污渍,浅色衬衫应当一日一换,深色的可以两至三日但是不能超过三日。所以必须配备多件衬衫才可以。穿着时间过长发黄变色的衬衫,衣领变形起泡甚至破损的衬衫,最好就留在家里当睡衣或者当抹布了。

如果有足够的时间,请手洗衬衫,如果能支出足够的成本,干洗当然是奢侈的选择。如果上述都没有,机洗也自然是我们大部分读者的选择。

不管选择的是什么衬衫,如果有一支蒸汽熨斗能够时常熨烫,将使衬衫倍感出色。

三、领带

(一)关于领带

在当今社会环境下,男士的形象就是走向成功的第一步。文雅、沉稳、温情是文明社会对男士的形象要求。领带作为男士服饰的一部分,充分体现了领带作为服装饰品的丰富内涵,为男士独特而深沉的内心世界做了最好的形象注解。因此,领带在经历了服饰潮流的漫长考验,随着人类文明的迅猛发展和审美时尚不断更新,以它独有的灵魂和个性越来越受男士的青睐和推崇。

(二)领带的面料

领带品质的优劣,从根本上来说并非取决于款式与品牌,而是取决于其材料的质地与做工的考究性。

领带的面料自然是以真丝为佳,如果觉得花大价钱购买一条领带划不来,仿真丝和涤丝也可选择。只不过,真丝领带不易皱,不易污损,的确是上佳选择。即便是初入职场的刚毕业的学生,也建议大家能够选择真丝领带。

(三)领带的花色

领带的花色是男士正装唯一可以变化和体现个性的地方,因此领带花色的选择非常重要,个性特征也非常明显,每个人都有自己的喜好和偏爱,笔者在这里只介绍基本的原则。

从色彩上讲,领带有单色、多色之分。单色领带适用于公务活动和隆重的社交场合,并以蓝色、灰色、黑色、棕色、白色、紫红色最受欢迎。多色领带一般不应超过三种色彩,可用于各类场合。色彩过于艳丽的领带用途并不广泛,只有在非正式的社交、休闲时,使用它才不会为人非议。

如果是有图案的领带,用于正式场合,其图案应规则、传统,最常见的有斜条、横条、竖条、圆点、方格以及规则的碎花,它们多有一定的寓意。印有人物、动物、植物、花卉、房屋、景观、怪异神秘图案的领带,仅适用于非正式的场合。印有广告、团体标识、家族徽记的领带,最好不要乱用。

刚刚进入企业的学生,基本上很少有一来就做主管的,多半是基层的员工或者助理一类的职务,做这类职务切忌张扬,不可以让全公司的人都看到你系着一条抢眼的领带,风采胜过你的上司。因此,穿着低调是基本上需要遵守的原则,因为工作上的出众不应该靠穿着,而是靠自身工作的成绩。所以领带的选择要谨慎,尽量不要选择大红色、亮眼的黄色或者银白色,而是选择相对灰暗的颜色,比如蓝色、黑色。如果希望彰显一些青春色彩,粉红色也是不错的选择。

另外,花纹的搭配也是相当讲究的,比如穿着条纹的衬衫切忌搭配条纹的领带,穿着纯色的衬衫最好搭配有花纹的领带等。

(四)领带的系法

穿着西装系领带时,流行的做法是不使用领带夹,只有在单穿长袖衬衫系领带时,才需要领带夹。系领带时,领带的大头下垂不得遮住皮带扣,小头下垂不得超过大头的长度。

四、西服

(一)西服的款式

可以被称为正装西服的西服通常有两种款式:单排扣西服和双排扣西服。单排扣西服一般都只有三颗扣子,当然也有四颗扣子的,而且只扣其中最上面的两颗或三颗。双排扣西服则有四颗或者六颗扣子,而最上面的一对扣子总是只起装饰作用的。

目前比较适合年轻人的,通常是单排扣的西服,双排扣则更适合中老年人。单排扣的西服中,双开衩西服显得更为正式,而单开衩的略带休闲风格。所以建议大家选择单排扣西服,如果你过分瘦高,可以考虑四粒纽扣的,普通身材自然是三粒纽扣最为标准。

(二)西服的面料

西服的面料是决定西服档次的重要标志之一,当然,并非唯一标志。通常的西服内侧水洗标上标明的面料成分,与真实的成分不会有太大差距,即便是中小品牌也如此。

按照传统的标准,西服面料中羊毛的含量越高,代表着面料的档次越高,纯羊毛的面料当然是最佳选择。但是近年来,随着化纤技术的不断进步和发展,纯羊毛的面料在一些领域也暴露出它的不足,比如笨重,容易起球,不耐磨损,在衣柜挂放稍不注意会被虫蛀,发霉等,维护成本高昂。因此作为年轻人,选购西服时,也不必拘泥于必须要纯毛的,或者高含毛的产品。笔者建议,选购保暖性好的秋冬季西服时,可以考虑纯毛或者高含毛的厚实面料,而春夏季西服则可以考虑聚酯纤维与人造丝这样的化纤混纺面料,轻薄时尚,维护简单,也不失为年轻人的风格。

(三)西服的版型

什么样的西服穿起来最漂亮?几件不同的西服都能合适地上身,但是效果却大不相同,什么样版型的西服穿起来最好看?这是绝大部分读者关心的问题,实际上,男装西服穿着美观的最大要点在于收腰效果。完美的男子体型应当是一个倒立的三角,西服在衬托了男性宽阔平坦的肩膀之后,腰部应当自然内收,才能体现男性特有的魅力。这对于年轻人尤为重要。裁剪精良的西服,可以很自然地做到这个效果,而一些裁剪设计粗糙的西服,或者与身材不合的西服,穿上之后犹如套上了一个水桶,上下一样粗细,那就很失格了。

(四)西服的颜色和纹样

男士正装西服可以选择的颜色余地很少,经典的正装西服只有深灰色和藏青色,黑色西服是出席重要场合时的穿着。而现代的西服颜色稍微多了一些,但是依然以深色调为主。浅色:色泽亮丽清爽,给人赏心悦目之感。中性色:深浅适度,适应面广,可以适合不同年龄、不同季节穿着。深色:庄重深沉、严肃、凝重,适应于深冬或春寒的季节和庄重的场面穿着。蓝色:给人以幽深、宁静的感觉,穿着富贵、高雅。灰色:成熟而又典雅,稳重而不失大方,充分体现个人的成就感和优越感,展现男人的成熟魅力。

带条纹的西服是近年年轻男性的时尚选择,作为出入职场的新人,选购您的第一套西服,不妨尝试选购一套黑底或者深灰底带有暗条纹的西服,注意条纹越不明显越好,越是只有仔细看才能看出来的,越显示您的品味,千万别穿一件条纹明显如斑马状的西服。而藏青色和铁灰色也值得选择。

如果希望彰显时尚,可以考虑有一些大的暗方格的西服,或者有一些独特设计的西服,比如挑袋边的,某个口袋缝制一个独特的拉链的等,不过西服的时尚始终有一个限度,只能从少量的细节中去表现。

(五)西裤

西裤通常是和西服配套销售的,当然,也可以购买到单独的西裤。不过单独购买的西裤往往不能和您的西服搭配,而只能搭配衬衫,单件西服或者其他的上衣。西裤的搭配至关重要。长短适宜,不能过长,过长会影响视觉效果,行动也不方便;也不能过短,否则高个子会显得重心不稳,矮个子更是雪上加霜,显得更矮。其标准是在西裤收脚之后,自然站立状态下,西裤长度不能遮住皮鞋跟,也不能露出袜子,在这个范围内就属正常。裤裆不能过大,否则会给人不够整洁的感觉。西裤的面料目前都以垂性好、不起皱、手感柔软的为最佳,颜色淡雅,轻松飘逸。

另外,近两年出现了前面无褶设计的西裤,是年轻人的时尚选择,适合腰围较小的年轻人穿着。

五、皮鞋

(一)皮鞋的面料

皮鞋的面料,很自然应该是皮革的。目前的市场上有很多的皮鞋,为了降低成本,一般都会用部分真皮和部分仿皮拼在一起做,或者用二层覆膜(在二层皮上用 PU 做一层假面,这样一来透气性就差很多了)来取代真皮,如果不用在主要部位应该无所谓。如果是完全的真皮鞋,因为真皮的天然性,在主要部分用好一点的没有伤残的来做,在一些次要部位(如鞋舌等不受力的部位),会用一些差一点的伤残较多一点的来做,这是很正常的,也是鉴别真皮与假皮产品的一个很好的办法,识别面料是否为真皮,的确没有简单明确的方法,靠的是经验。

(二)皮鞋的款式

简单地说,男士正装单鞋分为系带式和简便式,系带式是经典的正装款式,近年来简便的松紧式皮鞋也成了正装的选择。无论是系带式还是简便式,目前的主流是不尖不圆也不扁的合适造型,皮面不能过于光洁亮眼,最好是头层牛皮的亚光质感,如果光洁如漆惹人眼目反而是失格的。正装皮鞋一定是有跟的,正装男鞋的高品质鞋跟应当是木制的，当然，底部衬有橡胶耐磨层。木制鞋更轻便结实不易变形。只需要用手指甲轻轻敲打即可分辨，木质鞋跟坚硬，发出嗒嗒声，而塑料鞋跟质软，敲打质感明显不同。

正装皮鞋上不宜有太多装饰品，当然标明皮鞋身份的商标例外。而悬垂的金属链条、饰品和花饰则会让您显得像一个马戏团的小丑。

六、配件

（一）皮带

皮带是男士正装必须要的配件，虽然皮带绝大部分时间隐藏在您的西服下，但是常常也会显露出来。如果全身上下光鲜亮丽，而系着一根破旧的皮带，将会使您显得非常失格。

从实用的角度来讲，皮带要承受较大的张力，尤其是带扣的地方，常常会受到磨损，因此通常的男士正装皮带，以坚固耐用的牛皮为佳，鳄鱼皮当然更是极品。无论如何，男士正装皮带不能是仿皮，因为目前的各种非真皮材料，在强度和耐久度上依然无法和真皮相比，寿命短是它们的特征。帆布等材质是不能作为正装皮带使用的。

皮带的带扣是体现皮带档次和品牌含量的地方，著名厂商的设计师们设计了各种各样的带扣，纯金的钩扣时常同高贵、优雅一类的词联系在一起；铜质的钩扣则让人领略到男性的阳刚和力量。另外，钩扣的造型、大小也表现出男人的魅力。宽大的“回”形带扣充分显露出男人的刚毅；椭圆形带扣展示了男人们的成熟；方形代表着品位。而这些带扣的品牌亦成为男性身份的象征。对于初入职场的刚毕业的大学生来讲，我们通常所购买的皮带带扣是不锈钢或者铸铁材料加上电镀表层。对于这类带扣，记住一个原则，带扣上的塑料含量越少越好，金色永远比银色容易褪色，粗糙的边缘和拐角也许会划伤你自己或者你的朋友。

因此，选购一款拥有良好带扣的皮带，是您信心的保证。

系皮带时应注意几个细节。首先，皮带的装饰性是第一，所以不能携挂过多的物品。简洁、干练才是男人的特征。其次，皮带的长度是不应忽视的，系好后的皮带，尾端应介于第一和第二裤绊之间。最后，皮带的宽度应保持在三厘米。太窄，会失去男性阳刚之气；太宽，只适合于休闲、牛仔风格的装束。

（二）公文包

公文包是男士上班族不可缺少的伴侣，即使您并没有什么重要的东西需要家里和公司之间带来带去，两手空空的上班，始终让人感觉少了什么。

公文包通常应当是真皮制作的，猪皮、牛皮、羊皮均可。而且，如果是刚刚入职的“菜鸟”，拎上一个黑色帆布制作的笔记本电脑包也并不失格。

对于刚毕业的大学生来讲，笔者推荐没有固定背带的横式公文包，大小不宜太大，背带会使您情不自禁地将公文包挎在肩膀上，这样的做法会损坏您西服的造型。记住穿着正装时，公文包应该是拎在手上，不是挎在肩上。

由于公文包通常只需要配备一个，建议选择黑色。

（三）袜子

袜子只有一个原则，选择和皮鞋颜色接近的纯棉袜子。如果皮鞋和西裤是黑色，那袜子一定要是黑色，如果穿了一双白袜子，那可就犯了大忌。

（四）手表

现在人们都习惯了使用手机来获取时间，事实上男士正装的经典搭配应当是一块手表。男士手表是昂贵的产品，当然如果您不想购买手表，那也是无所谓的。

男士正装所搭配的手表，应当是金属质感十足的，切忌不可是时尚的塑料材质，记住一点，漂亮的时装表只能和女士的时装搭配，不能搭配男士正装。男士的手表应当是怀旧的金属表，手表越时尚，越具有太空色彩，在别人眼里品位也就越低。

金属质感的手表来说，机械表好过石英表，手动上铉的机械表好过飞摆自动上铉的机械表，如果有一块瑞士手工制作的机械表，那自然是顶级的选择。

年轻人不要购买金色的手表，最好是银色。

七、服饰搭配

（一）颜色知识

记住三种颜色：白色、黑色、米色。

这三种颜色被称为“百搭色”。也就是说他们和任意的颜色搭配都是合理的，因此购买服饰的时候如果不知道什么颜色好，那么这种颜色将不会出错。

男士正装的色彩应该是深色系的。

（二）正装的合身

正装讲究合身，衣长应过臀部，标准的尺寸是从脖子到地面的 1/2 长；袖子长度以袖子下端到拇指 11 厘米最为合适；衬衫领口略高于西装领口；裤长不露袜子，以到鞋跟处为准；裤腰前低而后高，裤型可根据潮流选择，裤边不能卷边。这些均是穿着西装的基本搭配，体现正装的规范性。

（三）以领带为核心的搭配

衬衫和领带的搭配是一门学问，若搭配不妥，有可能破坏整体的感觉，但是如果搭配得巧妙，则能抓住众人的眼光，而且显得自己别出心裁。领带永远是起主导作用的，因为它是服装中最抢眼的部分。一般来说，应该首先把注意力集中在领带与西服上衣的搭配上。按比较讲究的观点看，上衣的颜色应该成为领带的基础色。

白色衬衫穿在每个男人身上都非常出色，适用于各场合，且不会过时，所以每个男人至少应该准备一件可换洗的白衬衫，它和各种活泼的颜色或花样大胆的领带搭配都不错。永恒的时尚搭配是白色或浅蓝色衬衫配单色或有明亮图案的领带。这是永不过时的搭配。

在服装搭配之道中，简单永远讨好。如果你对自己选择领带的品位不那么自信，就不要企图标新立异。要知道，多数男人对于图案的感觉都不怎么样。不仅如此，你永远不知道自己“与众不同”的品位可能会引起什么人的反感。衬衫与领带的搭配在某种程度上还反映着你为人处世的老练程度。每位男士都应该至少有一件白色或浅蓝色的领部扣扣衬衫。在领带方面，至少有一条纯藏蓝色或葡萄酒红色的领带供白天使用，还应该有一条丝质织花领带或纯黑色领带以备在参加正式晚宴时代替领花使用。

一般从颜色搭配的角度讲，主要应注意以下几点：

1. 黑色西服，穿以白色为主的衬衫和浅色衬衫，配灰、蓝、绿等与衬衫色彩协调的领带。

2. 灰色西服，可配灰、绿、黄和砖色领带，穿白色为主的淡色衬衫。

3. 暗蓝色西服，可以配蓝、胭脂红和橙黄色领带，穿白色和明亮蓝色的衬衫。

4. 蓝色西服，可以配暗蓝、灰、胭脂红、黄和砖色领带，穿粉红、乳黄、银灰和明亮蓝色的衬衫。

5. 褐色西服，可以配暗褐、灰、绿和黄色领带，穿白、灰、银色和明亮的褐色衬衫。

6. 绿色西服，可以配黄、胭脂红、褐色和砖色领带，穿明亮的银灰、蓝色、褐色和银灰色衬衫。

（四）以衬衫为核心的搭配

1. 纯色衬衫永不败

无论何种体型，纯色衬衫尤其是白衬衫毋庸置疑是绝对必需品，搭配任何颜色的西装，都能有压倒性的效果，也容易给人朝气、干净之感，因此，一次购买数件白色衬衫是“无罪”的。尤其男性又特别容易汗流浃背，衬衫的寿命自然缩短，一旦衬衫发黄，便回天乏术了。

2. 条纹衫较保险

一般而言，只要线与线之间的间距不要过大，线条不至于过粗，都是可以接受的。最安全的条纹尺度，其条纹间的间距小于1厘米，并以规则的距离排列，线条宽度极细，有如自动铅笔划过之线条，即为不易出错的样式，值得推荐。

3. 格子衫要慎穿

就如同条纹衬衫一般，格子的面积若是呈微小保守的细格子，大致没问题，但若格子的面积甚大，休闲味道便浓厚，此时就不适宜于工作等正式场合穿着，因为无法传达出庄重之感，而在平常假日休闲时刻，倒是很不错的打扮。

4. 衬衫与体型的搭配

如果是虎背熊腰型，那么过于明显的条纹、格子图案就不适合你：如果是中等型，挺度与厚度较高之布料衬衫，可以相配合；如果是下盘稳重或是长脚高个儿型，条纹、格子衬衫跟你很速配；如果你是矮胖型，素色是你唯一的选择。

5. 颜色搭配

通常，衬衫的颜色应该与领带上颜色中的一种相配。一般而言，领带上的图案应该比衬衫上的更显眼。有时，可以选择图案都很鲜明的衬衫和领带。但是，千万不要让衬衫上的图案压过领带上的。

如今，在衣着上十分流行色调一致的单色搭配。如果你想时髦一把，不妨试试同一色调的衬衫和领带。在这种搭配中，领带的颜色应该比衬衫的颜色暗，但它们也可以是完全相同的颜色。

6. 经典搭配

永恒的时尚搭配是白色或浅蓝色衬衫配单色或有明亮图案的领带。这是永不过时的搭配，而且适合任何场合。

（五）以西服为核心的搭配

鲜艳颜色的西服宜配灰色、黑色、白色或同类色、高明度的衬衫；暗色西装内宜衬浅色衬衫；单色西装视礼仪性场合的气氛配穿花色或条纹、格类衬衫。

纯色的西服适合搭配条纹的衬衫和纯色或小图案领带。

条纹西服适合搭配纯色衬衫和小图案领带。

深色西服搭配浅色衬衫和深色领带。

浅色西服搭配深色衬衫和浅色领带。

西服、衬衫、领带不能够颜色过于接近，比如全黑、全蓝，都是错误的搭配。如果穿了一件黑色西服和深色衬衫，那么领带一定需要是浅色的。反过来亦然。

（六）整体与配件

整体搭配的三色原则在这里需要再次强调。

三色原则是在国外经典商务礼仪规范中被强调的，国内著名的礼仪专家也多次强调过这一原则，简单说来，就是男士身上的色系不应超过三种，很接近的色彩视为同一种。

对于附件来说，皮带、皮鞋和公文包，应当保持同一个颜色。黑色是这些皮具的最佳选择。

不能穿着深色的西服和浅色的皮鞋，但是浅色的西服搭配深色的皮鞋并不失格。

第二节　工作态度

对于刚入职的大学生，对待事情的态度很重要，不管对待任何事都要认真。如果你连续出现低级的错误，你的上级领导就会形成对你做事不靠谱的印象，以后能不让你干就不让你干，或者给一些无关紧要的事情给你干，那你在这个企业的前途就很值得担忧了。工作态度可以看作是职场新人同用人单位之间所签订的第一份契约，在没有完全展现工作能力之前，用人单位更关注的是员工对待工作的态度。

一、大学生初入职场态度要摆正

随着毕业季的来临，越来越多的大学生踏出校园，走进职场。很多大学生对就业观念还没有彻底改变，抱怨自己被大材小用，去到公司后，总是做一些无关紧要的小事，复印文件、传送文件等。所以不少大学生有诸多怨言，殊不知这体现的是我们的工作态度。对于竞争激烈的职场，大学生目前也只是普通劳动力，虽然他们在大学里有学管理的，有搞研究的，但是在公司里、在单位里，一般是从最底层做起。刚踏入职场的年轻人，要有正确的态度，认认真真脚踏实地从基础做起，切忌好高骛远。要有积极向上的心态，遇到不开心，要乐观向上，有时还要点“阿Q精神”。

有许多初入职场的大学生都会抱怨，从进公司的第一天起就被这个使唤，被那个吆喝，换桶装水、收发快递、打字录入、复印文件，简直就是一个勤杂工，要不就是帮“师傅”往表格里敲数据，眼睛看什么东西都是小方格。

每个新人都必然有过干杂活的经历，这绝不是欺负新人，相反是给新人熟悉工作流程的机会。公司不可能安排没有实践经验的新人做重要工作，而复印文件、录入数据、整理材料等小事，正是新人适应工作的途径之一。小事固然烦琐，但新人应换一种心态去对待它。首先，同事让新人帮忙干活，正是对新人信任的表现。其次,小事都做不好,领导怎能安排更重要的工作。第三,小事中也可能蕴藏“金矿”,需要孜孜不倦地发掘。

作为职场新人,进入职场,意味着你已经进入社会。在家有父母疼爱,在学校有同学帮助,在这里,却只能靠自己,为了让初出校园的大学生们能尽快地适应社会,有一些问题也是需要我们尤其注意的。

第一,不要只顾埋头苦干,无视他人存在。对于新人来说,少说话多干事没错,但八小时上班时间一言不发,自顾自地完成工作,只能让人感觉你是一个不合群、不易接近的人。

第二,不要刚进公司就和大家混得很熟。性格外向的职场新人会把“初入职场要和同事搞好关系”的告诫发挥得淋漓尽致,上班不到一周就和公司半数以上员工称兄道弟。但职场不是宿舍,如果太过热情会被人认为是溜须拍马。

第三,不要不屑小事,眼高手低。初入职场时,做什么并不重要,重要的是你如何通过细枝末节的小事展现出有别于他人的特有能力。

第四,不要斤斤计较,只做“分内”事。个人发展空间是靠自己创造的。工作的前三年其实是自我探索的阶段,新人应该尽可能地发现自己多样性技能,并从中找到核心技能。所以,做一些“分外”的事情更有助于自己全面发展。

第五,不要横向比较薪水。新人千万不要四处打听别人的薪水,更不要在办公室里谈论薪水问题。其实,自己的薪水是否合理很好评估,只要还不能找到一份比现在收入更高、更喜欢的工作,就证明目前的收入是合理的。

第六,不要将学生时代的习惯带进职场。举一个很简单的例子:老师布置作业,你可以不做,你可以让同学代做,有错误可以改,都无所谓,但是领导交给你的任务能让别人代做吗?有的行业技术性很强,很多先进的技术是有保密性的,你只能自己做,这样,还能随随便便就错误百出吗?犯个错无所谓吗?这是不现实的,如果真是这样,不出意外,你很快就要另谋高就了,所以,不要把事情想得太简单。

第七,不要轻易说我不会,我不能,我不行。人没有吃不了的苦。人的潜力都是无限的,不逼自己一把,不迈出第一步,不到最后一秒,千万不要放弃,因为你永远不知道下一秒会发生什么,不要在最初就放弃自己,给自己一个挑战的机会,所以不要轻易放弃自己,不要随便说我不会。

第八,不要随便抱怨。职场里有形形色色的人,也许你一句无心的抱怨,听在别人耳朵里就是另外的意思了,当然传到领导那里,结果更是可想而知,切记:办公室就是一个工作的地方,不是教室,可以随便打打闹闹。

第九,不要违反公司的规章制度。每个公司都有一套自己的规章制度,制度可能有不尽如人意的地方，但一定要遵守，这是最基本的职业道德。遵守规章制度的目的并不是营造出一个刻板教条的工作环境，正所谓无规矩不成方圆，规章制度不可能迁就每一个人，即使你不喜欢，至少在规章制度没有改变之前，不要试图去挑战它。这一点同样适用于公司文化，很多人在入职之后对于公司文化并不认同，其实公司文化同规章制度一样，都是公司领导者想要看到的公司面貌和工作状态，既然选择了这份工作，就要尽可能去适应这一切。

二、适应信息化时代

各种不良的职场风气也在蔓延，刚踏入职场的年轻人，不能为了蝇头小利而走了弯路，要始终保持着年轻人的激情，要在工作中弘扬正气，树立正确的职场观念，得到不断成长。

1. 养成良好的思维习惯

有一个最典型的职场故事，讲两个人去市场买菜的故事。A 能把可能发生的事情或其他的菜都记下来回复给老板，B 却要老板喊一样，看一样。这就是两个人思维习惯、思维模式的不一样。B 不是不想做好，而是他想不到这一层。平时已经习惯了这样的做事风格，一下子让他做某件事情的时候，他总是会丢三落四，不能做全。

所以对于刚毕业的大学生来说，平时工作的时候，就要尽心尽力，做好自己应该做的事情，不需要经常被人盯着。如果平时你就习惯了，大小事务都能做得细致具体，到某一天，机会来临的时候，你才能发挥平时你所积累下来的好习惯。做事的习惯直接影响了你的思维习惯，所以从小事做起。

2. 打下基础

坚实的基础非常重要，当有一天你到了一个不上不下的位置，如果基础不扎实，你会非常尴尬。想从事人事工作的，当你在做前台的时候，就要做好登记每个来面试的人，或者是通知到岗时间这样的小事；想从事销售管理的，首先要做好自己销售，这个尤为重要，其次，是用心。真正的用心去做这样一件事情，相信一定能做好。

3. 谦虚、虚心，多审视自己

有的时候，在想公司的某个部门如何做得不好，转念想过来，我是否应该先把自己目前的工作做好呢？大部分的人，可能更多的时间，花在了抱怨别人不好，而没有审视自己是否已经做得最好了。

人与人之间需要彼此尊重，这是互相交往进而建立良好关系的必要前提。很多职场新人心气很高，觉得自己的能力比上司还要强，不甘心屈居人下，甚至对同事和上司表现出不尊重,这样做的后果就是被其他人有意无意地进行孤立。

4. 有容人之度,能发现其他人的优点

如果有一天,从你眼里看到的,都是别人的优点,这个时候,你的度量、管理能力都会有很大的提升;尤其在团队管理过程中,如果你能清楚地知道团队每个成员的优势,从而做出调节互补,团队将发挥最大的力量。多吸纳优秀的人才在身边。

5. 不看重眼前小利

太看重某些利益,或者太注重于一些小钱的,可能最终不会收获太多;如果你能为了将来的收获,而暂时放弃目前的利益,回报将是目前你放弃的很多倍。

6. 敢想,敢于承担

永远都不要被自己的思想束缚住了自己,不要害怕承担责任。你非常优秀,并且一个敢于承担的人,将能收获更多的信任。

7. 做出行动

要做行动的巨人,不要做思想的巨人。时间安排,行动到位,抓住工作当中的每一个空隙做好应做的事情。

总结为十二个字:思为本,列为纲,克为重,行为先。

三、干一行要爱一行

我们经常能够听到一句话叫"干一行爱一行",有人将之视为迂腐的道德说教而不屑一顾。干一行爱一行的确不仅仅是一种职业道德观念,但其并非简单的说教,更不迂腐。很多人之所以会有误解,就在于当我们说干一行爱一行时,自己也并不清楚究竟在说什么。刚参加工作时,兴趣爱好很重要,养活自己更重要。既然选择了这份职业,干一行就要爱一行。只有全身投入,才能在自己工作的领域取得成绩,才能取得更好的发展。

著名心理学家卡尔·古斯塔夫·荣格说"性格决定命运",其中人对现实的态度是重要的组成部分。当我们面对自己的工作时大致可以分为两种态度,一种将之视为饭碗,另一种则视为事业。不同的态度决定了你的行为,也就决定了你未来的命运。

如果将工作视为饭碗,那基本就剩了一种动机就是"赚钱",最好还是轻松地赚钱。这种态度在刚毕业的大学生身上表现得最为明显,薪水低、工作苦都会直接导致跳槽的发生。毕业一年三连跳早已不是个案,而且有愈演愈烈的趋势。

将工作视为事业的人则恰恰相反,他们的工作会相对稳定。他们关注的是长期的职业发展,而非短期的利益。这些人将为了自己的事业付出终生的努力,所以，他们也更容易成为社会上的成功者。

一个企业要发展壮大需要有愿景，同理一个人的成功也要有理想和抱负。持有饭碗态度的人，往往就缺乏理想，缺乏对整个人生的认真思考。所以，他们奉行走一步算一步的价值观念，但最终由于缺少人生的高度，而陷入琐碎的生活之中，一生碌碌无为。让天下没有难做的生意，是马云的人生理想，凭借于此，他创造了阿里巴巴帝国，自身也成为一个传奇。

现代社会给予了人们更多的自由，尤其是互联网的快速发展，为人们创造了机会和新的可能性。因此，我们大可根据自己的理想选择一份能够为之奋斗终生的事业。如果找不到还可以去创业，万一成功了，说不定你就是下一个业界大佬。

（一）打造核心竞争力

如果不能在工作中得心应手，每天都处在强烈的失败感当中和担心被淘汰的恐惧里，在这样的状态中又如何能够做到干一行爱一行呢？只有理想却没有竞争力，那只能是“空中楼阁，镜花水月”。

知识和技能是一个人核心竞争力的重要组成部分，然而，随着社会发展速度的不断加快，一个人原有的知识和技能很快就会遭到淘汰，因此，要保持竞争力就必须拥有终身学习的意识和能力。所谓“活到老学到劳”，只不过这句话在过去可能只是一个倡议，或者说是一种理想状态，并不适用于每一个人。而时至今日，已成为每个人都应掌握的核心竞争力，否则就会被社会所淘汰。

俗话说江山易改本性难移，当一个人的习惯养成后，就很难改变，良好的习惯会成为人生的财富让人受用终身，而不良的习惯则会成为成功路上的绊脚石。史蒂芬·柯维写了一本影响世界的著作《高效能人士的七个习惯》，他通过发掘发现了成功人士身上所普遍具有的习惯，并将其整理、总结出来从而震撼了整个世界。这些习惯的形成甚至比知识和技能的掌握更加重要。

核心竞争力的又一重要组成部分是创新思维，所谓创新思维是指以新颖独特的方法解决问题的思维过程。

（二）虔敬

马丁·路德·金曾引述过一首无名作者的诗：假如你命该扫街，就扫得有模有样，一如米开朗琪罗在画画，一如莎士比亚在写诗，一如贝多芬在作曲。

在西方新教影响深刻的地方，一个人的工作曾被看作是天职，即由上帝安排的任务。人们认真而勤勉地从事自己的工作，虽然具有浓郁的宗教色彩，但在资本主义发展的初期的确起到了十分重要的推动作用。即使时至今日，在西方传统的手艺人身上依然能够看到那种对本职工作的尊重、热爱甚至是敬畏和精益求精的精神。

在笔者看来,“干一行爱一行”的核心就在于“虔敬”二字。“虔敬”首先表现在对自己的工作的敬重和神圣感,当虔敬地对待工作时,工作不再是工作,而是成了一种仪式。在这种仪式中全身心地投入可以获得某种超越性体验。

“虔敬”还表现在精益求精的精神,在日本流传的匠人精神就是对“虔敬”的最好解读。为制作一样器物,日本的匠人会不厌其烦、不惜代价地追求完美,有时甚至要花上几年的时间。正是他们的精益求精,让日本的匠人往往能够获得丰厚的回报,尽管这不是他们的初衷所在。

(三)挫折

“人生就像一盒巧克力,你永远不知道下一块是什么味道”。在工作中一定会遇到挫折和打击,如果就此一蹶不振,那并不能减少痛苦,却能让失败伴你终身。

孟子说“天将降大任于斯人也,必先苦其心志,劳其筋骨,饿其体肤,空乏其身,行拂乱其所为,所以动心忍性,曾益其所不能。”一个人要达到事业、人生的顶点必定要经历一系列的磨难。在这个过程中,增加自己的知识、磨炼自身的意志,最终才可堪大任。

“干一行爱一行”告诉我们要有百折不挠的精神,每克服一个困难,自身的水平就上升到一个新的高度,同时距离成功就又近了一步。

当命运给了一巴掌,从容面对之,并坚定地朝自己的方向继续前进,这是赢得美好生活的重要手段和人生大智慧。

对于有些人,“喜悦或快乐不是来自于他们所做的事,它是从他们内在的深处流入他们所做的事,继而流入这个世界之中。”所以,他们会“干一行爱一行”。

四、在学习中成长

工作是另一种学问,不仅要处理具体的事物,还要处理复杂的人际关系等,刚踏入职场的年轻人要不断学习各方面的知识,不断充实自己,慢慢适应职场生活,而不被职场所淘汰。

很多大学生在刚刚毕业的时候对自己的将来表现得非常的迷茫,尤其是在刚刚参加工作的时候更加缺少一些对自己应有的规划,现在给大家搜集整理了大学生初入职场必须要具备的 12 种能力,希望对初入职场的大学生有所帮助。

1. 考虑问题时的换位思考能力

在考虑解决问题的方案时,常人通常站在自己职责范围立场上尽快妥善处理。而一些优秀的员工却总会自觉地站在公司或老板的立场去考虑解决问题的方案。

作为公司或老板,解决问题的出发点首先考虑的是如何避免类似问题的重复出现，而不是头疼医头、脚疼医脚的就事论事方案。面对人的惰性和部门之间的扯皮，只有站在公司的角度去考虑解决方案，才是一个比较彻底的解决方案。能始终站在公司或老板的立场上去酝酿解决问题的方案，逐渐地他们便成为可以信赖的人。

2. 解决问题时的逆向思维能力

面对工作中遇到的新问题，一时又找不到解决方法。而且，上司可能也没有什么锦囊妙计时，聪明者擅长用逆向思维办法去探索解决问题的途径。聪明者清楚具体业务执行者比上司更容易找出问题的节点，是人为的，还是客观的；是技术问题，还是管理漏洞。采用逆向思维找寻问题的解决方法，会更容易从问题中解脱出来。

3. 强于他人的总结能力

职场成功者找出规律性的东西，并驾驭事物，从而达到事半功倍的效果。人们常说苦干不如巧干。但是如何巧干，不是人人都知道的。否则就不会干同样的事情，常人一天忙到晚都来不及；而他们，却整天很潇洒。

4. 简洁的文书编写能力

老板通常都没时间阅读冗长的文书。因此，学会编写简洁的文字报告和编制赏心悦目的表格就显得尤为重要。即便是再复杂的问题，他们也能将其浓缩阐述在一页 A4 纸上。有必要详细说明的问题，再用附件形式附在报告或表格后面。让老板仅仅浏览一页纸或一张表格便可知道事情的概况。如其对此事感兴趣或认为重要，可以通过阅读附件里的资料来了解详情。

5. 信息资料收集能力

职场成功者很在意收集各类信息资料，包括各种政策、报告、计划、方案、统计报表、业务流程、管理制度、考核方法等。尤其重视竞争对手的信息。因为任何成熟的业务流程本身就是很多经验和教训的积累，遇到用时，就可以信手拈来。这在任何教科书上是无法找到的，也不是哪个老师能够传授的。

6. 解决问题的方案制定能力

遇到问题，职场成功者不会让领导做"问答题"而是做"选择题"。常人遇到问题，首先是向领导汇报、请示解决办法，带着耳朵听领导告知具体操作步骤，这就叫让领导做"问答题"。而职场成功者常带着自己拟定好的多个解决问题方案供领导选择、定夺，这就是常说的给领导出"选择题"。领导显然更喜欢做的是"选择题"。

7. 目标调整能力

当个人目标在一个组织里无法实现，且又暂时不能摆脱这一环境时，他们往往会调整短期目标,并且将该目标与公司的发展目标有机地结合起来。这样,大家的观点就容易接近,或取得一致,就会有共同语言,就会干的欢快。反过来,别人也就会乐于接受职场成功者。

8. 超强的自我安慰能力

遇到失败、挫折和打击,职场成功者常能自我安慰和解脱。还会迅速总结经验教训,而且坚信情况会发生变化。职场成功者信条是“塞翁失马,安知非福”,或“上帝在为你关上一扇门的同时,一定会为你打开一扇窗”。

9. 书面沟通能力

当发现与老板面对面地沟通效果不佳时,职场成功者会采用迂回的办法,如电子邮件,或书面信函、报告的形式尝试沟通一番。因为,书面沟通有时可以达到面对面语言沟通所无法达到的效果。可以较为全面地阐述想要表达的观点、建议和方法。达到让老板听你把话讲完,而不是打断你的讲话,或被其台上的电话打断你的思路。也可方便地让老板选择一个其认为空闲的时候来“聆听”你的“唠叨”。

10. 企业文化的适应能力

职场成功者对新组织的企业文化都会有很强的适应能力。换个新企业犹如换个办公地点,照样能如鱼得水般地干得欢畅并被委以重用。

11. 职业精神

职场成功者身上有一种高效、敬业和忠诚的职业精神。主要表现为:思维方式现代化,拥有先进的管理理念并能将其运用于经营实践中。言行举止无私心,在公司的业务活动中从不掺杂个人私心。这样,就敢于直言不讳,敢于纠正其他员工的错误行为,敢于吹毛求疵般地挑剔供应商的质量缺陷。因为,只有无私才能无畏。待人接物规范化,这也是行为职业化的一种要求。有了这种职业精神的人,到任何组织都是受欢迎的,而且,迟早会取得成功。

12. 岗位变化的承受能力

竞争的加剧,经营风险的加大,企业的成败可在一朝一夕之间发生。对职场成功者来讲,岗位的变化,甚至于饭碗的丢失都无所畏惧。因此,职场成功者承受岗位变化的能力也是常人所无法比拟的。在职场成功者看来,这不仅是个人发展的问题,更是一种生存能力的问题。

踏入职场,你已经成为一名社会生产者,生产者无论在哪个岗位上,身上都肩负着一定的责任,这种责任与学生的责任是不一样的,这种责任更多的是对社会的责任,不管是刚踏入职场,还是已经工作的人们都要背负这种责任,遇到问题遇到错误要学会担当,对社会对人民的担当。

五、职场八忌

（一）忌滥用幽默

幽默被誉为现代人为人处世的重要法宝之一，也被作为衡量一个年轻人的口才乃至智慧的标准。但幽默要注意场合、对象，把握一定的尺度，切不可生搬硬套瞎“幽”一气。最不可取的是无事不“幽”、无话不“幽”，且不分场合、不分对象，弄得大家烦不胜烦，直到把你当个活宝，成为茶余饭后的笑料。滥用幽默可能就此冲淡你真正的工作成绩，反而得不偿失。

（二）忌过于热情

刚参加工作，什么事都应主动多干些，对人真诚、热情些固然正确，但凡事都讲究“度”，热情过头，反而适得其反。所以说，不能一有什么，无论与自己有没有关系都鞍前马后跑个不停不歇。

（三）忌溜须拍马

年轻人刚到单位，对那些有工作经验、处事能力强的老同志、大哥大姐们应给予尊重，可以适当说些“好听”的赞美之辞，以示你的虚心请教之意。但不能一说话就夸大其词，一张嘴就把人捧上天，甚至违心地把对方身上的缺点也说成是优点，结果造成你给同事和上级的印象是——这个人只会溜须拍马，是个没真本事的“马屁精”，不可重用。

（四）忌卑卑怯怯

刚入社会，拘谨是难免的，但妄自菲薄就不应该了。主要表现在：一是把什么人都当成是天大的人物，自己是很小的小字辈——往好里说这是谦虚过头，往坏里说这是一点社会经验都没有的表现；二是遇到稍稍强硬的竞争对手便不再坚持己见，即使明摆着自己的意见是正确的，但就是不敢说出来；三是工作稍有难度，便心存畏惧不敢接手，即使接了手也长时间不敢开展，更谈不上大刀阔斧了。

（五）忌讳不守纪律

案例：

张蕾上班期间，经常迟到，迟到后，马上找到班长求情，我今天肯定把我的工作做完，不影响班里的工作。几次迟到后，班长无奈找到经理。

经理认为这样的行为方式是典型的个人主义，公司是一个团队，要的是团队精神，而不是个人主义，如果下次还是这样没有纪律的话，那得考虑去人事部签署解职书了。

班长后来在压力下，组织了几次大学生进厂培训课，并对原来几次迟到的学生进行追加罚款，并通报批评。慢慢地，情况好转起来，生产次序得以稳定下来。

大学生的一个通病,认为实习期间或者试用期期间,只要把自己的工作做好就可以了,跟其他人无关。但企业里并非如此看待,从整体组织出发,纪律性是企业正常生产的基本保证,如果纪律问题不首先处理掉,如果学生纪律依然散漫,不注意融入团队,团队的集体能力就始终无法得以体现。对企业来说,张蕾这样的学生是没有任何保留培养价值的。

(六)忌讳缺乏礼貌

有的大学生在学校里自由散漫惯了,习惯性地认为这些都是理所当然,但刚参加工作的大学生却忘记了礼貌问题。礼貌是多方面的,包括语言、行为、举止,甚至包括暗示性、职别性的礼貌。对于礼貌方面的考虑,大学生们相当欠缺,然而,这些却是职业场里升迁的最大因素。没有人希望培养提拔一个不懂礼貌的职员。

(七)忌讳随便乱问

很多大学生在进入社会职场以前,已经从学长那里听到一些话,对职场即将发生的事情惴惴不安,总希望了解一些更多的问题,最喜欢问的问题是:上班有什么原则吗?工作后人是不是变得很复杂?某某领导是不是很难相处?

其实没有那么多问题,当你也成为一名职场“老兵”后,一切都很清晰,即使好奇,以下问题也不要随便问。

(八)忌讳“独行的狼”

从学习经验方面来说,跟在一个高手后面,一边做一边看一边想,是最好的学习方式,希望通过自己的摸索,通过自己去做,去学习提高,实在是太难了。在这一点上,小蔡显得很聪明,他通过我和下属公司老板所聊的话题,然后慢慢地分析并转化成自己的思想,并形成自己的工作经验,这样做是相当有效果的。时间仅仅过了一年,年龄同样大的小蔡跟小曹之间的差距已经拉大了,小蔡在考虑问题时,能够更加全面地去衡量一个问题,而小曹却并没有看出有什么提高来。

我们这些职业场里的人,都希望得到提高,达到自己期望的职业高度。但我们不能只是简单地做,不去想怎样做是不好的。像小蔡这样自己也在做,做的同时,更多地去听职业长者们的对话,并加以分析,形成自己的东西,这样的学习提高方式,才是我们最需要的。另外,与职业长者们在一起,更容易寻找出素养差距,更容易发现自己的弱点,然后设法去弥补去提高,而不是一个只知道围着磨盘转圈的骡子。

六、确立职业目标

大部分毕业生工作以后,他们不仅关心前途、也关心钱途,作为刚刚参加工作的毕业生，虽然经济待遇很重要，但是千万不能一切只向钱看。只有树立远大的目标、理想，沉下去安心工作，向有着丰富经验的同事学习，才能不断提升自己。刚入行的时候，谁不是想着半年出成绩、一年加薪、两年升职、十年总监的，可是到了具体的岗位，却发现工作内容如此枯燥、如此无足轻重，自己一开始定下的发展目标和方向，顿时没有了用武之地。而如果要重新设定目标，看着自己眼下的状态，根本不知从何规划起。

事实上，在切身体验过了自己的工作环境和工作状态之后，重新审视自己的目标和规划，未尝不是一件好事，不如试着沿这几个步骤，重新调整、确定一下自己的职业目标。

（一）找到更加精准的目标

越早找到自己精准目标的人，就能比同期人更早地积累自己相关的经验优势，这种“先人一步”的好处显而易见。所以，虽然勇于尝试是年轻人在职场应有的态度，但是如果你能更早“定下来”，对你的未来是有百利而无一害的。

那么，如何找到自己的目标呢？这就需要你先从自己的起点开始寻找了。比如眼下你在某知名企业担任助理工作，你对这份工作很有热情，未来也希望在这个行业继续发展，那么你的目标应该朝着这个方向制定，其中需要考量你现有的资源及能力、你未来要获取的资源和成绩，好比按照自己的学习水平，多久可以做出相关成绩；根据自己的工作上手程度，多久可以独当一面……这样，你可以更好预估自己实现目标的时间和实现的可能性。

（二）选择合适的努力方式

在确定了目标之后，你应该要做的就是盘点自己现有的那些技能、资源、工作成果、个人能力、学历证书等条件，然后多看看招聘网站上提到的相关目标职位的各项要求，比对之后你就会明白自己和目标之间有怎样的差距，同时你能找到更加确切、实在的努力方向。

就比如，有一位职场新人，在一家外资企业做会计，但是他的目标是财务总监，那么首先从工作年限上来说，他需要经历十年左右的时间，同时要考出诸如CPA、CMA之类的证书，并且拥有一定的管理经验。更重要的是，要熟悉公司的业务、行业的发展，这就需要他走出财务部，对业务、销售等部门工作有更深的了解。

如此，他的规划就可以包括：1. 在刚开始工作的两三年夯实自己的会计工作，并且完成一定的专业项目，取得成绩；2. 在前五年考出 CPA 和 CMA 的证书；3. 五年后争取升职的机会，升职可以是调岗到一些业务、销售部门，深入了解公司的业务和行业情况，并且继续积累经验与人脉，注重管理方面的能力培养……

只有适合自己、适合目标路径的成长方式，才能真正让你的努力取得相应的成效,否则,你只是看起来很认真而已。

(三)无论遇到什么情况,都要坚持

很多时候,纵然规划得再完美,也会出现各种绊脚石。可能是外力,比如竞争力超强的对手、比如公司和行业突然不景气了,也可能是自己的原因,比如结婚了、女人怀孕生产……

但是无论遇到什么情况,都请按照自己的初心所想坚持下去。

曾经有一个工作了五年的职场女性,她说自己刚生育完回归职场没有几个月,感觉一切都和自己脱节了,为此她很是沮丧了一段时间,后来在朋友的劝说与鼓励下准备重新振作。工作上,她抓紧时间跟上进度,有时候甚至不惜加班;业余她也在千挑万选之后找到了教学质量颇有口碑的培训机构,接受全面的学习。

诚然,刚进入职场的你还不会遇到这么大的波折,最多是领导怪你工作没做仔细、同事把一些琐碎的活都推给你……但是如果连这些小坎坷你都过不去的话,如何面对自己的远大目标呢?

初入职场,你也许还一事无成,但是你还年轻、负担轻、够积极,只要找对了奋斗的目标、走对了努力的道路,一切皆有可能。

第三节　心理调适

大学生初入职场,要克服落差感,尽快适应新的角色。六月底七月初,又到毕业离校时。高校毕业生即将走出校门,步入社会,接受人生新的洗礼与考验。对于这些刚迈出大学校园,走向社会,开始新的职业生涯的广大毕业生来说,如何尽快走好适应角色、进入角色和选择角色的人生"三部曲",做好自我心理调适,树立良好的职业形象,建立和谐的人际关系,是他们职场取胜的关键所在。

一、职场新人压力感最强

据一项调查数据显示,在职场中,20 ~ 25 岁的从业者明显有压力感的占47%,也就是说,就目前而言,90 后刚参加工作的职场新人压力最大。

分析人士认为,20 ~ 25 岁的从业者往往是职场新手,以应届毕业生为主。该群体大多刚从学校走向社会,会经历一个缓冲适应期,期间容易受到各方影响,压力感较突出。

另外,职场新人大多是 90 后,受教育水平较高,但同时由于过多被溺爱和保护，导致他们依赖性强，独立能力相对较弱。当他们背井离乡，进入高强度、高节奏的现代社会后一旦经受挫折，或自我价值难以实现，往往就会表现出忧虑、逃避、抗拒、逆反等情绪，更甚者则会想到轻生。所以在职场中，刚毕业走上工作岗位的学生们能否面对社会现实，能否快速适应社会，能否不被一次次挫折所“打垮”，成为他们今后能否独立生存的重要基础。

诱发职场新人压抑情绪的也许只是平常人眼中极小的事情，但对于他们却是“过不去的坎儿”。当遭遇这些暂时无法逾越的牵绊时，不妨给自己“放假”。设法挤出时间，主动休息，放松心情。只有善于休息的人，才能生活愉快，工作效率提高。所谓“文武之道，一张一弛”“后退是为了更好地向前”。

二、克服落差感，尽快适应角色

离开象牙塔，成为职场人。新晋的白领是否已经做好了承受职场心理压力的准备？一份体面的职业，一份令人羡慕的薪水，是每个刚踏出校园的大学生都想追求的。但杜拉拉式的职场童话在现实并不常见，初入职场，不少初生牛犊的毕业生感叹大城市白领看起来外表光鲜，但是光鲜背后的冷暖只有自个儿知。

从表面看，白领年纪轻，气质佳，学历高，薪水丰，实际的生活状态却是“朝九晚五”，星期六保证不休息，星期天休息不保证，内心积淀着诸多烦恼、困惑乃至心理障碍。在这种生存现状下，白领们容易失眠、忧愁、焦虑、紧张、恐惧、抑郁。若不能及时宣泄，长此以往就会积郁成疾，罹患焦虑症、抑郁症等心理疾患，甚至付之以极端的方式结束自己的生命。

步入社会，意味着学生角色向职业角色转化的真正开始。大学生初入职场，被人认可的愿望十分强烈。但从业之初，往往被指派做一些技术含量较低的工作，或被频繁轮岗；曾经是学校里的优等生，如今却只是一名普通员工；学的是热门专业，但却没有获得期望的薪酬和机会。评价标准的差异，期望值的跌落，让许多优秀大学生无所适从。

适应角色阶段的心理调适重点在于了解职业角色定义，安心工作岗位，克服心理上的落差感。职业角色是用已掌握的本领，通过具体工作为社会付出，独立作业，以自己的行为承担责任。在这一阶段，应当尽快地从以往学习生活模式中解脱出来，全身心地投入到工作岗位中去。要动态地看待就业，不论是高才低聘，或是期望值跌落，都不会是永远不变的。真正的人才决不会被永远埋没。一定要有不怕吃苦做小事的勇气和毅力，荀子说，“不积跬步，无以至千里，不积小流，无以成江海”，对大家应该很有启发。

三、克服工作压力，尽快进入角色

毕业生在校期间学习到的东西毕竟有限，很多知识和能力需要在工作实践中去学习、锻炼和提高。虽然是职场新人，也要对自己的言行负责，因为工作中的任何过失和错误都有可能造成本单位的损失，都可能被人们指责。可以说，解除工作上的压力是进入角色必不可少的一环。

这一阶段心理调适的重点在于适应工作节奏，提出合理建议和构想，展示自己的潜能，为承担重要工作做好准备。像小学生那样从头学起，虚心向有经验的技术人员、领导和同事学习，不断丰富自己的专业知识，提高专业技能；运用自身掌握的知识去努力解决问题，培养自己的独立见解，逐步具备独立开展工作的能力，更好地承担角色责任；融入集体，建立良好的人际关系；为单位创造效益，做出贡献。

对于生活在现代社会的人们而言，生活中总是会有各种压力，生活的压力让人困扰，工作的压力让人日夜难安，因此，职场员工们如果不想让自己总处于焦虑和烦躁状态，就应该为自己找到消除压力的方法。

四、克服盲目感，尽快完成角色选择

熟悉工作，熟悉环境，熟悉行业之后，有必要对目前的工作进行审视。当前流行的说法是“先就业后择业”，这一提法不无道理。客观分析自己对工作的适应情况，对自己的能力进行正确估价，对以后的事业进行规划。在对主客观因素客观分析的基础上，选择既适合自己的个性特点、能激发兴趣爱好、有助于实现人生理想抱负，又能胜任的职业。

五、常见心理调适方法

（一）多学习

对于新人来说，绝大多数的工作压力都来源于对工作的不熟悉和不胜任，因此如何快速将工作内容进行熟悉，并且能够胜任甚至是达到专家级，是职场新人快速缓解压力的最好方法。

（二）心态要正

要明白不管在学业、职场还是在生活中，遭遇挫折在所难免，生活不可能是一帆风顺的，重要的是我们应及时调整好心态，寻找问题根源，探求解决方案。同时还应学会控制自己的情绪，以平常心去面对一切艰难险阻，并懂得在必要的时候给自己减压。

当我遇到工作中的困难时，先给自己心理暗示，一定可以搞定。然后会将工作目标进行分解，切忌老虎吃天无从下口。

（三）学会倾诉和沟通

寻找倾诉的对象，将心中的郁积一吐为快，也能达到心理释放的效果。与朋友聚餐、品茗、喝咖啡，彼此倾诉，获得对方的指点、宽慰。与父母、家人相聚，共享天伦之乐，也有助于忘却心中烦恼。

（四）多做户外运动，不妨试试每天跑步

可以选择一些经济又环保的方式进行运动，例如去爬山、观景，或者周末带上家人去附近郊区野餐，都会使巨大压力所产生的憋闷心情得到释放，继而增加自己的生活乐趣和对美好生活的热爱之情。

六、初入职场心理法则

初入职场遇到困难是自然的，那么当我们进入职场工作一段时间，稳定下来后，就可以高枕无忧了吗？不，还有职场竞争在等着你呢。什么是职场竞争？为什么会有职场竞争？我们该怎么面对职场竞争？

（一）鲶鱼效应：竞争有利于更好地生存

“鲶鱼效应”是指：人们在受到外界的巨大压力时，精神会处在高度紧张、亢奋的状态中，这能够激发内在的无限潜能，迸发出超常的能量。

鲶鱼效应源自于挪威人吃沙丁鱼的习惯。

挪威人在饮食上有个习惯，喜欢吃鲜活的沙丁鱼，因此，市面上活沙丁鱼的价格要比死沙丁鱼高出几倍。由于沙丁鱼是一种不宜活的鱼类，尽管鱼贩们想方设法地想让沙丁鱼活着，但大部分沙丁鱼还是会在中途窒息死亡。

可是有一个船长找到了一个合适的方法，他在装满沙丁鱼的鱼槽里，放进一条以沙丁鱼为主要食物的鲶鱼，这些沙丁鱼见到鲶鱼后十分紧张，在鱼槽里面不停地左冲右突，四处躲避，加速游动，而这正是沙丁鱼能够存活的秘密。

在职场上，谁是对你有影响力的人？你会猜到很多人，但是却容易忽视自己的竞争对手。其实，对手无处不在，无论他来自公司外，还是公司内，你总会遇和你存在竞争的人。不过，不必对“对手”这个词感到紧张，设想一下，在百米赛场上，你能否跑出好成绩，很大程度上取决于和什么人一起站在起跑线上。

一个人没有追求和奋斗目标，就不可能发现竞争对手的存在。发现对手往往是成功的开始，这意味着你有了一颗进取心。有了进取心，才能想着把工作做好，才能有向竞争对手学习的愿望和动力。

正视你的对手，学习他并超越他，你会发现，他的出现是你的福音。

（二）青蛙法则：职场竞争时刻都在发生

“青蛙法则”就是说先把一只青蛙放在一个盛满凉水的容器里，然后慢慢地给这个容器加热，控制在每两天升温一度的状态。那么，即使有一天当水温升到了90℃，即使这时的青蛙已经几乎被煮熟了，它都不会主动从这个容器中跳出来。但是如果将一只青蛙突然扔进热水中，青蛙会马上一跃而起，逃离危险。青蛙对眼前的危险看得一清二楚，但对于还没有到来的危机却置之不理。

未雨绸缪是人们常挂在嘴边的一句话，但真正能做到的却不多。人类天生有一种惰性，不到迫不得已就不会去改变现行的各种还过得去的做法，当这种做法还能够让人得到很大的满足时尤其如此。

但是，如果一个管理者、一个部门、一个单位失去了必要的“刺激”，处在一种安逸的工作氛围中而不自觉，那么，就会失去工作活力，等危机真正到来时，就来不及了。

青蛙法则告诉我们的，也正是如此。在这个充满竞争的时代，无论企业还是个人，生存的最有力的武器就是竞争。只有时刻不忘竞争，才能专注于工作，提高效率，才能脱颖而出，成为令人羡慕的佼佼者。

（三）马蝇效应：直面晋升竞争，它将激发你的潜能

“马蝇效应”是指再懒惰的马，只要身上有马蝇叮咬，它也会精神抖擞，飞快奔跑。

马蝇效应来源于林肯小时候的一段经历。林肯少年时和他的兄弟在肯塔基老家的一个农场里犁玉米地，林肯吆马，他兄弟扶犁。而那匹马很懒，慢慢腾腾，走走停停。可是有一段时间马走得飞快。林肯感到奇怪，到了地头，他发现有一只很大的马蝇叮在马身上，他就把马蝇打落了。看到马蝇被打落了，他兄弟就抱怨说：“哎呀，你为什么要打掉它，正是那家伙使马跑起来的！”没有马蝇叮咬，马慢慢腾腾，走走停停；有马蝇叮咬，马不敢怠慢，跑得飞快。这就是马蝇效应。

马蝇效应给我们的启示是，一个卓越的对手，远比一个平庸的朋友带给你的帮助更大。那么，面临高手带给你的巨大压力，该如何应对呢？

1. 鼓足勇气，奋起迎战。

2. 充分发挥自己的优势。

3. 反省自己的不足。

4. 妥善处理与竞争对手的关系。

（四）竞争优势效应：与对手共赢

在现实社会中，人人都希望自己比别人强，没有人愿意承认自己是弱者。当涉及自身的利益时，人们必然会奋力争取，就算两败俱伤也在所不惜；即便是在双

方拥有共同的利益时,人们也往往因为优先权而竞争,而非选择有利于双方的"双赢合作"。心理学家称这种现象为"竞争优势效应"。

有一个实验也许更能形象地说明竞争优势效应。心理学家把参加实验的学生分成很多组,每一组是两个人,他们彼此都是在独立的空间,是分开的,不能进行商量。心理学家让他们每个人写下自己想要得到的钱数,如果他们两个人写下的钱数加起来恰好是100或者小于100,那么,他们就能得到这些钱。如果他们两个人的钱数相加大于100,比如说是140元,那么,他们每个人都必须付出70元给心理学家。结果会怎么样呢?几乎所有的学生都得付钱给心理学家,因为没有一组的学生写下的钱数之和小于100。

心理学家指出,因为缺乏沟通,让人们在有共同利益的情况下,依旧会选择竞争。不过,要是双方事先已经商讨过利益分配问题,达成了共识,双赢合作的可能性就会大大增加。在该实验中,倘若允许参与实验的两个人互相商量的话,那么结果是不言自明的。双方的利益发生冲突会导致人们选择竞争。

任何一个人,要想实现自身价值,就必须与周围的人友好相处,精诚合作,实现优势互补,在竞争中共同发展。这就是当今时代所推崇的"双赢",某种意义上来说,只有"双赢"才是真正的赢。

(五)共生效应:善待自己的"共生体"

自然界存在这样一种现象:当一株植物单独生长时,会显得矮小又单调,而与众多同类植物一起生长时,则根深叶茂。人们把植物之间的这种相互影响、相互促进的现象称为"共生效应"。

对于我们职场中的人士来说,我们的"共生体"就是我们的同事。我们生活的大部分时间都是在工作。一天24个小时,除去吃饭睡觉的时间,你有一大半的时间是在和同事相处,同事成了你生活中仅次于家人的亲密接触者。

但如果和同事的关系相处不好,那你一天郁闷的时间肯定会比愉快的时间长,生活将变得沉重无比。所以,在职场中,我们要善待自己的"共生体",也就是要善待自己的同事。

许多职场中人都感叹和同事的关系不和睦,这似乎也成为现代职场的通病。人们总是认为,"职场如战场",同事就是竞争对手,跟同事做朋友,只能是给自己埋下一颗定时炸弹,因为他了解你的缺点,甚至还握有你的"把柄"。同事真的不能做朋友吗?

案例:

戴维和杰克原本是一对很要好的朋友,从同一所大学毕业,又同在一个公司、同一个科室工作。戴维思维严谨、观点缜密;而杰克观念前卫、思想敏锐,两人的工作互补性很强,被公司誉为“黄金搭档”。但是有一阵子,他们两人突然变得深沉了,上班也不在一起研究问题,各人在自己的电脑上工作,相互好像不认识一样。这一异常现象被部门经理发觉了,把他们俩叫到一起盘问,两个人都说没有发生什么。后来细心的部门经理发现戴维疑心杰克在同事面前说过自己的失败经历,所以不愿搭理杰克,而被误会的杰克却以为戴维把他当成了竞争对手。于是,经理分别找他们再次谈心,指明他们之间的矛盾根源,解释了其中的误会。经过经理的开导,他们也进行了一次深入的沟通,他们都觉得自己误会了对方,并做了一次自我反省。工作不可以带着私人情绪,因为夹杂私人情绪就会因为在工作中互不支持,导致两败俱伤,影响自己在公司的前途。最终,两个人消除了隔阂,依然是工作中的挚友,携手并进,共同发展。

其实,要和同事处理好关系并不困难。同事也是人,是有情感的,只要用以真心换真心的方式与之相处,是能够成为朋友的。当然,同事朋友毕竟是特定环境下的朋友,与普通意义上的朋友有所不同。跟普通朋友相比,同事朋友之间往往存在既合作又竞争的关系,很多时候还会出现利益冲突。只要你多和同事沟通,会和同事沟通,很多问题将不复存在。善待同事,就是善待自己,这将非常有利于我们工作的开展。

第四节　人际交往

刚刚参加工作或者新到一个单位,应该如何与周围的同事相处,这对于新走上工作岗位的年轻人来说极为重要。学会与人相处,可以让你少走弯路,尽早成功。其实,每一个人要取得成功,仅有很强的工作能力是不够的,你必须两条腿走路,既要努力做好自己分内的工作,又要处理好人际关系。

如何搞好人际关系是一个技术的问题,在说明该问题之前,先要讨论的是为什么要搞好人际关系。如果没有必要,技术上的讨论也就没有了价值。从心理上讲,不管身份高低,每个人都希望受人欢迎,因为受人欢迎意味着对自我价值的肯定。老师希望受学生的欢迎,学生同样希望老师喜欢自己。一个人可能一时不在乎别人是否喜欢他,但是他不可能所有的时候都不在乎。人们之所以要追求受人欢迎是在我们一出生时就注定了的,因为我们总是不能离开他人而独立地生存。在人际关系问题上许多人共同存在认识上的两个误区。一是对人际关系抱无所谓的态度,二是在人际关系上过分讲究谋略。

一、人际关系原则

处理好人际关系的关键是要意识到他人的存在，理解他人的感受，既满足自己，又尊重别人。下面有几个重要的人际关系原则：

1. 人际关系的真诚原则

真诚是打开别人心灵的金钥匙，因为真诚的人能使人产生安全感，减少自我防卫。越是好的人际关系越需要关系的双方暴露一部分自我。也就是把自己真实想法与人交流。当然，这样做也会冒一定的风险，但是完全把自我包装起来是无法获得别人的信任。

2. 人际关系的主动原则

主动对人友好，主动表达善意能够使人产生受重视的感觉。主动的人往往令人产生好感。

3. 人际关系的交互原则

人们之间的善意和恶意都是相互的，一般情况下，真诚换来真诚，敌意招致敌意。因此，与人交往应以良好的动机出发。

4. 人际关系的平等原则

任何好的人际关系都让人体验到自由、无拘无束的感觉。如果一方受到另一方的限制，或者一方需要看另一方的脸色行事，就无法建立起高质量的心理关系。

最后，还要指出，好的人际关系必须在人际关系的实践中去寻找，逃避人际关系而想得到别人的友谊只能是缘木求鱼，不可能达到理想的目的。我相信，受人欢迎有时胜过腰缠万金。

二、职场中与人相处的类型

由于家庭背景、文化程度、兴趣爱好以及观念的差异，我们所遇到的人也就形形色色、各种各样。倘若你明白对方属于哪种类型的人，对症下药，见机行事，交流起来就容易多了。

1. 无私好人型

这种人的确是天底下最善良的人，所以也就往往容易被人忽视，他们不会坏你的事儿，所以你可能也会忽视或者拿他们不当回事。如果那样的话你就错了，其实他们才是你可以真心相处的朋友。办公室里无友谊的论断，只有在这些人身上才会失去它的意义。

2. 固执己见型

这类人一般观念陈腐、思想老化，但又坚决抵制外来建议和意见，刚愎自用、自以为是。对待这种人,仅靠三寸不烂之舌是难以说服他的。你不妨单刀直入,把他工作和生活中某些错误的做法一一扩大列举出来,再结合眼下需要解决的问题提醒他将会产生什么严重后果。

这样一来,他即使当面抗拒你,内心也开始动摇,怀疑起自己决定的正确性。这时,你趁机摆出自己的观点,动之以情,晓之以理,那么,他接受的可能性就大多了。

3. 傲慢无礼型

这种人一般以自我为中心,自高自大,常摆出一副盛气凌人、唯我独尊的架势,缺乏自知之明。和这种人打交道或共事,你千万不要低三下四,也不要以傲抗傲,你只需长话短说,把需要交代的事情简明交代完就行。如果求他办事,那就另当别论了。

4. 毫无表情型

这种人,就算你很客气地和他打招呼,他也不会做出相应的反应。按心理学中所说,叫无表情。无表情并不代表他没有喜怒哀乐。只是这种人压抑住了激情,不表露出来罢了。所以,对于这种人,你无须生气,只需把你想说的继续往下说,说到关键时刻,他自然会用言语代表表情。

5. 沉默寡言型

这种人一般性格内向,不善交际与言辞。但并不代表他没话说。和他共处,你需要把谈话节奏放慢,多开掘话题。一旦谈到他擅长或感兴趣的事,他马上会"解冻",滔滔不绝地向你倾诉起来。

6. 自私自利型

这种人一般缺少关爱,心里比较孤独。他永远把自己和自己的利益放在第一位。你要他做些于己不利的事,那你便难于和他沟通了。和这种人相处,你必须从心灵上关注他,让他感受情感的温暖和可贵。

7. 生活散漫型

这种人缺乏理想和积极上进的心,在生活中比较懒惰,工作上缺乏激情。和这种人相处,你只有用激将法把他的斗志给挖掘出来。

8. 深藏不露型

这种人自我防卫心理特强。生怕你窥视出他内心的秘密,其实,这是一种非常自卑的表现。你想了解他的为人和心理,不妨和他坐在一起多喝几次酒,让他酒后吐真言。

9. 行动迟缓型

这种人一般思维缓慢,反应迟钝。和他做朋友可以,和他共事,就不是理想的搭档了。

10. 草率决断型

这种人乍看起来反应敏捷,常常在交涉进行到高潮时,忽然做出决断,缺乏深谋远虑,容易做出错误判断。和他相处最好的办法就是经常给他泼泼冷水,让他保持清醒的头脑,切莫感情用事草率做决定。

11. 过分糊涂型

这种人有点精神分裂倾向,做事时注意力不集中,记忆力低下,理解能力不够。这种人和行动迟缓者一样,不是理想的共事伙伴。但交朋友,这种人很有人缘。看起来随便、大度。

12. 家庭妇女型

这类人不仅指女性,有一部分男性也很"妇女"。这种人,上班一进办公室就把家里昨天晚上直到今天早上发生的事一五一十地跟办公室里的人讲。如果实在没什么说的,就跟你重复昨晚的电视剧。单位的事情没有他们不知道的,张家长李家短,手里做着工作,嘴上也不闲着。遇见分个福利什么的,他们会尽挑好的往自己那里拢。

这种人让你心烦,在你心情不好时,听见他们在你耳边"嗡嗡",可能会让你恨不能骂两句才解恨。不过你千万不要发火,这样的人,你少接他们的话就是了,他说什么你全当没有听见。这样的人,在关键时候不太会说你的坏话,还可能说你的好话的,因为他们比较有同情心。

13. 搬弄是非型

这种人与前一种类型的人相比有质的不同。他们可能嘴也不愿闲着。但却是到处打听周围人的隐私,并乐于制造、传播一些谣言,企图从中获得些什么。而且,在他们的心中,任何人都不在话下(上司除外),而他们自身却没有什么所长。这种人让你讨厌,但他们并不可怕。所以,你也不必如临大敌,与他们计较。只要他们说的构不成诽谤,又能伤着你什么呢。

14. 欺负新人型

这种人的思想,其实在我们每个人的身上都多少有一些。他们对待新到的人,不管性别、年龄怎样,都要有相当长的一段时间里拿你不当回事,指使你做这做那,尽是些"下活"。

这种人并非真正的坏人,至多算个素质低下的"小市民",只要他们做得不过分,我劝你还是忍了,过了一段时间,他们自然会接受你的。不过你如果不愿忍,或者说没有那么长时间的耐性,你也不妨抓好时机,奋起反击他们一两次。而这种人一般都是欺软怕硬的主儿,只要你反击,十有八九他们会不敢再怎么样你了,他们的矛头很快会指向下一个新来的人。

15. 性格古怪型

这种人多半是天生的，有很大的遗传因素在里边，但他们不势利，也不愿与人同流合污。你可能会莫名其妙地与他们“遭遇”冲突，但不要记恨他们。他们一般是事情过去了也就算了，会仍然像从前一样对你，所以，你不要企图去改变人家什么，当然，人家也不想改变你什么。对这种人，注意不要做过深的交往，也不能对他们有过激的行为和语言。

16. 清狂高傲型

这种人谁也看不起，包括自己的顶头上司。他们处处要显得与众不同，比别人优越，他们上知天文，下知地理，刚刚在报上读到的知识或者奇闻，就会当自己的知识当众卖弄。其实这种人的内心是有着深深的自卑的，他们多半是目光短浅的人，没有见过什么大世面。

对这种人，你根本用不着与之计较，他喜欢吹嘘自己，那就由他去吧。就是他贬低了你，你也不要去与他们较量，何必与不在一个层次上的人分个谁行谁不行呢。

17. 阴毒恶人型

这种人才是你最应该引起注意的人。这种人不多，但几乎每个集体里都会有。而且这种人，不与他一起工作过一定长的时间，是不可能发现他们的阴毒的。他们绝大多数是以其反面出现的。在你刚与之接触时，他们非常热情主动，并会积极地为你解决一些小困难，而且为你想得很周到，也表现出来真是为了帮助你的样子，客观上也能达到使你好的效果。但是，这里有个前提，你不能侵犯他们的利益。你侵犯了一点，他们可以忍让，甚至他们也会自己牺牲些小小的利益，比如一定量的金钱、一定量的时间，但是，关键时你是绝对不能占他们的便宜的，也绝对不能走在他们的前边的，比如晋级、加薪等。否则的话，他们会立即拉下脸来，与你拼个你死我活。

这种人很难对付，因为他们一般早已以他们的假象取得了上司的信任，你如果没有强大的实力，是万万不能与之争斗的。如果你发现了这种人，最好是少招惹他们，但敬而远之也不行，因为他们才是真正的“小人”，“近之则不逊，远之则怨”。

最好的办法是与他们办事时，多装糊涂，让他们看不起你，觉着你对他们没有什么威胁。如果你真想与他们争斗一番的话，你必须越级向更高层领导反映他们的恶行（因直接领导已被他们抓在了手里，上司更相信他们而不相信你，欠水平的上司还可能把你的话传到他们的耳朵里），同时还要有一旦不成，立即离开他们的准备。不过这样你的损失可能就要大些了，但是这总比你与他们在一起耗着强，因为你是绝对耗不过他们的。

三、职场中应遵守的道德规范

我们在初入职场时必须要遵循一定的道德规范，但这绝不是束缚一个人成长的条条框框。在很多方面，只有知人事守规则，才能更方便快捷地为自己创造成功的条件。

（一）尊重

所有人都希望自己能得到他人的尊重，但首要的是，需要先尊重别人。彼此之间的感觉都是相互的，你怎样对待别人，别人就会怎样对你。给予别人理解和尊重，当我们自己做出的决定一旦出现错误的时候，才能更容易赢得他人的理解和尊重。

要把对方放到同一个高度来审视，当成朋友去尊重。任何好的人际关系都让人体验到自由、无拘无束的感觉。如果一方受到另一方的限制，或者一方需要看另一方的脸色行事，就无法建立起高质量的心理关系。

（二）距离

人与人之间，距离太远会让彼此产生疏远感，距离太近又会容易看到他人的缺点，破坏曾经的美好印象，甚至还会彼此伤害。

职场中有一个刺猬法则，也是我们需要掌握的距离定律。距离远意味着清高，距离近意味着容易受到利益的诱惑。基于刺猬法则，每一个职场中的人都应该用恰当的距离与他人交往，以获取最佳的职场人际关系。

（三）真诚

给对方一个微笑，对方也会回报一个笑脸，这样就形成了爱的传递。主动对人友好，主动表达善意能够使人产生受重视的感觉。不管遇到什么人、遇到什么事儿，都要乐观地去面对，用一种积极的心态处理，所有的问题都会迎刃而解。

（四）立场

立场是指在十分难抉择的情况下，以自己潜意识的心理为标准，做出符合自己潜意识心理的抉择。

通过潜意识，在一般情况下总是能够做出最符合个体心理需求的决定，不违反本心的决定。

（五）同理心

很多时候，我们并不能完全清楚别人在想什么，但是倘若想要与他人融洽地相处，我们至少应该表示理解，如果我们向别人表达了理解，他们往往更愿意相信我们。

一个有同理心的人,大致应该具备下面几个方面的品质:

——与他人保持融洽亲密的关系。

——坦诚地与他人交流。

——真正关心他人,真心帮助他人解决困难。

——就算不赞同也要努力欣赏他人的看法和观点。

——富有宽容心,不记仇。

总之,要注意发自内心真诚地与他人交往,不虚伪、不做作。

四、处理好初入职场的人际关系的方法

(一)在职场生涯中,你一定要学会尊重与服从。

尊重上司,学会服从。必须记住,上司是你真正意义上的“衣食父母”。受雇于他人,为他人工作的人假如总是与上司的意见相左,他的工作就不可能顺利做好。上司之所以是上司一定会有他的优势,他必须为他的所有命令承担责任,因此你要相信他的命令有一定的理由。如果你初出茅庐有“初生牛犊不怕虎”的精神,如果你桀骜不驯,你现在得赶快补上服从这一课。

(二)理解与顺应企业文化。

不同的企业有不同的文化,这种文化会决定人与人之间的行为方式。有的崇尚张扬,有的崇尚沉稳;有的要求员工按部就班,有的需要员工更活跃,不仅表现在具体的工作方式、领导思维上,还表现在员工们推崇的服饰文化、人际交往的艺术等方面,这些往往就是企业的生存法则,最终决定了你以什么形象出现在公司、用什么样的方式进行日常工作、怎样与领导和同事们打交道。如果你是个有心人,就能及早适应新环境,在未来的生活中游刃有余。

(三)学会展示自己。

你的上司并没有时间天天观察你、发现并研究你的优势,因此实际上你需要主动地适时展示自己,赢得上司的最佳印象。具体而言,你应当:

1. 摆正心态,从小事做起。

因为上司往往并不了解你的才能,所以开始不会委以重任,会让你做些比较琐碎的杂事、小事。除了力争在最短的时间内尽善尽美地把它完成你别无选择。这是取得上司信任的最有效的途径。不要自视清高,以为大材小用;或者几天没达到自己的目标,就开始怀疑是不是选错了单位。谁也不能一口就吃出个胖子,想要灿烂辉煌,你先得耐得住寂寞。

2. 自然地表现自己。

领导在场时,你竟然缩头缩脑,退到别人的后面,说起话来声音小的坐在旁边的人都听不见,这简直是太糟糕了。自信一点儿吧！开会时不妨坐到能让领导很容易就能看到的地方,如果让大家发言,就勇敢地把自己平时积累的几条合理化建议井井有条地讲出来。

3. 表明你是一个具备特点的人。

你的个性与特殊才能是你与别人不同的标志。职业化并不意味着磨灭个性,敬重并不表示奴颜。相反,你的特点正是上司考虑发展你的原因。你在关键时刻体现的冷静、你的反应灵敏、你的活泼幽默、你的责任感都是你的制胜法宝。

(四)遵守基本的做事流程。

下级与上级的沟通过程中,你一定要积极、主动,这是一个基本的做事法则,你不应当因为害羞或胆怯而延误工作,早请示、晚汇报适合于任何的企业与时代。

(五)初入职场处理好人际关系的小技巧

1. 不要说"本来……"

你和你的谈话对象对某件事情各自持不同看法。你轻描淡写地说道:"我本来是持不同看法的。"一个看似不起眼的小词,却不但没有突出你的立场,反而让你没有了立场。类似的表达方式如"的确"和"严格来讲"等,干脆直截了当地说:"对此我有不同看法。"

2. 不露痕迹地讨好

当你和领导独处时你要把讨好的技能发挥到极致。这是一个让你能够赢得青睐的绝佳时机。但此时说些什么,最恰当的莫过一个跟公司前景有关,而又发人深省的话题。在他滔滔不绝地诉说心得的时候,你不仅获益良多,也会让他对你的求知上进之心刮目相看。

3. 避免争论

青年人之间经常喜欢争论,这是很正常的事。我们会发现,这些争论往往都是以面红耳赤和不愉快结束的。事实证明,无论谁输了,都会很不舒服,更何况争论往往会演化成直接的人身攻击,对于人际关系是非常有害的。因此,解决观点上的不一致的最好途径是讨论、协商,而不是争论。

4. 不要再说"老实说"

公司开会的时候会对各种建议进行讨论。于是你对一名同事说:"老实说,我觉得……"在别人看来,你好像在特别强调你的诚意。你当然是非常有诚意的,可是干吗还要特别强调一下呢。所以,你最好说:"我觉得,我们应该……"

5. 巧妙地报告坏消息

谁都不愿听到坏消息，有时甚至讨厌报告坏消息的人。如果立刻冲到上司的办公室里报告这个坏消息，就算不坏你的事，也只会让上司质疑你处理危机的能力。此时，你应该以不带情绪起伏的声调，从容不迫地说出本句型，要让上司觉得事情并非无法解决，而我们听起来像是你将与上司站在同一阵线，并肩作战。

五、不同人际关系的处理

人际关系是职业生涯中一个非常重要的课题，特别是对大公司企业的职业人士来说，良好的人际关系是舒心工作安心生活的必要条件。如今的毕业生，绝大部分是独生子女，刚从学校里出来，自我意识较强，来到社会错综复杂的大环境里，更应在人际关系中调整好自己的坐标。在工作中，我们会面临着不同的人，而在工作中我们又应该如何处理好人际关系呢？

1. 对上司——先尊重后磨合

任何一个上司（包括部门主管、项目经理、管理代表），在这个职位上，至少有某些过人之处。他们丰富的工作经验和待人处世方略，都是值得我们学习借鉴的，我们应该尊重他们精彩的过去和骄人的业绩。但每一个上司都不是完美的。所以在工作中，唯上司命是听并无必要，但也应记住，给上司提意见只是本职工作中的一小部分，尽力完善、改进、迈向新的台阶才是最终目的。要让上司心悦诚服地接纳你的观点，应在尊重的氛围里，有礼有节有分寸地磨合。不过，在提出质疑和意见前，一定要拿出详细的足以说服对方的资料计划。

2. 对同事——多理解慎支持

在办公室里上班，与同事相处得久了，对彼此之间的兴趣爱好、生活状态，都有了一定的了解。作为同事，我们没有理由苛求人家为自己尽忠效力。在发生误解和争执的时候，一定要换个角度、站在对方的立场上为人家想想，理解一下人家的处境，千万别情绪化，把人家的隐私抖了出来。任何背后议论和指桑骂槐，最终都会在贬低对方的过程中破坏自己的大度形象，而受到旁人的抵触。同时，对工作我们要拥有诚挚的热情，对同事则必须选择慎重的支持。支持意味着接纳人家的观点和思想，而一味地支持只能导致盲从，也会滋生拉帮结派的嫌疑，影响公司决策层的信任。

3. 对朋友——善交际勤联络

俗话说得好：树挪死，人挪活。在现代激烈竞争社会，铁饭碗不复存在，一个人很少可能在同一个单位终其一生。所以多交一些朋友很有必要，所谓朋友多了路好走嘛。因此，空闲的时候给朋友挂个电话、写封信、发个电子邮件，哪怕只是片言只语,朋友也会心存感激,这比邀上大伙儿撮一顿更有意义。

4. 对下属——多帮助细聆听

在工作生活方面,只有职位上的差异,人格上却都是平等的。在员工及下属面前,我们只是一个领头带班而已,没有什么了不得的荣耀和得意之处。帮助下属,其实是帮助自己,因为员工们的积极性发挥得越好,工作就会完成得越出色,也让你自己获得了更多的尊重,树立了开明的形象。

而聆听更能体味到下属的心境和了解工作中的情况,为准确反馈信息、调整管理方式提供了翔实的依据。美国一家著名公司负责人曾表示:当管理者与下属发生争执,而领导不耐心聆听疏导,以至于大部分下属不听指挥时,我首先想到的是换掉部门管理者。

5. 向竞争对手——露齿一笑

在我们的工作生活中,处处都有竞争对手。许多人对竞争者四处设防,更有甚者,还会在背后冷不防地"插上一刀踩上一脚"。这种极端,只会拉大彼此间的隔阂,制造紧张气氛,对工作无疑是百害无益。其实,在一个整体里,每个人的工作都很重要,任何人都有可爱的闪光之处。当你超越对手时,没必要蔑视人家,别人也在寻求上进;当人家在你上面时,你也不必存心添乱找茬,因为工作是大家团结一致努力的结果,"一个都不能少"。无论对手如何使你难堪,千万别跟他较劲,轻轻地露齿微笑,先静下心干好手中的工作吧!说不定他仍在原地怨气,你已完成出色的业绩。露齿一笑,既有大度开明的宽容风范,又有一个豁达的好心情,还担心败北吗?说不定对手早已在心里向你投降了。

创业篇

当前,大众创业、万众创新的理念正日益深入人心,大学生创业问题越来越受到社会各界的密切关注。党的十八大以来对创新创业人才培养做出许多重要部署,国务院对加强创新创业教育提出明确要求。党的十八大明确提出,要加大创新创业人才培养支持力度。习近平总书记多次做出重要指示,要求加快教育体制改革,注重培养学生创新精神,造就规模宏大、富有创新精神、敢于承担风险的创新创业人才队伍。李克强总理多次强调,“大众创业、万众创新”核心在于激发人的创造力,尤其在于激发青年的创造力。《国务院办公厅关于深化高等学校创新创业教育改革的实施意见》强调,深化高等学校创新创业教育改革,是国家实施创新驱动发展战略、促进经济提质增效升级的迫切需要,是推进高等教育综合改革、促进高校毕业生更高质量创业就业的重要举措。

第一节 大学生创业的现实意义

随着高等教育从“精英教育”向“大众教育”迈进,高校毕业生就业形势日益严峻,大学毕业生数量将远远超过空缺岗位的数量。因此,今后在很长时期内,大学生将面临更为严峻的就业形势,大学毕业生创业具有重要的现实意义。

1. 有利于缓解大学生就业压力。大学的创业能力有利于解决大学生就业难的问题。创业能力是一个人在创业实践活动中的自我生存、自我发展的能力。一个创业能力很强的大学毕业生不但不会成为社会的就业压力,相反还能通过自主创业活动来增加就业岗位,以缓解社会的就业压力。为此,各级党政部门,纷纷把“鼓励和支持高校毕业生自主创业”作为化解当前社会就业难的主要政策之一。

2. 有利于大学生自我价值实现。大学毕业生通过自主创业,可以把自己的兴趣与职业紧密结合,做自己最感兴趣、最愿意做和自己认为最值得做的事情。在五彩缤纷的社会舞台中大显身手,最大限度地发挥自己的才能,并获得合理的报酬。当前社会鼓励大学生创业,虽然是从化解就业难的角度,但从大学生自身来说,其创业的主要原动力则在于谋求自我价值的实现。而只有提高大学生创业的比例,整个社会才能形成创业的风气,才能建立"价值回报"的社会新秩序。

3. 有利于大学生自身素质的提高。我国高校扩招以后,伴随着就业压力,大学生素质与我国高等教育的水平一直为人诟病。在提高大学教育管理水平与大学生素质的各类探索实践中,大学生创业无疑是最经济、最有效的办法之一。通过创业与创业实践,大学生可以充分调动自己的主观能动性,改变自身就业心态,自主学习,独立思考,并学会自我调节与控制。也只有这样,大学生创业才能成功。对于一个能自我学习,懂得如何管理自己的时间与财务,善于拓展人脉关系,并能够主动调适工作心态,积极适应社会的大学生,其就业将不存在任何问题。

4. 有利于培养大学生的创新精神。创新是一个民族的灵魂,是一个国家兴旺发达的不竭动力。青年大学生作为中国最具活力的群体,如果失去了创造的冲动和欲望,那么中华民族最终将失去发展的不竭动力。大学生的创业活动,有利于培养勇于开拓创新的精神,把就业压力转化为创业动力,培养出越来越多的各行各业的创业者。美国作为世界最发达的国家,其大学生的创业比率一直在20%以上。美国前总统里根曾说:一个国家最珍贵的精神遗产就是创新,这是国家强大与繁荣的根源。中国的未来在于大学生,中华民族的精神永恒则在于大学生旺盛的创造力与创新追求。

第二节　大学生创业政策

对于那些初出校门怀揣创业梦想的年轻人来说,创业该怎么开始?国家又有哪些大学生创业扶持政策呢?为了支持大学生创业,各级政府出台了许多的优惠政策,涉及了融资、开业、税收、创业培训、创业指导等多方面。《教育部关于做好2017届全国普通高等学校毕业生就业创业工作的通知》中要求要深入推进创新创业教育和自主创业工作。包括推进高校创新创业教育改革;落实创新创业政策;加大创新创业场地建设和资金投入;提升创新创业服务水平等内容。教育部日前公布新修订的《普通高等学校学生管理规定》,针对近年来兴起的大学生创业潮,规定也给予了支持,明确大学生创新创业可折算成学分。

一、国家关于大学生创业的优惠政策

1. 大学生创业税收优惠

持人社部门核发的《就业创业证》(注明"毕业年度内自主创业税收政策")的高校毕业生在毕业年度内(指毕业所在自然年,即1月1日至12月31日)创办个体工商户、个人独资企业的,三年内按每户每年8000元为限额依次扣减其当年实际应缴纳的营业税、城市维护建设税、教育费附加和个人所得税。对高校毕业生创办的小型微利企业,按国家规定享受相关税收支持政策。

2. 创业担保贷款和贴息

对符合条件的大学生自主创业的,可在创业地按规定申请创业担保贷款,贷款额度为10万元。鼓励金融机构参照贷款基础利率,结合风险分担情况,合理确定贷款利率水平,对个人发放的创业担保贷款,在贷款基础利率基础上上浮三个百分点以内的,由财政给予贴息。

3. 免收有关行政事业性收费

毕业两年以内的普通高校学生从事个体经营(除国家限制的行业外)的,自其在工商部门首次注册登记之日起三年内,免收管理类、登记类和证照类等有关行政事业性收费。

4. 享受培训补贴

对大学生创办的小微企业新招用毕业年度高校毕业生,签订一年以上劳动合同并缴纳社会保险费的,给予一年社会保险补贴。对大学生在毕业学年(即从毕业前一年7月1日起的12个月)内参加创业培训的,根据其获得创业培训合格证书或就业、创业情况,按规定给予培训补贴。

5. 免费创业服务

有创业意愿的大学生,可免费获得公共就业和人才服务机构提供的创业指导服务,包括政策咨询、信息服务、项目开发、风险评估、开业指导、融资服务、跟踪扶持等"一条龙"创业服务。

6. 取消高校毕业生落户限制

高校毕业生可在创业地办理落户手续(直辖市按有关规定执行)。

7. 创新人才培养

创业大学生可享受各地各高校实施的系列"卓越计划"、科教结合协同育人行动计划等,同时享受跨学科专业开设的交叉课程、创新创业教育实验班等,以及探索建立的跨院系、跨学科、跨专业交叉培养创新创业人才的新机制。

8. 开设创新创业教育课程

自主创业大学生可享受各高校挖掘和充实的各类专业课程和创新创业教育资源,以及面向全体学生开发开设的研究方法、学科前沿、创业基础、就业创业指导等方面的必修课和选修课,享受各地区、各高校资源共享的慕课、视频公开课等在线开放课程,在线开放课程学习认证和学分认定制度。

9. 强化创新创业实践

自主创业大学生可共享学校面向全体学生开放的大学科技园、创业园、创业孵化基地、教育部工程研究中心、各类实验室、教学仪器设备等科技创新资源和实验教学平台。参加全国大学生创新创业大赛、全国高职院校技能大赛,和各类科技创新、创意设计、创业计划等专题竞赛,以及高校学生成立的创新创业协会、创业俱乐部等社团,提升创新创业实践能力。

10. 改革教学制度

自主创业大学生可享受各高校建立的自主创业大学生创新创业学分累计与转换制度,和学生开展创新实验、发表论文、获得专利和自主创业等情况折算为学分,将学生参与课题研究、项目实验等活动认定为课堂学习的新探索。同时也享受为有意愿有潜质的学生制订的创新创业能力培养计划,创新创业档案和成绩单等系列客观记录并量化评价学生开展创新创业活动情况的教学实践活动。优先支持参与创业的学生转入相关专业学习。

11. 完善学籍管理规定

有自主创业意愿的大学生,可享受高校实施的弹性学制,放宽学生修业年限,允许调整学业进程、保留学籍休学创新创业等管理规定。

12. 大学生创业指导服务

自主创业大学生可享受各地各高校对自主创业学生实行的持续帮扶、全程指导、一站式服务。以及地方、高校两级信息服务平台,为学生实时提供的国家政策、市场动向等信息,和创业项目对接、知识产权交易等服务。可享受各地在充分发挥各类创业孵化基地作用的基础上,因地制宜建设的大学生创业孵化基地,和相关培训、指导服务等扶持政策。

二、河南省关于大学生创业的优惠政策

1. 资金扶持。大学生自主创办企业或从事个体经营的,根据项目吸纳就业能力、科技含量、潜在经济社会效益、市场前景等因素,分别给予 2 万元至 15 万元资金扶持。

2. 创业补助。初次创业的毕业两年以内高校毕业生或毕业学年高校毕业生

补助每人 5000 元。

3. 创业培训。每名大学生在校期间可根据创业需要分阶段免费参加创业意识培训、开办(改善)企业培训和创业实训,但每人每模块只能参加一次。

4. 创业项目库。在省、市、县三级公共创业服务机构建立统一的大学生创业项目库,为高校毕业生和各类创业主体提供项目展示平台和创业项目信息。

5. 创业孵化园。对毕业年度大学生和毕业五年内的高校毕业生创办的实体在创业孵化基地内发生的物管费、卫生费、房租费、水电费,三年内给予不超过当月实际费用 50% 的补贴,年补贴最高限额 10000 元。

6. 创业咨询服务省、市、县三级成立创业咨询专家团,培养创业咨询师队伍,组织专家开展创业辅导服务,帮助创业者解决创业过程中的困难和问题。对有创业愿望的重点提供创业政策咨询,对准备开业的重点提供开业指导,对资金不足的重点提供融资指导服务,对创业初期的重点提供企业咨询服务。各地要设立创业服务大厅和创业咨询室,为创业者免费提供创业咨询服务。

7. 开展就业创业服务专项活动。各级公共就业创业服务机构要根据就业创业工作总体安排,针对高校毕业生等重点群体,举办多种形式的专项服务活动,帮助各类群体就业创业。如省人力资源社会保障厅、教育厅举办的大型招聘会、就业创业大赛、就业创业服务进校园等高校毕业生就业创业服务专项活动。

8. 小额担保贷款。大中专毕业生小额担保贷款,一般不超过五万元,合伙经营和组织起来就业创办的经济实体,可按照人均五万元合理确定贷款规模,一般不超过 50 万元。从事微利项目的,国家全额贴息,符合条件的劳动密集型小企业贴息 50%。

9. 免行政事业型收费。毕业两年内高校毕业生从事个体经营,自其在工商部门首次注册登记之日起三年内,免收登记类和证照类等有关行政事业性收费。

10. 税收优惠。对持有《就失业登记证》(附着《高校毕业生自主创业证》)毕业年度大学生从事个体经营(除建筑业、娱乐业以及销售不动产、转让土地使用权、广告业、房屋中介、桑拿、按摩、网吧、氧吧外)的,在三年内按每户每年 8000 元为限依次扣减其当年实际应缴纳的营业税、城市维护建设税、教育费附加和个人所得税。

自 2017 年 3 月至 11 月,河南省、市两级人社、教育部门和有关高校将通力合作,陆续开展一系列进校园活动:

创业培训进校园。对创业条件较好的高校开展免费创业培训,帮助和扶持更多大学生实现自主创业。探索创业培训机构与高校常态化合作模式,鼓励创业培训定点机构进入校园开展创业培训、创业服务。

创业贷款进校园。在有条件的高校设立“大学生创业担保贷款指导服务中心”，方便在校学生申请创业担保贷款。鼓励有条件的高校为本科毕业生创业提供反担保。

扶持政策进校园。组织申报大学生创业（开业）补贴，对符合条件的自主创业大学生，给予每人5000元的创业补贴。人社、教育部门对创业团队主要为大中专学生、注册成立五年以内的初创小微企业，可按照行业特点，合理调整资金、人员等准入条件，符合条件的企业给予2万元至15万元的扶持资金。

创业指导进校园。加强项目信息服务，筛选适合大学生创业的项目，举办创业项目展示和推介引导活动。

创业文化进校园。组织创业培训师及大学生创业典型进校园举办创业大讲堂活动，举办全省高校大学生创业成果交流活动。

郑州市政府、省教育厅、省科技厅、省人社厅近日联合印发《鼓励科技人才和大学生在郑创新创业的若干政策措施》，从鼓励科技人才合理流动、促进科技成果转化、降低创新创业门槛和经营成本等十个方面出台激励政策，鼓励高校、科研单位科技人员和大学生在郑创新创业。

第三节　大学生如何创业

一、大学生创业的心理准备

初次创业的大学生要做到“五个要”：

一要自信。大学生中有创业想法的很多，但实践的却很少。主要原因是有太多大学生有创业失败的经历，造成不少人如今有想法无行动的局面。这样的现象归根结底还在于大学生对自己信心不足，创业是需要激情和信心的，只有建立了自信，才能继续往前走。

二要创新。从某种意义上讲，创新甚至可以决定创业成功与否，这是创业中必不可少的要素，包括了技术和思维的创新，一些具有知识产权的发明创造，可能为创业者带来广阔的市场。

三要务实。如今的许多大学生不乏创新精神，但创新一定要建立在务实的基础之上。现在的很多大学生，提到创业想到的就是高科技，开大公司做大买卖。其实，哪怕是摆个地摊，这也是创业。很多成功人士都是从小做起，从实际做起的。

四要积累。创业是一个系统工程,需要不断地积累。比如行业经验、社会人际关系、管理能力等方面,这就需要一个知识的整合,经验的积累,这也是为何要求大学生要懂得务实、从小做起的原因,因为这些能力要不断地积累才能获得。

五要吃苦。无论你问哪个创业者,都会无一例外地告诉你创业的艰辛,这种艰辛只有经历过的人才会懂。因此,大学生创业一定要做好吃苦的准备,调整好心态。有了良好的心态,又勇于吃苦,自然就为创业成功打下了良好的基础。

总之,万事开头难,良好的开始是成功的一半。有些人将创业的成功,归于机缘的巧合。不过,没有平日的用心,机缘也不会如此巧合。因此,创业一定要选择自己熟悉的专业,这样成功的概率高,容易在激烈的竞争中脱颖而出。

二、大学生创业必备硬件

硬件一:经验

大学生长期待在校园里,对社会缺乏了解,特别在市场开拓、企业运营上,很容易陷入眼高手低、纸上谈兵的误区。因此,大学生创业前要做好充分的准备,一方面,去企业打工或实习积累相关的管理和营销经验;另一方面,积极参加创业培训,积累创业知识,接受专业指导,提高创业成功率。

硬件二:资金

一项调查显示,有四成大学生认为"资金是创业的最大困难"。的确,巧妇难为无米之炊,没有资金,再好的创意也难以转化为现实的生产力。因此,资金是大学生创业要翻越的一座山,大学生要开拓思路,多渠道融资,除了银行贷款、自筹资金、民间借贷等传统途径外,还可充分利用风险投资、天使投资、创业基金等融资渠道。

硬件三:技术

用智力换资本,这是大学生创业的特色之路。一些风险投资家往往就因为看中大学生所掌握的先进技术,而愿意对其创业计划进行资助。因此,打算在高科技领域创业的大学生,一定要注意技术创新,开发具有自己独立知识产权的产品,吸引投资商。

硬件四:能力

大学生由于长期接受应试教育,不熟悉经营的"游戏规则",技术上出类拔萃,理财、营销、沟通、管理方面的能力普遍不足。要想创业获得成功,创业者必须技术、经营两手抓。建议可从合伙创业、家庭创业或低成本的虚拟店铺开始,锻炼创业能力。

三、大学生创业注意事项

1. 有一份完整的创业计划书：大学生创业必须制订一个完整的、可执行的创业计划书，即可行性报告，主要回答你所选的项目能否赚钱、赚多少钱、何时赚钱、如何赚钱以及所需条件等。回答这些问题必须建立在现实、有效的市场调查基础上，不能凭空想象，主观判断。根据计划书的分析，我们要再制定出企业目标并将目标分解成各阶段的分目标，同时订出详细的工作步骤。

2. 周密的资金运作计划：资金如同企业的粮食，要保证企业每天有饭吃，不能饿肚子，就要制订周密的资金运作计划。在企业刚启动时，一定要做好三个月以上或到预测盈利期之前的资金准备。但开业后由于各种情况会发生变化，比如销售不畅、人员增加、费用增加等，因此要随时调整资金运作计划。而且，由于企业资金运作中有收入和支出，始终处于动态之中，创业者还要懂得一些必要的财务知识。

3. 营造一个好的氛围：大学生创业由于缺少社会经验和商业经验，如果把自己独立放到整体商业社会，往往会难以把握。这时可以先给自己营造一个小的商业氛围，进入行业协会是比较有效的一条途径。创业者可以借助行业协会了解行业信息，结识行业伙伴，建立广泛合作，促成自己在行业中的地位和影响。同时，创业者可选择一个能提供有效配套服务的创业（工业）园区落户，借助其提供的优惠政策、财务管理、营销支持等服务，使企业稳定发展。另外，还可以找一个经验丰富的企业管理咨询师做企业顾问，并学会借助各种资源，学会和各方面的人合作，千方百计给自己营造一个好的商业氛围，这对创业者的起步十分重要。

4. 从亲力亲为到建立团队：企业不是想出来的，是干出来的。大学生有文化、头脑灵、点子多，但在创业的初期，受资金的限制在没有形成运作团队之前，方方面面的事情必须自己去做。只有明确目标不断行动，才能最终实现目标。在做事的过程中，要分清主次轻重，抓住关键重要的事情先做。每天解决一件关键的事情，比做十件次要的事情会更有效。当企业立了足，并有了资金后，就应该建立一个团队。创业者应从自己亲力亲为，转变为发挥团队中每一个人的作用，把合适的工作交给合适的人去做。一旦形成了一个高效稳定的团队，企业就会跨上一个台阶，进入一个相对稳定的发展阶段。

5. 盈利是做企业最终的目标：做企业的最终目的就是盈利，因此无论是制订可行性报告、工作计划还是活动方案，都应该明确如何去盈利。大学生思维活跃，会有许多好的点子，但这些好的点子要使它有商业价值，必须找到盈利点。企业的盈利来源于找准你的用户，因此，企业要时刻了解你的最终使用客户是谁，他们有什么需求和想法，并尽量使之得到满足。

6. 不要惧怕失败:在企业的运作过程中失败是难免的,失败了不气馁,调整方案,换个方式和方法继续前进,永远不要停止前进的脚步。对于创业者来说这很重要!看看我们身边一些成功的企业,特别是网络时代的英雄们,有几个是按他们创办初期的想法赚到钱的,他们大都经历过一个“死而复生”的过程,坚持就是胜利,唯有坚持才使他们成为今天的网络英雄。我们应该明白,失败并不可怕,它是企业迈向成功的阶梯。

四、大学生创业形式

初次创业的大学生可选择个人有兴趣或擅长的项目、市场消耗比较频繁或购买频率比较高、投资成本较低、风险较小、客户认知度较高的项目,可先选择网络创业(免费开店)后进入实体创业项目。

1. 高新科技领域

身处高新科技前沿阵地的大学生,在这一领域创业有着“近水楼台先得月”的优势,“易得方舟”“视美乐”等大学生创业企业的成功,就是得益于创业者的技术优势。但并非所有的大学生都适合在高科技领域创业,一般来说,技术功底深厚、学科成绩优秀的大学生才有成功的把握。有意在这一领域创业的大学生,可积极参加各类创业大赛,获得脱颖而出的机会,同时吸引风险投资。

2. 智力服务领域

智力是大学生创业的资本,在智力服务领域创业,大学生游刃有余。例如,家教领域就非常适合大学生创业,一方面,这是大学生勤工俭学的传统渠道,积累了丰富的经验;另一方面,大学生能够充分利用高校教育资源,更容易赚到“第一桶金”。此类智力服务创业项目成本较低,一张桌子、一部电话就可开业。

3. 连锁加盟领域

统计数据显示,在相同的经营领域,个人创业的成功率低于20%,而加盟创业的则高达80%。对创业资源十分有限的大学生来说,借助连锁加盟的品牌、技术、营销、设备优势,可以较少的投资、较低的门槛实现自主创业。但连锁加盟并非“零风险”,在市场鱼龙混杂的现状下,大学生涉世不深,在选择加盟项目时更应注意规避风险。一般来说,大学生创业者资金实力较弱,适合选择启动资金不多、人手配备要求不高的加盟项目,从小本经营开始为宜;此外,最好选择运营时间在五年以上、拥有10家以上加盟店的成熟品牌。

4. 开店

大学生开店,一方面可充分利用高校的学生顾客资源;另一方面,由于熟悉同龄人的消费习惯,因此入门较为容易。正由于走“学生路线”,因此要靠价廉物美来吸引顾客。此外,由于大学生资金有限,不可能选择热闹地段的店面,因此推广工作尤为重要,需要经常在校园里张贴广告或和社团联办活动,才能广为人知。

第四节　大学生创业实用技巧

一、如何撰写创业计划书

创业计划是创业者叩响投资者大门的"敲门砖",是创业者计划创立的业务的书面摘要,一份优秀的创业计划书往往会使创业者达到事半功倍的效果。对于正在寻求资金的风险企业来说,创业计划书就是企业的电话通话卡片。创业计划书的好坏,往往决定了投资交易的成败。

对初创的风险企业来说,创业计划书的作用尤为重要,一个酝酿中的项目,往往很模糊,通过制订创业计划书,把正反理由都书写下来。然后再逐条推敲。创业者这样就能对这一项目有更清晰的认识。可以这样说,创业计划书首先是把计划中要创立的企业推销给了创业者自己。其次,创业计划书还能帮助把计划中的风险企业推销给风险投资家,公司创业计划书的主要目的之一就是为了筹集资金。因此,创业计划书必须要说明:(1)创办企业的目的——为什么要冒风险,花精力、时间、资源、资金去创办风险企业?(2)创办企业需多少资金?为什么要这么多的钱?为什么投资人值得为此注入资金?对已建的风险企业来说,创业计划书可以为企业的发展定下比较具体的方向和重点,从而使员工了解企业的经营目标,并激励他们为共同的目标而努力。更重要的是,它可以使企业的出资者以及供应商、销售商等了解企业的经营状况和经营目标,说服出资者(原有的或新来的)为企业的进一步发展提供资金。

正是基于上述理由,创业计划书将是创业者所写的商业文件中最主要的一个。那么,如何制订创业计划书呢?

(一)怎样写好创业计划书

那些既不能给投资者以充分的信息也不能使投资者激动起来的创业计划书,其最终结果只能是被扔进垃圾箱里。为了确保创业计划书能"击中目标",创业者应做到以下几点:

1. 关注产品

在创业计划书中,应提供所有与企业的产品或服务有关的细节,包括企业所实施的所有调查。这些问题包括:产品正处于什么样的发展阶段?它的独特性怎样？企业分销产品的方法是什么？谁会使用企业的产品，为什么？产品的生产成本是多少，售价是多少？企业发展新的现代化产品的计划是什么？把出资者拉到企业的产品或服务中来，这样出资者就会和创业者一样对产品有兴趣。在创业计划书中，企业家应尽量用简单的词语来描述每件事——商品及其属性的定义对企业家来说是非常明确的，但其他人却不一定清楚它们的含义。制订创业计划书的目的不仅是要出资者相信企业的产品会在世界上产生革命性的影响，同时也要使他们相信企业有证明它的论据。创业计划书对产品的阐述，要让出资者感到："噢，这种产品是多么美妙、多么令人鼓舞啊！"

2. 敢于竞争

在创业计划书中，创业者应细致分析竞争对手的情况。竞争对手都是谁？他们的产品是如何工作的？竞争对手的产品与本企业的产品相比，有哪些相同点和不同点？竞争对手所采用的营销策略是什么？要明确每个竞争者的销售额、毛利润、收入以及市场份额，然后再讨论本企业相对于每个竞争者所具有的竞争优势，要向投资者展示，顾客偏爱本企业的原因是：本企业的产品质量好，送货迅速，定位适中，价格合适等，创业计划书要使它的读者相信，本企业不仅是行业中的有力竞争者，而且将来还会是确定行业标准的领先者。在创业计划书中，企业家还应阐明竞争者给本企业带来的风险以及本企业所采取的对策。

3. 了解市场

创业计划书要给投资者提供企业对目标市场的深入分析和理解。要细致分析经济、地理、职业以及心理等因素对消费者选择购买本企业产品这一行为的影响，以及各个因素所起的作用。创业计划书中还应包括一个主要的营销计划，计划中应列出本企业打算开展广告、促销以及公共关系活动的地区，明确每一项活动的预算和收益。创业计划书中还应简述一下企业的销售战略：企业是使用外面的销售代表还是使用内部职员？企业是使用转卖商、分销商还是特许商？企业将提供何种类型的销售培训？此外，创业计划书还应特别关注一下销售中的细节问题。

4. 表明行动的方针

企业的行动计划应该是无懈可击的。创业计划书中应该明确下列问题：企业如何把产品推向市场？如何设计生产线，如何组装产品？企业生产需要哪些原料？企业拥有哪些生产资源，还需要什么生产资源？生产和设备的成本是多少？企业是买设备还是租设备？解释与产品组装、储存以及发送有关的固定成本和变动成本的情况。

5. 展示你的管理队伍

把一个思想转化为一个成功的风险企业,其关键的因素就是要有一支强有力的管理队伍。这支队伍的成员必须有较高的专业技术知识、管理才能和多年工作经验。在创业计划书中,应首先描述一下整个管理队伍及其职责,然而再分别介绍每位管理人员的特殊才能、特点和造诣,细致描述每个管理者将对公司所做的贡献。创业计划书中还应明确管理目标以及组织机构图。

6. 出色的计划摘要

创业计划书中的计划摘要也十分重要。它必须能让读者有兴趣并渴望得到更多的信息,它将给读者留下长久的印象。计划摘要将是创业者所写的最后一部分内容,但却是出资者首先要看的内容,它将从计划中摘录出与筹集资金最相干的细节:包括对公司内部的基本情况,公司的能力以及局限性,公司的竞争对手,营销和财务战略,公司的管理队伍等情况的简明而生动的概括。如果公司是一本书,它就像是这本书的封面,做得好就可以把投资者吸引住。它会让风险投资家有这样的印象:"这个公司将会成为行业中的巨人,我已等不及要去读计划的其余部分了。"

(二)创业计划书的内容

1. 计划摘要

计划摘要列在创业计划书的最前面,它是浓缩了的创业计划书的精华。计划摘要涵盖了计划的要点,以求一目了然,以便读者能在最短的时间内评审计划并做出判断。

计划摘要一般要包括以下内容:公司介绍;主要产品和业务范围;市场概貌;营销策略;销售计划;生产管理计划;管理者及其组织;财务计划;资金需求状况等。

在介绍企业时,首先要说明创办新企业的思路,新思想的形成过程以及企业的目标和发展战略。其次,要交代企业现状、过去的背景和企业的经营范围。在这一部分中,要对企业以往的情况做客观的评述,不回避失误。中肯的分析往往更能赢得信任,从而使人容易认同企业的创业计划书。最后,还要介绍一下创业者自己的背景、经历、经验和特长等。企业家的素质对企业的成绩往往起关键性的作用。在这里,企业家应尽量突出自己的优点并表示自己强烈的进取精神,以给投资者留下一个好印象。

在计划摘要中,企业还必须要回答下列问题:(1)企业所处的行业,企业经营的性质和范围;(2)企业主要产品的内容;(3)企业的市场在哪里,谁是企业的顾客,他们有哪些需求;(4)企业的合伙人、投资人是谁;(5)企业的竞争对手是谁,竞争对手对企业的发展有何影响。

摘要要尽量简明、生动。特别要详细说明自身企业的不同之处以及企业获取成功的市场因素。如果企业家了解他所做的事情,摘要仅需两页纸就足够了。如果企业家不了解自己正在做什么,摘要就可能要写20页纸以上。因此,有些投资家就依照摘要的长短来“把麦粒从谷壳中挑出来”。

2. 产品(服务)介绍

在进行投资项目评估时,投资人最关心的问题之一就是,风险企业的产品、技术或服务能否以及在多大程度上解决现实生活中的问题,或者,风险企业的产品(服务)能否帮助顾客节约开支,增加收入。因此,产品介绍是创业计划书中必不可少的一项内容。通常,产品介绍应包括以下内容:产品的概念、性能及特性;主要产品介绍;产品的市场竞争力;产品的研究和开发过程;发展新产品的计划和成本分析;产品的市场前景预测;产品的品牌和专利。

在产品(服务)介绍部分,企业家要对产品(服务)做出详细的说明,说明要准确,也要通俗易懂,使不是专业人员的投资者也能明白。一般地,产品介绍都要附上产品原型、照片或其他介绍。产品介绍必须要回答以下问题:(1)顾客希望企业的产品能解决什么问题,顾客能从企业的产品中获得什么好处?(2)企业的产品与竞争对手的产品相比有哪些优缺点,顾客为什么会选择本企业的产品?(3)企业为自己的产品采取了何种保护措施,企业拥有哪些专利、许可证,或与已申请专利的厂家达成了哪些协议?(4)为什么企业的产品定价可以使企业产生足够的利润,为什么用户会大批量地购买企业的产品?(5)企业采用何种方式去改进产品的质量、性能,企业对发展新产品有哪些计划等。产品(服务)介绍的内容比较具体,因而写起来相对容易。虽然夸赞自己的产品是推销所必需的,但应该注意,企业所做的每一项承诺都是“一笔债”,都要努力去兑现。要牢记,企业家和投资家所建立的是一种长期合作的伙伴关系。空口许诺,只能得意于一时。如果企业不能兑现承诺,不能偿还债务,企业的信誉必然要受到极大的损害,因而是真正的企业家所不屑的。

3. 人员及组织结构

有了产品之后,创业者第二步要做的就是结成一支有战斗力的管理队伍。企业管理的好坏,直接决定了企业经营风险的大小。而高素质的管理人员和良好的组织结构则是管理好企业的重要保证。因此,风险投资家会特别注重对管理队伍的评估。

企业的管理人员应该是互补型的,而且要具有团队精神。一个企业必须要具备负责产品设计与开发、市场营销、生产作业管理、企业理财等方面的专门人才。

在创业计划书中,必须要对主要管理人员加以阐明,介绍他们所具有的能力,他们在本企业中的职务和责任,他们过去的详细经历及背景。此外,在这部分创业计划书中,还应对公司结构做一简要介绍,包括:公司的组织机构图;各部门的功能与责任;各部门的负责人及主要成员;公司的报酬体系;公司的股东名单,包括认股权、比例和特权;公司的董事会成员;各位董事的背景资料。

4. 市场预测

当企业要开发一种新产品或向新的市场扩展时,首先就要进行市场预测。如果预测的结果并不乐观,或者预测的可信度让人怀疑,那么投资者就要承担更大的风险,这对多数风险投资家来说都是不可接受的。市场预测首先要对需求进行预测:市场是否存在对这种产品的需求?需求程度是否可以给企业带来所期望的利益?新的市场规模有多大?需求发展的未来趋向及其状态如何?影响需求的都有哪些因素?其次,市场预测还要包括对市场竞争的情况——企业所面对的竞争格局进行分析:市场中主要的竞争者有哪些?是否存在有利于本企业产品的市场空当?本企业预计的市场占有率是多少?本企业进入市场会引起竞争者怎样的反应,这些反应对企业会有什么影响?等等。

在创业计划书中,市场预测应包括以下内容:市场现状综述;竞争厂商概览;目标顾客和目标市场;本企业产品的市场地位;市场区隔和特征等。风险企业对市场的预测应建立在严密、科学的市场调查基础上。风险企业所面对的市场,本来就有更加变幻不定的、难以捉摸的特点。因此,风险企业应尽量扩大收集信息的范围,重视对环境的预测和采用科学的预测手段和方法。创业者应牢记的是,市场预测不是凭空想象出来,对市场错误的认识是企业经营失败的最主要原因之一。

5. 营销策略

营销是企业经营中最富挑战性的环节,影响营销策略的主要因素有:(1)消费者的特点;(2)产品的特性;(3)企业自身的状况;(4)市场环境方面的因素。最终影响营销策略的则是营销成本和营销效益因素。在创业计划书中,营销策略应包括以下内容:(1)市场机构和营销渠道的选择;(2)营销队伍和管理;(3)促销计划和广告策略;(4)价格决策。对创业企业来说,由于产品和企业的知名度低,很难进入其他企业已经稳定的销售渠道中去。因此,企业不得不暂时采取高成本低效益的营销战略,如上门推销,大打商品广告,向批发商和零售商让利,或交给任何愿意经销的企业销售。对发展企业来说,它一方面可以利用原来的销售渠道,另一方面也可以开发新的销售渠道以适应企业的发展。

6. 制造计划

创业计划书中的生产制造计划应包括以下内容:产品制造和技术设备现状;新产品投产计划;技术提升和设备更新的要求;质量控制和质量改进计划。在寻求资金的过程中,为了增大企业在投资前的评估价值,创业者应尽量使生产制造计划更加详细、可靠。一般生产制造计划应回答以下问题:企业生产制造所需的厂房、设备情况如何;怎样保证新产品在进入规模生产时的稳定性和可靠性;设备的引进和安装情况,谁是供应商;生产线的设计与产品组装是怎样的;供货者的前置期和资源的需求量;生产周期标准的制定以及生产作业计划的编制;物料需求计划及其保证措施;质量控制的方法是怎样的;相关的其他问题。

7. 财务规划

财务规划需要花费较多的精力来做具体分析,其中就包括现金流量表、资产负债表以及损益表的制备。流动资金是企业的生命线,因此企业在初创或扩张时,对流动资金需要有预先周详的计划和进行过程中的严格控制;损益表反映的是企业的盈利状况,它是企业在一段时间运作后的经营结果;资产负债表则反映在某一时刻的企业状况,投资者可以用资产负债表中的数据得到的比率指标来衡量企业的经营状况以及可能的投资回报率。

财务规划一般要包括以下内容:(1)创业计划书的条件假设;(2)预计的资产负债表;(3)预计的损益表;(4)现金收支分析;(5)资金的来源和使用。

可以这样说,一份创业计划书概括地提出了在筹资过程中创业者需做的事情,而财务规划则是对创业计划书的支持和说明。因此,一份好的财务规划对评估风险企业所需的资金数量,提高风险企业取得资金的可能性是十分关键的。如果财务规划准备的不好,会给投资者以企业管理人员缺乏经验的印象,降低风险企业的评估价值,同时也会增加企业的经营风险。

那么如何制订好财务规划呢?这首先要取决于风险企业的远景规划——是为一个新市场创造一个新产品,还是进入一个财务信息较多的已有市场。着眼于一项新技术或创新产品的创业企业不可能参考现有市场的数据、价格和营销方式。因此,它要自己预测所进入市场的成长速度和可能获得的纯利,并把它的设想、管理队伍和财务模型推销给投资者。而准备进入一个已有市场的风险企业则可以很容易地说明整个市场的规模和改进方式。风险企业可以在获得目标市场的信息的基础上,对企业头一年的销售规模进行规划。

企业的财务规划应保证和创业计划书的假设相一致。事实上,财务规划和企业的生产计划、人力资源计划、营销计划等都是密不可分的。要完成财务规划,必须要明确下列问题:(1)产品在每一个期间的发出量有多大?(2)什么时候开始产品线扩张？(3)每件产品的生产费用是多少？(4)每件产品的定价是多少？(5)使用什么分销渠道，所预期的成本和利润是多少？(6)需要雇佣哪几种类型的人？(7)雇佣何时开始，工资预算是多少？等等。

(三)检查

在创业计划书写完之后，创业者最好再对计划书检查一遍，看一下该计划书是否能准确回答投资者的疑问，争取投资者对本企业的信心。通常，可以从以下几个方面对计划书加以检查：

1. 你的创业计划书是否显示出你具有管理公司的经验。如果你自已缺乏能力去管理公司，那么一定要明确地说明，你已经雇了一位经营大师来管理你的公司。

2. 你的创业计划书是否显示了你有能力偿还借款。要保证给预期的投资者提供一份完整的比率分析。

3. 你的创业计划书是否显示出你已进行过完整的市场分析。要让投资者坚信你在计划书中阐明的产品需求量是确实的。

4. 你的创业计划书是否容易被投资者所领会。创业计划书应该备有索引和目录，以便投资者可以较容易地查阅各个章节。此外，还应保证目录中的信息流是有逻辑的和现实的。

5. 你的创业计划书中是否有计划摘要并放在了最前面，计划摘要相当于公司创业计划书的封面，投资者首先会看它。为了保持投资者的兴趣，计划摘要应写的引人入胜。

6. 你的创业计划书是否在文法上全部正确。如果你不能保证，那么最好请人帮你检查一下。计划书的拼写错误和排印错误能很快就使企业家的机会丧失。

7. 你的创业计划书能否打消投资者对产品/服务的疑虑。如果需要，你可以准备一件产品模型。创业计划书中的各个方面都会对筹资的成功与否有影响。因此，如果你对你的创业计划书缺乏成功的信心，那么最好去查阅一下计划书编写指南或向专门的顾问请教。

附：创业计划书　范文 1

一、概要

一个非常简练的计划及商业模型的摘要，介绍你的商业项目，一般 500 字左右。

二、公司描述

1. 公司的宗旨

2. 公司的名称、公司的结构

3. 公司经营策略

在这里用最简洁的方式，描述你的产品服务；什么样的困难你准备解决；你准备如何解决；你们的公司是否是最合适的人选。

4. 相对价值增值

说明你的产品为消费者提供了什么新的价值。

5. 公司设施

需要对计划中的公司设备详细加以描述。我公司的生产设备及厂房主要集中于某处，建立开发生产设备，并努力提高生产和研究能力以便满足日益提高的客户需求。通过大规模的促销攻势提高我公司的产品服务的销售量。增加分销渠道零售网点区域销售，销售公司采用电气化直邮式的分类等。录用新的员工以便支持在新的市场计划下可持续地发展。提高研发能力，创造领导潮流的新型产品，提高竞争能力。

三、产品与服务

在这里用简洁的方式，描述你的产品服务。注意不需要透露你的核心技术，主要介绍你的技术、产品的功能、应用领域、市场前景等。

1. 产品服务 A

2. 产品服务 B

说明你的产品是如何向消费者提供价值的，以及你所提供的服务的方式有哪些。你的产品填补了哪些急需补充的市场空白。可以在这里加上你的产品或服务的照片。

产品优势

技术描述：1. 独有技术简介；2. 技术发展环境

研究与开发

将来产品及服务

说明你的下一代产品，并同时说明为将来的消费者提供的更多的服务是什么。

服务与产品支持

四、市场分析

简要叙述你的公司处于什么样的行业、市场、专向补充区域。市场的特征是什么。你的分析与市场调查机构和投资分析有什么不同。分析是否有新生市场。你将如何发展这个新生市场。

如果你在程序软件市场开发 C + + 或 NT 的平台工具，不要只泛泛地讲一下这是一个价值 300 亿元的大市场。如果你正在制作在 NT 工作平台上的 C + + 应用程序开发工具，你就应该在报告中详细描述去年共销售了多少 C + + 开发程序软件，有多少成长型的客户群，你的目标市场是什么？你的竞争对手分到了多少份额，是否有其他的市场零售商、OEM 厂商在销售你的产品。

1. 市场描述

我们计划或正在某行业竞争。这个市场的价值大约有多少，我们相信，整个行业的主要发展趋势将向着（环境导向型，小型化，高质量，价值导向型）发展。

市场研究表明（引用源）到 20 × × 年该市场将（发展/萎缩）到多少。在这段时期里，预计我们力争的细分市场将（成长/萎缩/不发展）。改变这种情况的主要力量是（例如电脑降价，家电商业的蓬勃发展等原因）。这个行业最大的发展将达到多少。你的公司可能独一无二地将你的产品服务和某公司同级别的现行业务合并。而当今的类似某公司的正面临着诸如逐步提高的劳动力成本等困难。

2. 目标市场

我们将目标市场定义为 X，Y，Z。现在，这个市场由 N 个竞争者分享。

我们的产品拥有以下优势：高附加值，出色的表现，高品位，为企业量体裁衣突出个性。

3. 目标消费群

是什么因素促使人们购买你的产品？你的技术、产品对于用户的吸引在何处？人们为什么选择你的产品服务公司？

4. 销售战略

我们的市场营销部门计划能动用不同的渠道销售我们的产品。我们之所以选择这些渠道因为：

1. 季节变化引起的消费特点；

2. 资金的有效运用可以利用市场上现有产品的销售渠道。

针对每一个分销渠道，确定一个五年期的目标销售量以及其他假设条件。

五、竞争分析

请告诉我们分别根据产品、价格、市场份额、地区、营销方式、管理手段、特征以及财务力量划分的重要竞争者。

竞争描述

竞争战略市场进入障碍

请在这里研究进入你的细分市场的主要障碍及竞争对手模仿你的障碍。

六、营销策略及销售

1. 营销计划

描述你所希望进行的业务是如何的，以及你所希望进入的细分市场。曾经使用的分销渠道,例如:零售、对商业机构的直接销售、OEM 以及电子媒介等。还要描述你所希望达到的市场份额。

2. 销售战略

描述你进行销售所采取的策略。包括如何促销产品:通过广告、邮件推销,电台广播或是电视广告等方式。

3. 分销渠道及合作伙伴

4. 定价战略

5. 市场沟通

你的目的是加强、促进并支持你的产品能更好地满足消费者需求的热点,唯一的原则就是寻找一切可能的有利的途径进行沟通。

七、财务分析

财务数据概要。

八、附录

如有以下材料,请列出:

公司背景及结构

团队人员简历

公司宣传品

相关词汇

二、申领《高校毕业生自主创业证》程序

1. 毕业年度内高校毕业生在校期间创业的,注册登录教育部大学生创业服务网,按照要求在网上提交《高校毕业生自主创业证》申请。

2. 所在高校对毕业生提交的相关信息进行审核,通过后注明已审核,并在网上提交学校所在地省级教育行政部门审核。

3. 高校所在地省级教育行政部门依据学生学籍学历电子注册数据库对高校毕业生的身份、学籍学历、是否是应届高校毕业生等信息进行复核并予以确认。税务部门、人力资源社会保障部门、高校和学生本人都可随时查询。

4. 应届毕业生在网上提交申请后,所在高校应在 3 ~ 5 个工作日之内完成网上审核;省级教育行政部门在接到高校提交的申请后 3 ~ 5 个工作日内完成审核。原则上应在高校毕业生提交申请后 10 个工作日之内办结。证件由高校自行打印并发放,毕业生到所在学校进行领取。

三、大学生创业开店办证(营业执照)指南(以河南省为例)

一、法律依据:

根据《城乡个体工商户管理暂行条例》和《城乡个体工商户管理暂行条例实施细则》的规定,凡从事个体工商业经营的个人和家庭必须向工商行政管理部门申请办理营业执照并按规定办理变更、注销登记手续。

二、办理条件:

(一)设立登记

1. 申请人(负责人,下同)必须是具有经营能力的城镇待业人员、农村村民以及国家政策允许的其他人员;

2. 有固定的经营场所;

3. 法律、法规、规章规定的其他条件(由经办人员向申办人书面告知并注明法律依据)。

(二)变更登记

个体工商户的字号名称、经营场所、经营范围及其他登记事项发生变动时,应当办理变更登记。

(三)注销登记

个体工商户歇业、被有关部门依法责令停止所有经营活动、依法缴交营业执照、营业执照被工商行政管理部门依法收缴或吊销以及不具备登记设立的法定条件时应当办理注销登记。

个人经营的个体工商户改变经营者时,应当先行办理注销登记而后重新办理设立登记手续。

三、申请办理营业执照必须提交的文件:

(一)设立登记须提交的证明文件

1. 申请人签署的开业登记申请书。

2. 申请开业登记表。

3. 申请人的身份证明复印件。

4. 申请人就业状况证明(待业证、务工证或劳动就业手册、无业证明、离退休证、下岗证、停职辞职证明等证明的复印件)。

5. 申请人的计生状况证明原件(男50周岁以上、女45周岁以上者免交)。

(1)本市:已婚已育者应提交独生子女证或由户口所在地(或居住地)居委会、村委会出具证明;未婚或已婚未育者应提交户口所在地(或居住地)居委会、村委会出具的证明。

(2)外来人员:提交暂住地居委会、村委会出具的计生审检证明。

6. 经营场所使用证明。

(1)使用永久性自有房的应提交产权证或购房合同复印件。

(2)合法使用期限不少于申请经营期限的固定性经营场所应提交有权批准机关出具的合法使用证明原件。

(3)村民在自留地、承包地上搭建的固定性经营场所应提交村委会同意意见及申请人签署的服从拆迁保证书原件。

(4)租赁他人场所的应提交租赁合同及出租方出具的有效使用证明,涉及改变公房用途的应提交公房管理部门出具的同意意见,经营场所属军队产权的应提交《军队房地产租赁许可证》复印件。

(5)营业执照上核准的经营场所,若租赁期满、租赁双方依法提前解除合同或者承租方依法必须办理注销登记手续,同时出租方能向登记部门提供能证实上述情形的相应证明文件原件的,该场所可作申办执照经营场所用。

(6)以借用、受赠房屋作为经营场所的,应提交注明使用期限的借用、赠予证明原件以及出借、赠予方的合法用房证明复印件,上述证明是否必须经过公证由登记部门决定。

(7)其他类别经营场所证明的合法与否由市工商局书面认定。

7. 经营范围涉及法律法规规定必须报经前置审批的,还须提交有关部门的审批文件或许可证(由市工商局明文确定,承办单位书面告知申办人并注明法律依据)。

(二)变更登记须提交的证明文件

1. 变更登记申请书;

2. 个体工商户申请变更登记表;

3. 根据所变更的事项提交的有关文件、材料(由经办人员书面告知申办人);

4. 营业执照正、副本;

5. 国家法律、法规、规章规定应提交的其他有关文件、材料(由经办人书面告知申办人并注明法律依据)。

(三)注销(歇业)登记须提交的证明文件

1. 注销登记申请书;

2. 个体工商户歇业申请登记表;

3. 税务机关的完税证明(依法可免办税务登记的除外);

4. 营业执照正、副本;

5. 国家法律、法规、规章规定应提交的其他有关文件、材料(由经办人员书面告知申办人并注明法律依据)。

四、具体程序：

1. 受理：申请人向经营辖区所在地工商所提交有关证明文件（申请设立登记的须预先申请名称核准），对材料齐全的由工商所出具受理通知书。

2. 审查：由申请人经营辖区工商分局个体科对申请人提交的证明文件是否符合登记法规的要求进行审查。

3. 核准：由经营辖区工商分局分管局长做出准予或不予核准的决定。对驳回申请的，由承办单位或承办人自受理申请之日起五个工作日内出具规范、完整的行政审核通知书。

4. 发证：对符合设立登记条件的申请人，工商行政管理部门自受理申请之日起十个工作日内核发营业执照；对符合变更登记条件的申请人，工商行政管理部门自受理申请之日起七个工作日内核发新的营业执照。

四、注册公司的基础知识

在国内注册民营的有限责任公司，最低要求10万元人民币注册资金，如果注册合资或外商独资企业则最低需要15万美金的注册资金。

其他还要注意的是，注册资金不足30万元的有限责任公司是不能开国税发票的，也就是没有销售的经营权，只能做开发、咨询等服务类经营。如果您准备的注册资金不足30万元，但又需要做销售的话也有办法可以解决。就是不注册有限责任公司，而是注册一个叫"某中心"的企业，这种"中心"企业性质类似于研究所，注册这种企业只需要最低三万元注册资金，而且开发、销售都可以做。注册这种"中心"企业大约要花费2000元。

还有与注册资金有关的问题就是增值税发票，要办理增值税发票要求最低注册资金30万元（北京海淀区规定），但注意30万元注册资金的公司不能做生产性质的经营，如果要生产的话最低要注册50万元的公司。同样，如果您注册"中心"型的企业也没有这个限制。另外，还要注意要登记有增值税发票的公司需要有公司自己（或租赁）的仓库，这是硬性规定。

企业注册登记费收费标准及其收入使用范围的规定

根据《中华人民共和国企业法人登记管理条例》的有关规定，现对企业注册登记费收费标准及其收入使用范围做如下规定：

一、开业注册登记费标准

（一）企业法人（包括具备法人条件的私营企业，不包括外商投资企业，下同）开业注册登记收费，注册资金总额在一千万元以下（含一千万元）的，按注册资金总额的1‰收取；注册资金总额超过一千万元（不含一千万元）的，超过的部分按

0.5‰收取；注册资金总额超过一亿元（不含一亿元）的，超过的部分不再收取。开业登记收费最低款额为50元。

不具备法人条件的企业（包括不具备法人条件的私营企业，下同），企业法人设立不能独立承担民事责任的分支机构，开业注册登记费为300元。

国家核拨部分经费的事业单位和科技性社会团体从事经营活动或者设立不具备法人条件的企业，开业注册登记费为100元。

筹建企业注册登记费为50元。

（二）外商投资企业（包括港澳台企业和华侨、港澳台同胞举办的合资、合作、独资企业，下同）开业注册登记收费，注册资本总额在一千万元以下（含一千万元）的，按注册资本总额的1‰收取；注册资本总额超过一千万元（不含一千万元）的，超过的部分按0.5‰收取；注册资本总额超过一亿元（不含一亿元）的，超过的部分不再收取。开业注册登记费最低款额为50元。

外商投资企业的分支机构和办事机构开业注册登记费为300元。

来华承包工程的外国（地区）企业开业注册登记费，以承包合同额计算，按外商投资企业注册登记费标准执行。

外国（地区）企业来华承包经营管理的，注册登记费按管理年限累计的管理费的5‰收取。

来华合作开发海洋石油的外国公司注册登记费：属勘探、开发期的，收取2000元；进入生产期的按外商投资企业注册的登记费标准执行。

合作开发海洋石油的外国承包商，以合同承包额计算，按外商投资企业注册登记费标准执行。

外国银行在我国设立分行，按外商投资企业注册登记费标准执行。

（三）外国（地区）企业在华设立常驻代表机构注册登记费为600元，延期注册登记费为300元。

（四）外国（地区）企业在华申请其名称注册登记，收费1000元。外商投资企业预先申请其中称注册登记，收取100元。

二、变更登记费标准

（一）企业法人及其不能独立承担民事责任的分支机构，不具备法人条件的企业的变更登记，收取100元。

国家核拨部分经费的事业单位和科技性社会团体从事经营活动或者设立不具备法人条件的企业的变更登记，收取20元。

（二）外商投资企业，外国（地区）公司合作开发、承包工程、承包经营管理及常驻代表机构变更登记（含代表和雇员变更），收取100元。

（三）企业法人和外商投资企业增加注册资金（注册资本），增加的部分与企业原注册资金（注册资本）之和未超过一千万元的，增加部分按1‰收取注册登记费；超过一千万元的，其超过的部分按0.5‰收取注册登记费；超过一亿元的，其超过的部分不再收取注册登记费。已收取增加注册资金（注册资本）注册登记的，不再收取变更登记费。

三、年度检验费标准

企业（包括合营企业）、外商投资企业和外国公司年度检验每户收取50元（试行）。本年度内已办理了变更登记，并收取了变更登记费用，不再收年度检验费。

四、补（换）证、照及领取照副本收费标准

企业因证、照遗失、损坏等原因，需重新补（换）证、照的，每份收取50元。

企业需要领取企业法人营业执照或营业执照副本的，每份收取工本费10元。

五、有关登记费收取的要求

外国（地区）企业在华申请名称登记，设立常驻代表机构，从事承包工程，承包经营管理，合作开发海洋石油，外国银行在华设立分行以及设立外商独资经营企业，在办理登记时，应收取人民币特种存款支票或外汇兑换券，也可以收取人民币旅行支票。

六、企业法人登记费收入的使用范围

企业法人登记费在开支上称为“企业法人登记管理业务费”，主要用于企业法人登记管理业务的开支。包括：

1. 证、照、表、册的印刷、订制费。包括筹建许可证、营业执照、登记注册书（表）、年检报告书、档案袋等印刷、订制费开支。

2. 专业设备购置费。包括购置专用档案文件柜、印刷器具和计算机等项开支。

3. 专业资料费。包括印发政策法规文件汇编、宣传资料、统计资料、简报、通知等项开支。

4. 其他费用。包括专业性会议费、调研费、监督检查费、邮电费以及根据需要聘请临时工作人员的费用等项开支。

七、登记费管理原则

各级工商行政管理局依法向企业法人收取的登记费属于国家预算的“规费收入”，一律纳入国家财政预算管理。企业法人登记费实行“以收抵支，结余上缴财政”的管理办法，为简化结算手续，企业法人登记费也可以实行固定比例或定额上缴财政的管理办法，具体上缴办法，由省级财政部门与工商管理部门商定。

企业法人登记费一律一次收齐。各级工商行政管理机关要加强对登记费的管理,按照规定积极组织收入,专款专用,厉行节约,反对浪费。各地工商行政管理局在编制年度预算时,应将上缴国家工商行政管理局的部分编入预算。各级工商行政管理局在年度收支预、决算应报同级财政部门审批。

为了平衡各县(市)工商行政管理局之间的登记费收入,各省级工商行政管理局应对登记费进行统一管理。

八、开业登记、变更登记、年度检验等项收费上缴比例

各省、自治区、直辖市工商行政管理局上缴国家工商行政管理局的企业法人登记费比例为20%,外商投资企业等的登记费比例为40%(青海省、宁夏回族自治区、西藏自治区工商行政管理局的企业登记费暂不上缴)。

市、县(区)工商行政管理局逐级上缴的企业登记费比例,由本省、自治区、直辖市工商行政管理局同级财政部门拟定,报国家工商行政管理局同意后实行。

五、创业融资技巧

创业伊始,创业者需要一笔启动资金来购买设备和原料、租用办公场地、招聘工作人员等,这些都需要开支,但第一笔启动资金从何处而来?下面介绍几种融资的技巧:

(一)获取启动资金的方法

1. 自己的积蓄

总的来说,成功的企业家的创业资金有30%来自于自己的积蓄。从萌生创业想法到最终付诸实践,这个过程中总会有机会让你攒下积蓄。“先打工赚钱,再出来创业”也成了许多创业者的路径规划。

2. 向家人、朋友借钱

向家人朋友借钱,应该是很多创业者采取的方法。优势是成功概率高、投资和利息条件更优惠,而且能够更快拿到钱。但随之而来的问题也有父母可能会插手公司;如果创业失败,可能会一辈子对他们有负罪感。

3. 合伙经营

不少人选择合伙创业的方式来减轻创业初期资金的压力,人多力量大,一个出几万,10万元20万元的启动资金很快凑拢。但是请注意,用了别人的钱创业——虽然只是一部分——就得面对那个人将会给你带来的风险。

4. 加入孵化计划/赢取创业基金

很多城市的创业园区、政府机构都有为创业者提供创业基金的政策和孵化器,提供办公的场所和初始基金;一些知名创业扶植服务机构、基金也会定期举办创业大赛、Demo活动。用赢取创业基金的方式筹集创业的“第一桶金”,不失为一

个高效、可行的办法。但同时也要求创业者具备足够的实力,从众多申请者中脱颖而出。

5. 申请天使投资

天使投资主要面向的是初创期和种子期的企业,投资资金数量都比较少,一般几万到几十万不等,而且投不投、投多少资金主要依据投资者个人的眼光和喜好,遇到合适的项目就可以立刻拍板。

6. 申请银行贷款

很多人认为找银行,金额大了批不下来,再加上对政策、手续的不熟悉,觉得审查会很麻烦,投入的时间和精力成本有些不划算。但实际上,很多银行都设有小额担保贷款,在必要时可用于满足企业日常生产经营的资金周转,帮助创业公司突破瓶颈。

7. 众筹募资

创业者可以把自己的产品原型或创意提交到众筹平台,发起募集资金,由感兴趣的人来捐献指定数目的资金(捐助者可以在项目完成后,得到一定的回馈,如这个项目制造出来的产品)。有了这种平台的帮助,任何想法的人都可以启动一个新产品的设计生产。

一般来说,创业众筹可以分为三种模式,分别是凭证式、会员制和股权式。创业股权式的众筹在中国已经有了不少案例,也获得了社会的极大关注。对于绝大部分创业者来讲,创业股权式众筹的先锋式尝试可以帮助他们有效地找到资金。

8. 其他渠道

典当贷款:典当期限短则五天,长则半年,到期还可以延期;典当金额少则几百元,多则上百万、上千万元,这些都可以双方协商约定。小企业的扩张发展选择典当贷款,不失为一种有效的融资方式。

P2P 贷款:如果需要少量营运资金,可以尝试一下 P2P 的贷款网络,在网上寻找合适的贷款人和借款人。

(二)如何快速融资

1. 巧选银行。贷款也要货比三家。按照金融监管部门的规定,各家银行发放商业贷款时可以在一定范围内上浮或下浮贷款利率,比如许多地方银行的贷款利率可以上浮 30%。其实到银行贷款和去市场买东西一样,挑挑拣拣,货比三家才能选到物美价廉的商品。

2. 合理使用。住房贷款也能创业:普通三至五年商业贷款的年利率为 5.58%,二者相差 0.81 个百分点,办理住房贷款曲线用于创业成本更低。如果创业者已经购买有住房,也可以用现房做抵押办理普通商业贷款,这种贷款不限用途,可以当作创业启动资金。

3. 用好政策。享受银行和政府的低息待遇。创业贷款是银行推出的一项新业务,凡是具有一定生产经营能力或已经从事生产经营活动的个人,因创业或再创业需要,均可以向开办此项业务的银行申请专项创业贷款。

4. 亲情借款。成本最低的创业"贷款"。创业初期最需要的是低成本资金支持,如果比较亲近的亲朋好友在银行存有定期存款或国债,这时你可以和他们协商借款,按照存款利率支付利息,并可以适当上浮,让你非常方便快捷地筹集到创业资金,亲朋好友也可以得到比银行略高的利息,可以说两全其美。

5. 提前还贷。提高资金使用效率。创业过程中,如果因效益提高、货款回笼以及淡季经营、压缩投入等原因致使经营资金出现闲置,这时可以向贷款银行提出变更贷款方式和年限的申请,直至部分或全部提前偿还贷款。

6. 精打细算。合理选择贷款期限。银行贷款一般分为短期贷款和中长期贷款,贷款期限越长利率越高,如果创业者资金使用需求的时间不是太长,应尽量选择短期贷款,比如原打算办理两年期贷款可以一年一贷,这样可以节省利息支出。

(三)如何申请无息贷款(关于申请条件、资料及流程可能因各地情况有所不同)

1. 申请条件

(1)大学专科以上毕业生;

(2)毕业后六个月以上未就业,并在当地劳动保障部门办理了失业登记;

(3)贷款申请者必须有固定的住所或营业场所;

(4)营业执照及经营许可证,稳定的收入和还本付息的能力;

(5)创业者所投资项目已有一定的自有资金。

2. 申请所需材料

(1)身份证明。

(2)在校学生需提供学生证、成绩单。

(3)已毕业学生需提供毕业证、学位证。

(4)常用存折或银行卡过去六个月对账清单。

(5)其他资信证明(若有):奖学金证明、班干部证明、社团活动证明,各种荣誉证明/回报社会证书如献血、义务支教等。以及:

大学生创业贷款申请者个人或家庭收入及财产状况等还款能力证明文件;

大学生创业贷款申请者及配偶身份证件(包括身份证、户口本或其他有效居住证原件)和婚姻状况证明;

大学生创业贷款申请者担保材料:抵押品或质押品的权属凭证和清单,有权处分人同意抵(质)押的证明,银行认可的评估部门出具的抵(质)押物估价报告。

大学生创业贷款申请者营业执照及相关行业的经营许可证,贷款用途中的相关协议、合同或其他资料。

3. 申请流程

(1)高校毕业生申请个体工商户设立登记时,应当向登记机关出具普通高等学校颁发的《毕业证书》、个人身份证,以及省级高校毕业生就业工作主管部门签发的《全国普通高等学校本专科毕业生就业报到证》或者《全国毕业研究生就业报到证》(以下简称《报到证》);

(2)登记机关核实无误后,依法办理登记注册手续,并在《报到证》上注明登记注册时间,加盖登记机关印章后退回本人,在《个体工商户营业执照》经营者姓名后注明"高校毕业生";

(3)高校毕业生凭《个体工商户营业执照》免缴上述有关收费。

后　记

编写大学生毕业指导手册的想法来源于工作需要。近年来，每年都有六七百万的毕业生走出校门，其出路不外乎升学深造、择岗就业、创业和出国。但在其选择和准备的过程中，不少大学生走了弯路，甚至是歧路。编写组所在的学校和学院的学生都遇到过类似的问题，因此，我们就有了一个编写一部毕业生指导手册的想法。为此我们首先申报了河南省社会科学普及规划项目，有幸得到了规划领导小组的支持，经过近一年的努力，才有了呈现在读者面前的这本手册。

本书是集体智慧的结晶。全书的框架是由姜运仓教授主持设计，并统审了全部书稿。书稿内容的分工如下：总论和升学篇由姜运仓教授执笔编写；公务员考试篇和留学篇由刘爽老师执笔编写；求职篇和职场篇由朱艳老师执笔编写；创业篇由李达老师执笔编写。刘敏、刘森、薛志鹍等同志在本书完成的过程中做了大量工作；人文社会科学学院党总支书记卫铁林同志在课题完成的过程中给予了大力支持；郑州航空工业管理学院招生就业处处长陶文信同志对本书的内容提出的建议使本书增色不少；招生就业处韩忠军、孟凡周副处长等同志也对本书提出了不少修改建议，在此，我们一并表达谢意，没有他们的支持与帮助，我们不可能在短时间内完成编写任务。

由于时间紧迫，再加上作者水平有限，书中定有诸多不完善甚至是错误的地方，恳请大方之家多提宝贵意见和建议，以便我们在以后的工作中再完善这一课题。此外，我们在编写的过程中大量借鉴了其他学者和专家的文字材料，在此向他们表达衷心的感谢！